黄纬禄

黄纬禄，导弹总体与控制技术专家，中国科学院院士，国际宇航科学院院士；1916年12月18日出生于安徽芜湖市；1940年毕业于中央大学电机系，1943年赴英国实习，1945年在伦敦大学帝国学院攻读无线电专业，1947年获硕士学位，同年回国；现任中国航天科技集团公司、中国航天科工集团公司高级顾问。

黄纬禄院士长期从事导弹研制工作，是我国导弹总体与控制技术元老之一，对该技术领域的发展起到了推动作用，为我国的导弹和航天事业做出了重要贡献。1985年他所主持研制的型号获国家科技进步特等奖。

黄纬禄院士是中国共产党第十三次全国代表大会代表，第六届、第七届全国人民代表大会代表，曾荣获“北京市科学技术先进工作者”、“北京市劳动模范”、“航天工业部劳动模范”、“全国优秀科技工作者”、“五一劳动奖章”、“全国先进工作者”、“杰出科学家奖”、“‘两弹一星’功勋奖章”等荣誉。

张爱萍将军给黄纬禄的题词

江泽民主席向黄纬禄颁发“两弹一星”功勋奖章

李鹏总理向黄纬禄颁发“杰出科学家奖”

中央军委副主席刘华清与黄纬禄亲切握手

在聂荣臻元帅 90 寿辰之日，黄纬禄与聂荣臻元帅合影

黄纬禄与张爱萍将军谈笑风生

黄纬禄 90 寿辰时与前来祝寿的
全国政协原副主席宋健亲切交谈

固体潜地导弹发射试验成功后，黄纬禄（右二）与栾恩杰（左一）、陈德仁（左二）和戴诗正（右一）合影留念

黄纬禄（右）参加中国共产党第十三次全国代表大会时与院党委书记王可立合影

黄纬禄（右一）获国家科技进步特等奖

黄纬禄在“两弹一星”人物油画前留影

黄纬禄参加中国航天创建35周年庆祝活动时与有关领导和专家合影（左起：张钧、梁守槃、刘华清、张爱萍、黄纬禄、陈彬、屠守锷、孙家栋）

黄纬禄与中国航天员合影

院士风采

黄纬禄与刘汉菊的结婚照

黄纬禄与刘汉菊结婚51周年的纪念照

黄纬禄与家人在一起

黄纬禄与朋友下棋

黄纬禄在基地的胡杨林前

天穹记忆系列丛书

雷震海天

——导弹总体与控制技术专家 黄纬禄

中国航天科工集团第二研究院科技委 组织编写

中国宇航出版社
·北京·

图书在版编目（CIP）数据

雷震海天:导弹总体与控制技术专家黄纬禄 / 中国航天科工集团第二研究院科技委组织编写. 一北京：中国宇航出版社，2009.4
(天穹记忆系列丛书)

ISBN 978-7-80218-557-9

Ⅰ. 雷… Ⅱ. 中… Ⅲ. 黄纬禄一生平事迹 Ⅳ. K826.16

中国版本图书馆CIP数据核字（2009）第039618号

策划编辑 石磊 责任编辑 易新 责任校对 王研 装帧设计 03工舍

出版发行 中国宇航出版社

社 址 北京市阜成路8号 邮 编 100830
(010) 68768548

网 址 www.caphbook.com/www.caphbook.com.cn

经 销 新华书店

发行部 (010) 68371900 (010) 88530478（传真）
(010) 68768541 (010) 68767294（传真）

零售店 读者服务部 北京宇航文苑
(010) 68371105 (010) 62529336

承 印 三河市君旺印装厂

版 次 2009年4月第1版
2012年3月第4次印刷

规 格 787×1092

开 本 1/16

印 张 17 彩插8面

字 数 305千字

书 号 ISBN 978-7-80218-557-9

定 价 39.00元

本书如有印装质量问题，可与发行部联系

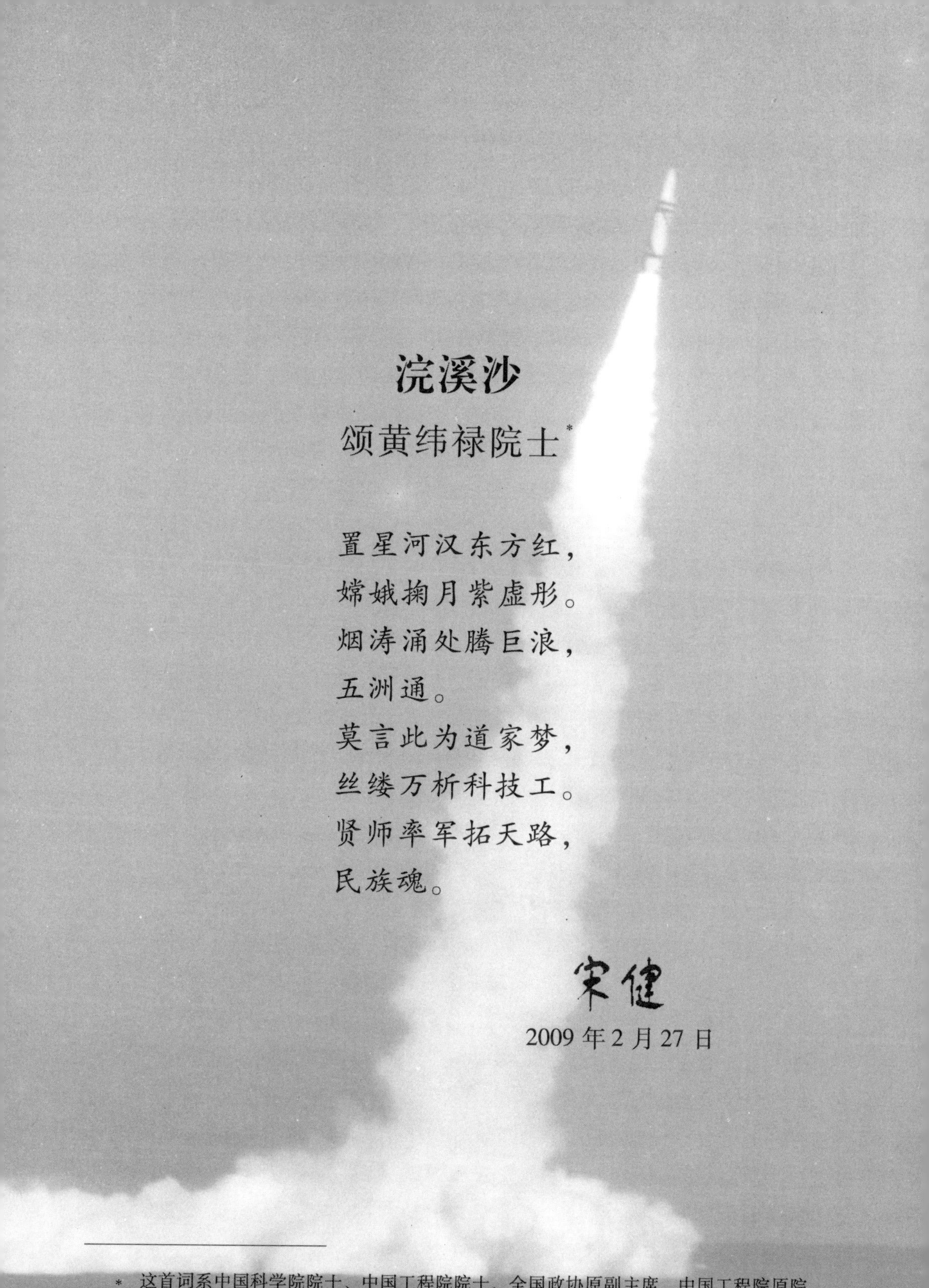

浣溪沙

颂黄纬禄院士*

置星河汉东方红，
嫦娥揥月紫虚彤。
烟涛涌处腾巨浪，
五洲通。
莫言此为道家梦，
丝缕万析科技工。
贤师率军拓天路，
民族魂。

宋健

2009 年 2 月 27 日

---

* 这首词系中国科学院院士、中国工程院院士、全国政协原副主席、中国工程院原院长宋健特为庆贺本书的出版而作。

前言

航天技术是现代科学技术中发展最快的尖端技术之一，是一个国家科学技术水平和综合国力的重要标志。从19世纪中叶自强运动开始的“师夷之长技”，到20世纪初的“科学救国”、“实业救国”思潮，从20世纪50年代的“向科学进军”，到20世纪末的“科教兴国”战略，中国人民对科学技术寄予了诸多希望、梦想和憧憬。如果把我国科技事业比作一条奔腾的巨龙，那么航天事业无疑就是龙头。新中国成立后，特别是改革开放以来，中国航天事业这个龙头始终高高昂起，将中国科技事业不断抬升到新的高度。我国航天事业在改革中腾飞，在创新中发展，创造了令国人自豪、令世界瞩目的辉煌业绩，使中国的国际地位和核心竞争力跃升到新水平；为增强我国的国防实力、经济实力、科技实力和民族凝聚力，为维护国家安全、促进经济发展、推动社会进步，做出了重要贡献。今天，我国航天事业半个多世纪的飞速发展正在逐步实现着人们的美好愿望——中国人开始问鼎苍穹、九霄揽月、飞天梦圆……

航天功业辉映历史，航天精神彪炳千秋。中国航天从无到有、从小到大，走过了半个多世纪波澜壮阔、光辉灿烂的发展历程。早在20世纪50年代，年轻的人民共和国百废待兴，党中央高瞻远瞩、审时度势，从国家长远发展战略考虑，果断做出了发展中国“两弹一星”的战略决策。1956年，新中国的航天史就在这一年迈出了第一步。从军队、院校、各行各业汇聚到一起的第一批航天人，在周恩来、聂荣臻等老一辈无产阶级革命家的带领下，怀揣激情开始了对航天、对导弹技术的学习，背负着特殊使命，上不告父母、下不传妻儿，在北京郊区的旧机库中，在塞外荒原的干打垒里，在人迹罕至的戈壁滩上，开始了中国航天的创业历程。50多年来，在航天事业的感召下，一批又一批国际一流的技术专家、一代又一代风华正茂的有为青年，胸怀报效祖国的崇高理想，投身航天，献身航天，施展才华。

伟大的事业孕育着伟大的精神，培育着优秀的文化；伟大的精神、优秀的文化又成就了伟大的事业。中华民族五千年的文明历史使中国人民树立了自立自强、自尊自信的民族精神。我国几代航天工作者自觉地把个人理想与祖国需要紧密结合在一起，将发展航天事业作为崇高使命，肩负党和人民的重托，满怀为国争光的雄心壮志，团结一心，顽强拼搏，勇于创新，无私奉献，创造了不朽的业绩。中国航天在取得令世界瞩目的伟大成就的同时，孕育并形成了具有鲜明时代特征的航天精神、“两弹一星”精神和载人航天精神；造就了一支技术精湛、作风优良的航天人才队伍。作为我国航天事业开拓者之一的黄纬禄院士就是这支队伍中的典型代表。

黄纬禄院士学识渊博，学风正派，治学严谨，待人诚恳，品德高尚，具有赤诚奉献的品质和智慧，勇于探索和果断决策的魄力，以及非凡的系统协调能力，善于创造性地进行工程实践。他在导弹武器总体及控制技术的理论和工程实践方面具有很高的造诣，对导弹研制过程中的重大关键技术问题的解决，大型工程方案的决策、指挥及组织实施上发挥了重要作用。20世纪50年代末在我国涉及导弹技术的众多学科和技术领域都处于空白的状态下，他主持突破了我国液体战略导弹控制系统的仿制和改型设计难关，进而通过自行设计相继解决了远程和多级导弹的液体晃动、弹性弹体稳定、级间分离及各种制导、稳定方案的理论和工程技术问题，使我国液体战略导弹控制技术达到了新的水平；20世纪70～80年代，在没有任何外国实物和资料可借鉴的情况下，他以独立自主、自力更生的精神，主持研制了我国第一枚潜地和地地固体机动战略导弹，并获得成功，为我国固体战略导弹及其机动水下发射做出了卓越贡献。

黄纬禄院士把对党对祖国的深厚感情倾注到所从事的事业中，把航天事业的发展与国家的安危、人民的幸福密切联系起来，以高度的事业心和责任感忘我地工作，堪称航天人的楷模。

我院科技委组织编写的《雷震海天——导弹总体与控制技术专家黄纬禄》，通过一个个鲜活生动的故事，梳理并再现了黄纬禄院士从一个平凡而有抱负的青年成为“两弹一星”元勋的成长之路；向人们展示了他的人生志向、严谨的治学态度、高尚的道德情操、独特的人格魅力以及取得的科技成就。

愿以此书与大家共勉，激励人们弘扬航天精神，奋发进取，为航天事业的发展和中华民族的腾飞顽强拼搏，再创辉煌！

中国航天科工集团

第二研究院科技委主任 王树祥

2009年1月

目录

引　子

“战略导弹部队是第一次接受祖国和人民的检阅。三种型号共九枚战略导弹，标志着我们国防事业的巨大进步。我们拥有中程导弹、远程导弹、洲际导弹……我们愿意永远为祖国站岗……”*

1984年10月1日，中华人民共和国建国35周年庆典的天安门广场花团锦簇、人头攒动。时任中央军委主席的邓小平，乘阅兵车出天安门，过金水桥，检阅了中国人民解放军陆、海、空三军方队。这次阅兵，是中国在改革开放的背景下第一次公开向世界展示自己的武装力量。其中，战略导弹方阵的九辆大型牵引车载着中国自己设计制造的战略导弹首次公开亮相，格外引人注目。孰不知，为了迎接这激动人心的一刻，无数国防科研工作者上下求索，默默奉献，为祖国的航天事业付出了宝贵的青春年华和毕生的精力。此刻，在鲜花与闪光灯背后，有一位老人笑得格外欣慰。他就是“两弹一星”功勋奖获得者黄纬禄院士。

---

* 中央电视台直播中华人民共和国建国35周年庆典的解说词。

黄纬禄，中国共产党党员，导弹总体与控制技术专家，中国科学院院士，国际宇航科学院院士；1916 年 12 月 18 日出生于安徽省芜湖市，1940 年毕业于中央大学电机系，1943 年赴英国实习，1945 年在伦敦大学帝国学院攻读无线电专业，获硕士学位；1947 年回国，在当时的资源委员会无线电公司上海研究所任研究员；建国后，在重工业部电信局上海电工研究所、通信兵部电信技术研究所任研究员；1957 年转入国防部五院，历任研究室主任、设计部主任、所长、副院长、科技委主任，航天工业部科技委副主任、总工程师、高级技术顾问等。黄纬禄曾当选中国共产党第十三次全国代表大会代表和第六届、第七届全国人民代表大会代表；现任中国航天科技集团公司和中国航天科工集团公司高级顾问。

黄纬禄长期从事导弹武器系统研制工作，他主持了我国第一枚固体潜地战略导弹的研制并获得成功。他倡导“一弹两用”，将潜地导弹搬上岸，研制成功陆基机动固体战略导弹武器系统。这两个型号的研制成功，为我国固体战略导弹研制提供了理论依据，探索出我国固体导弹的研制规律，填补了我国导弹与航天技术的空白。

作为中国固体战略导弹的奠基人之一，黄纬禄在导弹武器系统总体及控制技术的理论和工程实践方面具有很高的造诣，在重大关键技术问题的解决、大型工程方案的决策、指挥及组织实施方面发挥了重要作用。身为工作在一线的科研工作者，黄纬禄把对祖国的深厚感情倾注到自己无限热爱的事业中，他把航天事业的发展与国家的安危、人民的幸福密切联系起来，以高度的事业心和责任感忘我工作，为祖国航天事业的发展做出了重大贡献。毫无疑问，中国航天事业见证了他从无线电技术人员到中国导弹与航天技术主要开拓者的成长历程；同时，他也用自己的一生，见证了中国航天事业从无到有、从弱到强的发展历程。

黄纬禄的人生是曲折而多彩的，他在大家心目中的形象是立体而丰满的。他曾是一个向着蓝天抛出竹蜻蜓的数学顽童，也曾是一名留学国外又毅然回国的有志青年，他更是一位中国导弹与航天事业的亲历者和主要开拓者；同时，他又是一位平和坦诚的师长、热情幽默的朋友、孝心拳拳的儿子、爱妻胜己的丈夫、以身作则的父亲……岁月流逝洗尽韶华，现在，他已是耄耋之年的老人。当我们带着无限敬重和些许好奇真正走近他、走进他的故事时，我们感到他是那样的可亲可敬。他长达半个多世纪的非凡人生，有那么多值得我们品读回味的精彩片断，又有那么多需要我们挖掘、珍惜和继承的宝贵财富。

第一章　竹蜻蜓是怎么飞起来的

1 有数学天赋的顽童

1916年12月18日，黄纬禄出生在安徽省芜湖市一个普通的教师家庭。“我有三个哥哥，两个姐姐。在家里，我皮肤黑，没有哥哥姐姐们漂亮。”也许小时候“在家中不受欢迎”只是一时的戏谑，然而，在父亲的眼中，小儿子确实曾是一个令人挠头的顽童。

黄纬禄的父亲黄慎闻是前清秀才，爱好书画和诗文，曾担任小学国文教师。作为一名老师，他希望自己的子女受到良好的教育，因此平时省吃俭用，供孩子上学，督促他们积极上进，认真读书。当时，家乡教育水平较低，主要的教学方法就是让学生死记硬背。黄纬禄六岁进入私塾读书，跟老师学习《三字经》、《百家姓》、《千字文》……谁知，填鸭式的古文教学使他大倒胃口。年幼的他虽然背得下长篇诗文，却对这种学习没有丝毫兴趣。

两年后，父亲为了严加管教，将八岁的儿子收入自己执教的小学。然而，情况似乎并没有得到改善，厌倦旧式教育方法的黄纬禄依旧常常逃学。他的最好的办法就是利用母亲的疼爱，自称“肚子痛”。若遇到一些小兄弟来家中玩耍，黄纬禄看准机会就向母亲“宣告”肚子痛，母亲便会代儿子向父亲请假。一旦得到父亲的准许，黄纬禄就可以和小兄弟们痛快地玩上一天。这样的小把戏屡试不爽，很少会被人揭穿，然而他直线下降的语文成绩却难以掩饰，被父亲看得清清楚楚。

儿子的种种玩闹，父亲看在眼里，急在心头。怎么才能让厌学的儿子明白自己的一番苦心呢？出自书香门第的父亲毕竟是个心思缜密的人。他静下心来仔细观察，发现对古文课程极为抵触的黄纬禄到了算术课上，神情却格外专注。原来，有一位程老师，算术教得很好。他的授课内容和教学方法，很合黄纬禄的胃口。特别是在他教了九九乘法表以后，引发了黄纬禄的好奇和兴趣。他把原来的加法变成乘法（例如 5 个 25 是多少，原来是把 5 个 25 连加起来得 125；改用乘法后，变成 5 ×5 等于 25，5 ×20 得 100，再两个相加即得 125），同时把原来的减法变成除法（例如 125 里有几个 25，原来是把 125 连续减 25，等减到第 5 个 25 结果等于零，因而知道 125 里有 5 个 25；现在用除法即用 125 除以 25 得 5）。在这位老师的引导下，黄纬禄已经深深地迷上了数学。年幼的他甚至一度这样想：“等我长大了能当个数学老师该多好！”就这样，黄纬禄的其他成绩虽不理想，数学成绩却能拔得头筹。父亲慢慢理解，儿子并不是厌学，而是厌倦旧式的教学方法，只有利用孩子感兴趣的教学方法因材施教，才能激发孩子在某些领域的独特潜能。看到自己的努力并没有白费，父亲供儿子继续求学的信念就更加坚定了。

小学毕业后，经考试，黄纬禄升入芜湖市芜关中学。进入中学，黄纬禄变得懂事了，贪玩的禀性渐渐消退，不仅数学成绩优秀，其他功课也慢慢赶了上来。学习期间，热心的他经常在课余时间帮助老师用蜡版刻制数学习题卷子，并能在刻制时发现习题及答案中的错误，随时给予改正，多次得到老师的好评。黄纬禄这样回忆：“在中学毕业考试的时候，要举行整个安徽省地区性的会考，会考需要准备一些题目。当时我们的数学老师就自己出了一些题目，因为我的数学成绩很好，老师就让我把题目用蜡版刻出来，印发给每位同学复习用。刻蜡版的过程中，我发现老师做的题目中有些错误，就去问老师是否要改过来。老师重审了题目，认为我改的是对的。”黄纬禄小时候就爱动脑筋，遇事总爱问一个为什么。他不懂的问题总能在父亲和老师那里得到圆满的答案，这使他很尊重父亲和老师。遇到有异议的情况他也能及时向师长指出，这种“不唯师，不唯上，只唯真”的精神也使他深得师长喜爱。

会考后，大部分同学都顺利毕业了。而黄纬禄考虑，将来要想进一所好大学，首先要进一所好高中。当时江苏省的教育办得比较好，有儿所中学在全国还是比较有名气的，如南京中学、上海中学、扬州中学等。20 世纪 30 年代，社会上曾流传“北有南开，南有扬中”。意思是说，北方最好的中学是张伯苓先生办的南开中学，南方最好的中学是周星北校长办的扬州中学。当时扬州中学名气较大，当然也非常难考。黄纬禄与两位同班同学抱着碰碰看的心理参加了扬州中学的入学考试。在考试过程中，其中一位同学，第一场考完数学后，感到成绩不佳，就自动退出了。第二场考完理化，另一位同学发现由于自己太紧张，漏做了两页考卷，当时考卷有四页，他把第二、三页翻过去了而漏做，也感到没希望，不再继续参加考试了。两位同学的意外出局给黄纬禄敲了警钟，使他深深感到，除了平时认真学习，在关键时刻还要倍加镇静和细心，绝对不能因疏忽造成大错。于是，他凭借雄厚的实力及平和的心态，成为三人中唯一被扬州中学录取的学生。“事实上，考前，学校把以前的考题印成小册子供大家复习，我做过一些题目。”面对别人的称赞，细心的黄纬禄谦虚地说，“而那次入学考试，居然有个别我复习过的题目又出现在考卷上。”

虽然是已入耄耋之年的老人，黄纬禄每每回忆起自己的童年，总深感父爱、母爱和师恩之深，同时也为幼年读书时未能使语文和数学齐头并进感到遗憾。但是，他深有体会地指出，爱玩是孩子的天性，不要让呆板的教学方式和过重的课程压灭了孩子爱玩的天性，因为这种天真之中，处处闪动着智慧的火苗，一旦被扑灭，何时复燃就无人知晓了。他在见到年轻的父母批评淘气的男孩子时，常笑着说：“男孩爱玩，懂事偏晚，需要在玩耍中学会许多东西。”

2 “竹蜻蜓”引发造“飞弹”的理想

“要在玩耍中学会许多东西。”黄纬禄回忆童年时意味颇深的话语像一颗投入湖心的石子，点开了往事的涟漪。于是，一个“孩子和竹蜻蜓”的故事渐渐浮出水面。

在小学读书期间，学生们都爱玩竹蜻蜓，黄纬禄也不例外。然而，抛向空中的竹蜻蜓看似简单，却蕴含着许多值得反复玩味的深刻道理。看看玩得兴致勃勃的小伙伴，再看看一只只旋转着飞向空中的竹蜻蜓，他在心中画起了问号：这些竹蜻蜓的力量有多大？如果把很多竹蜻蜓组装在一起，能不能托起很重的物体？竹蜻蜓能飞多高？如果提供持续动力，它们是否可以按人们的要求一直飞下去？……于是，他的头脑中冒出了这样一个“大胆”的想法：“当时我就想，能不能做一个飞弹，就用竹蜻蜓做动力。顶上装几个竹蜻蜓，让它向上飞；前面并排装几个竹蜻蜓，让它向前飞；左边的竹蜻蜓启动，使飞弹向右飞，或右边的启动，使飞弹向左飞；飞的高低由顶上的竹蜻蜓控制。”老人饶有兴致地回忆说：“竹蜻蜓的动力用橡皮筋来做，竹蜻蜓下面放个“炸弹”，“炸弹”用绳子系着，在绳子的一端绑一根香。把香点燃，让它燃到绳子，再通过燃着的绳子点燃炸药。”这样就可以将一枚“炸弹”投放到敌人住的地方爆炸了！当时，年幼的黄纬禄很想作一次试验，验证这个奇妙的设想是否可行，但受物质条件的限制，没能实现。我们用现在的眼光来看，他的这些设想，实在有些像导弹自动控制系统的雏形。

上初中时，黄纬禄在课堂上学习了杠杆原理和液压传动的知识。这个爱动脑筋的中学生又在心中将竹蜻蜓的模型进行了改进。他设想用杠杆掀动一个小直径活塞，通过同一压力推动大直径活塞，即可产生更大的力来掀起更重的物体。如此循环往复，产生的力就越来越大，可以掀起的物体也就越来越重，掀起一颗炸弹也未尝不可啊。“当时只学了这么一点儿知识，就想入非非，想通过这种办法把重物提到高的地方。实际上这也是不能实现的。根据能量守恒定理，在这边做的功，那边不可能把功变得很大。”但是，这说明了黄纬禄在年幼时就很喜欢动脑筋思考问题，能把所学到的不同知识结合起来，探索解决实际问题的途径。

爱迪生说：“机遇总是青睐有准备的头脑。”课本中也时常出现这样的故事：牛顿被树上落下的苹果砸到了头，瓦特盯着火炉上噼啪作响的水壶盖出神，莱特兄弟对天空掠过的鸟群无限神往。虽然这个“孩子和竹蜻蜓”的故事与前者同样看似偶然，但必然有几个“关键词”贯穿始终，那就是：学习、思考、融会、创新。不难想象这样一个场景：在上个世纪的二三十年代，在江南繁花似锦、鸟语花香的春日午后，一群孩子在屋后的山坡上兴高采烈地放飞亲手制作的竹蜻蜓……然而，孩子的耐心是有限的。当其他孩子纷纷丢下手中的竹蜻蜓在小河中嬉戏、在草地上奔跑、在树林中展开一场场“战斗”的时候，有一个孩子的心却始终被时高时低的竹蜻蜓紧紧牵动着。他的表情也随着这只小小的“竹蜻蜓”时而欣喜时而黯然。他似乎看到这只竹蜻蜓飞跃云端，飞向太阳，最后消失在天际，融入那一抹未知的蓝色。或许，那里正藏着这个孩子展翅高飞的理想，孕育着一个关于蓝天的梦。

3 难忘的扬州中学及两位恩师

在接到高中入学通知单时，扬州中学就提示黄纬禄，入学前要好好复习英语。黄纬禄深知芜关中学的英语教学水平与扬州中学的英语教学水平相比差距很大，就利用开学前的一段时间认真补习了英语。本以为自己是有备而来，但扬州中学的英文、数学、物理、化学课程所用的教材全都是英文的。英语课上，老师更是一句中文都不说。这可给他来了个下马威。开学后很久，他仍然不能适应英文授课。高中一年级时，扬州中学开设化学和数学两门课程。由于数学教材的生词较少，他的基础也较好，上数学课还不成问题，但是化学课却实在令他头疼了很久。

的确，化学教材中不仅有很多新的知识点，还有许多从没见过的专有名词。像这样的不认识的新单词和专有名词，几乎每一行都有好几个。为上好化学课，需要头一天就重点预习第二天要讲授的化学课程。他借助英汉词典，逐句翻译课文，将译文标在对应的英文旁，但一晚上也只能翻译一页半。第二天老师一堂课就要讲十几页。更难办的是，平时的考试试题都用英文陈述，答题也要用英文。那时高中一年级有三个班，黄纬禄在甲班，但第一次月考的时候，他们班的成绩最差。这对他来说实在是一个很大的挑战。

高中时期的黄纬禄

遇到这样的困难，黄纬禄感到无法适应，甚至对是否能继续学习下去产生了疑问。经过反复考虑，他决心把详细情况和想法写信告诉父亲。他在信中表示，与其以后学习跟不上，不如早一点儿回家来，免得期末被除名很不好看。父亲看信后，也觉得儿子的确遇到了很大的困难。但根据平时的了解，父亲坚信儿子能突破这一关，便立即给他写了回信。父亲的回信言辞恳切、语重心长。信中说，人生道路没有一帆风顺，有志者事竟成，希望儿子结合学业攻克英语关，只要尽最大的努力，就会有进步。即使期末真的考得不好，家里也不会责怪。父亲希望他只管学习，不要考虑那么多。黄纬禄感动于家人对自己的理解和信任，于是他放下了包袱，全身心地投入到学习中去。

事实上，化学月考成绩不理想，着急的不只是要强的学生，还有一个人，那就是他们的化学老师王冬心。这位王老师曾是中央大学化学系的高才生，毕业后分配到扬州中学当教师，并且担任黄纬禄所在班的班主任。他看到自己的学生成绩不理想，心里很不是滋味。他希望班里学生都能尽快赶上去。怎么办呢？他讲课时认真观察，慢慢发现，大部分学生学习效果不好的主要原因是英语水平差。既然英语水平参差不齐，那就不能按统一标准要求学生；要按照循序渐进的原则，放慢课程进度；但进度慢了，质量却不能降低。

王老师说做就做，一场实验性的教学改革展开了。开始讲课前，老师总是先用很快的速度念一遍英文课文，虽然黄纬禄常常跟不上老师的语速，课后复习也好像是在学英文，但这种紧张的节奏，帮助他培养了良好的语感，英语学习渐渐入门。在补习英语的同时，王老师每隔两天就安排一次考试。为了避免贪多嚼不烂，每次考试的内容都不多，只测一章的知识点。通过这种有针对性的重点突出的教学方法，学生们渐渐习惯了英语教学。然而，更出人意料的事情还在后面。有一天，黄纬禄和同学们无意间在垃圾箱里发现了一摞化学试卷，上面没有批改的痕迹，也没有分数排名。学生们恍然大悟。原来，老师根本就没有判考卷，而是直接把卷子丢进了垃圾箱。他只是通过考试这种方式，督促学生把化学课学好。终于，通过老师“独特”教学方法的引导和学生自身不懈的努力，在第一学年年终，黄纬禄取得了年级第一的好成绩。

“我的数学成绩比较好，基本都是 100 分，最少也在 95 分以上。我当时考数学就是要考 100 分，如果得了 99 分或 98 分，心里就不痛快。通过这一段时间的努力，化学课的学习也有一定的成果。”回忆起当时的情景，老人至今仍显得非常自豪，“当时有的同学学得很好，我就暗下决心，一定要超过他们。期末考试的成绩张榜公布了，大家看到我得了数、理、化三个满分，都用佩服的眼光看着我。”数学领先，其他跟上，他从此保持总成绩全班第一直到高中毕业。这段经历也使他深深地懂得，在困难面前，只要摆平心态，坚忍不拔，就没有跨不过的坎儿。这对他后来成才起了积极的作用。而由入学时对用外语教学不适应，想退学回家，到毕业考试时数学、物理、化学成绩全部是 100 分，他的进步、变化和取得的优异成绩也在扬州中学被传为佳话，广为颂扬。

每当回忆起高中时代的学习生活，黄纬禄感叹颇多，因为这是他心智迅速成长的阶段。在这期间，曾对他以后产生过重要影响的老师，实在太多。除了关系密切的班主任王冬心老师，另外一位老师对黄纬禄数学天分的发掘和后天治学态度的培养都产生了极其重要的影响。他就是黄纬禄的数学恩师——汪静斋。“汪静斋先生是一位学识渊博、经验丰富的老师。”黄纬禄用崇敬的口吻提及恩师。

在高中一年级的时候，汪老师为黄纬禄所在的班级讲授三角课程。他的课程深入浅出，讲得非常清楚、详细。老师每次上新课之前，总是把上一次的内容简要地复习一遍，使同学们有一个连贯的概念。课下指定的作业题，他还会逐题给出提示。在当时功课繁忙、时间紧张的情况下，这对学生按时完成作业、及时加深记忆，是很有帮助的。至于考前复习，这在汪老师的课上变成了一种阶段性的总结。无论是平时小考，还是期末大考，他都用一节课对考试内容进行一次简明扼要的复习。汪老师总结归纳教学内容的本领极强。回忆起参加江苏省毕业会考前的日子，黄纬禄至今仍十分敬佩地说：“汪老师曾用一节课时间，把三年中所教的三角、几何、代数、解析几何等内容，提纲挈领地复习了一遍。同学们对如此大容量、高密度的讲课无不佩服得五体投地。”总之，在他看来，上汪老师的课是一种乐趣，更是一种享受。

课下，汪老师也和学生们保持着密切、友好的关系。无论学生们遇到什么问题，都愿意找汪老师解答。他对学生所提的课内、课外的问题，都能应答如流，并指出解决要点，使人听后印象深刻，且能触类旁通、举一反三。黄纬禄自小就对数学很感兴趣，高中期间，这种倾向越发明显，他常在考前复习时做些难题，请教老师。汪老师却说，难题是数学上的装饰品，不是必需品；只有牢固掌握基本知识和练就解题的基本技能，具备灵活发散的思维，才算有了解决难题的“万能钥匙”。黄纬禄觉得老师说得很有道理，凡事都要先打下扎实的基础，不要过分贪多或好高骛远。此后，他总是认真听老师讲复习课，不再针对考试作专门的准备了。尽管如此，不论月考还是学期考，他都能凭借扎实的基础知识取得很好的成绩。

师生情谊弥足恒久，老师对学生的鞭策和教诲也始终没有停止。1939 年，黄纬禄在中央大学工学院电机系三年级读书时，有一天忽然接到一个令人喜出望外的通知：汪静斋老师与扬州中学老校长周星北先生来校看望扬中校友。阔别三年，能在抗战后方再次见面，并感受到母校的关怀与爱护，听到师长语重心长的讲话，黄纬禄感到非常激动和兴奋。汪老师语重心长地说：“今天我在工学院教室和同学们讲话，希望你们努力学习，也就是说把‘工’字旁加上一个‘力’字，预示着你们的学业一定会取得成功。”多少年过去了，扬州中学三年的学习经历和汪静斋老师的谆谆教导，仍然牢记在黄纬禄心中。汪静斋老师认真的工作态度、有条有理的思维方式、谦和待人的处世原则，给黄纬禄很大的启迪和影响。高中期间扎实的数学基础和灵活的数学解题技巧，也使黄纬禄在此后的物理和机械领域里如鱼得水，如入化境。

4 一波三折，进入中大

带着师长的嘱托，黄纬禄以优异的成绩给三年的高中生活画上了圆满的句号。经过三年的苦读，就要走出高中校门了，这个年轻人心中蓝色的梦想变得越来越清晰，那梦想中的竹蜻蜓也越飞越高……

高中毕业后，黄纬禄决心一鼓作气考取一所好大学。当时，他向往的是像清华大学和交通大学这样的高等学府。经过充分的准备，他认为自己考上这两所学校中的任何一所都应该不成问题。但是，通向理想大学校门的道路似乎格外曲折。为了准备入学考试，黄纬禄和另一位要好的同学组成了学习小组，一起复习。当时，考前复习需要自己在校内找地方，合适的地方都被其他同学捷足先登了。他和这个同学好不容易才算找到了一个空房间。这个房间只有一个窗户，窗外还高高地堆满了零七八碎的东西，光线根本照不进来。走进这间屋子，就像走进了一个闷热的暗室，虽然很安静，但屋内既不通风，又很昏暗……在回忆这段考学经历时，黄纬禄说：“当时如果想考交通大学，要做的化学题多得不得了。我们就花大量的时间复习化学。”当时根本没有教辅书，只能做以往的考题，再根据课本自己归纳重点。复习到金属部分时，他俩就背电化次序表。每背到一种金属，他俩就把它怎么制取、性能如何、化合物的种类及其制造方法和性能都讲一遍。这样，就可以把这种金属的有关内容都复习到了，而且他们还感到这种复习方法效果很不错。

然而，就在复习进行得热火朝天的时候，意外发生了。命运似乎总是把令人意想不到的“戏码”放在最后。谁曾想到，复习中遇到的种种困难仅仅是冰山一角，更严重的问题即将浮出水面。黄纬禄在这种恶劣的环境里复习功课，身体渐渐吃不消了。有一天，他的双腿突然开始疼痛。本以为稍事休息就会有所好转，谁知日子一天天过去，疼痛反而越来越严重，渐渐地竟不能走路了。他只好躺在床上，蜷着双腿才勉强可以忍受，连吃饭都需要靠同学送来。他明白，当前这种情况，是很难参加入学考试了。他的一个同乡同学看到这种情况，决意送他回家。

当时的交通很不方便，从扬州到芜湖更是颇费周折。这一路上辗转颠沛，凡是要走路的地方都是这位同学背着。他们到家后，黄纬禄的家人既吃惊又心酸，对这位好心的同学更是万分感激。然而，同学要赶回学校复习功课，不能久留，病痛缠身的黄纬禄只好留在家里养病。父母冷静地考虑了儿子当时的病情，希望他好好休息一年，等第二年疾病痊愈了再考，黄纬禄也同意父母的安排。然而，不知是年轻人身体强壮，还是参加大学入学考试的心情实在太急切了，他的病情竟恢复得出奇地快。就像当初毫无征兆突然降临一样，这莫名的疼痛又忽然间迅速消退了。短短两周的时间，他下地走路也基本正常了。

腿疾刚刚恢复，黄纬禄就四处打听还有哪几所学校的入学考试尚未进行。值得庆幸的是，那时大学不统一安排考试时间，这样可以录取到比较优秀的学生。只可惜养病期间，清华大学和交通大学的入学考试都被错过了。得到这样的消息，黄纬禄发愁了，怅然地听着同学们畅谈考后的感想，这样的局面实在是始料未及的。那么，是等待来年考取自己理想中的大学，还是改变计划把握眼前的机会呢？经过慎重考虑，他改变了等到第二年考取清华大学或交通大学的想法，果断地抓住了当年的考学机会，报考了浙江大学和当时的中央大学，并以优异的成绩被这两所高等学府同时录取。

“当时中央大学在南京，浙江大学在杭州，家里人认为我身体不太好还是就近入学好，我就进了中央大学。”黄纬禄在青年时代似乎就显露出这样的天赋，在做出决策时总能考虑周全，当机立断；每当他提到曾经遇到的困难也总是轻描淡写，举重若轻。这种周全果断的决策能力使他在遇到意外时，从不抱怨，更不气馁，而是冷静地分析现状，不失时机做出正确选择。的确，事情总是在不断变化发展，只有在动态中及时调整，才能得到相对最优的结果。作为一个在风雨飘摇、动荡不安的旧中国成长起来的青年，恶劣的环境使黄纬禄更具备这样的意识和能力了。

5　数学系还是电机系

上课的钟声敲响了，学生们纷纷回到教室。喧闹的校园顿时安静下来，只有蜻蜓颤动着薄翼，轻轻地落在带露的小荷上。1936 年的夏天，在南京中央大学的校园里，一切都显得生机勃勃，充满希望。忽然，这寂静被入学考试阅卷现场的一阵骚动打破。老师们的目光都聚焦在一个考生的试卷上。怎么办？老师们面面相觑。原来，数学考试共设 7 道题，每题 15 分，全部答对应得 105 分，但学校规定最高分只能打 100 分。看着这张“难办”的数学试卷，老师们犯了难，并在心中暗暗思忖，这个名叫黄纬禄的学生究竟是个怎样的“人物”呢？

入学前，为了避免考生作弊，学校要求学生与自己的考卷对笔迹。黄纬禄发现自己的数学考试成绩是 100 分。老师笑着说，其实，答对所有考题应得 105 分，但因为学校有规定满分只能打 100 分，所以只得减掉 5 分。老师还告诉他，他是新生入学考试的第一名，而且数学成绩比数学系考生的成绩还要好。不久就有很多人打听他的报考志愿。招考大学填报志愿的时候，黄纬禄第一个报的是工学院的电机系，第二个报的是理学院的数学系。为此，两个系负责招生的老师为争招黄纬禄还发生了争议。黄纬禄回忆说：“因为入学成绩很好，尤其是数学考了满分，理学院的老师很希望把我录取到数学系。但工学院的老师认为我的第一志愿是电机系，还是应当录取到电机系。”黄纬禄也有过报考数学系的想法，因为他认为数学一直是自己的强项，小学时还曾产生过当一名数学老师的念头，能进入理学院学习或许是个不错的选择。然而，不知为什么，他的脑海里时常浮现出这样一幅画面：一只小小的竹蜻蜓正轻快地跃上云端，消失在一抹淡淡的蓝色中。竹蜻蜓那嗡嗡的旋转声似乎在向自己轻声诉说着耐人寻味的故事。因而他将第一志愿定位在了电机系。

学校决定按黄纬禄当初填报的第一志愿录取。“最后，我进入电机系。当时学校给学生奖学金，一年级的学生以入学考试的成绩评定奖学金，我的入学成绩是全校第一名，所以一进大学就拿到了奖学金。”

时间如白驹过隙，大学一年级的生活转瞬即逝。因为第一年还没有接触到专业课，所以同学们只学数理化这些基础课程，上课都是集中在一个大教室里。这一年，黄纬禄和同学、老师们朝夕相处，共同学习，从陌生到熟悉，建立了深厚的情谊。然而，当美好的大学生活刚刚拉开序幕，隆隆的炮声却从北平传来。还没有来得及对这弥足珍贵的一年进行反思和总结，就在学生们即将开始各自专业课程的学习、准备迎接新学年的时候，“七七事变”爆发了。

第二章 导弹震动了这个毕业生

1 辗转流离的大学生活

1937年7月7日，日本帝国主义全面发动侵华战争。此时，“华北之大，已经安放不得一张平静的书桌了！”大部分学校都决意向内地迁移，并采取合并管理的策略。鉴于沿海城市局势动荡，日本人开始对南京进行轰炸。中央大学也决定转移，将学校从南京迁到了重庆。

黄纬禄清楚地记得，在迁往重庆时，中央大学的师生乘坐民生轮船公司的大船，沿长江逆流直上。他们住的是五等舱大通铺，条件极其简陋。严峻的形势和战争的阴霾使黄纬禄心情沉重，大部分时间他都站立在甲板上，眺望着滚滚而下的长江流水和两岸峻美的青山。这些令人陶醉的美景此刻好像也被侵略战争蒙上了一层令人不安的灰色。一艘艘缓慢行驶的小船和汗流浃背、举步艰难的纤夫使他忐忑不安。他愤愤地想，泱泱大国被一个小国欺负，人民怨声载道，学子辗转求学，这究竟是为什么？我们怎样才能扭转这种局面呢？他冥思苦想，一时找不到满意的答案。

中央大学迁到重庆后没有现成的场所可以当作校舍，就挑了重庆大学边上一个叫松林坡的地方作为新校址。因为没有教室也没有宿舍，全体师生就自己动手搭建。房子没有地基，只是在下面砌很少的几层砖坯；在砖坯上面搭起竹篱笆，就是墙壁的骨架；再往篱笆上抹黄泥，等泥稍干些，将四壁刷白就是墙。简易校舍就这样很快地建立起来了。

当时的学习条件非常艰苦，黄纬禄在战乱中的拳拳求学之心却是十分坚定的。在学习中，他很注重基本概念的理解，对所学知识从不敷衍了事，各门功课都学得很扎实，并经常和同学们一起讨论救国之道。他认为应该珍惜现有条件踏实学习，只有掌握了过硬的本领和技能，将来才有实力保卫国家。他十分重视理论和实践的结合，每学习到一点新知识，他就尽量与当时的实际情况相结合，希望能解决现实生活中的一些问题。比如，在学习磁场和磁性材料时，黄纬禄就觉得这里面大有文章。摆弄着手中的磁性元件，他脑中灵光一闪："可不可以建立这样一种磁性水雷的模型呢？即在水雷上装入磁性元件，当敌船经过时，靠船体与磁性元件之间的感应，引爆水雷炸毁敌船……"国难当头，民不聊生，作为一个爱国青年，他为如何战胜敌人苦苦思索着。每当有消息从南京传来，听到日本军队在那里制造的种种惨状，黄纬禄无不痛心疾首。他努力学习、发愤图强的救国之心也就更加迫切了。

然而毕竟是刚到重庆，大家对那里的气候不能很快适应。黄纬禄和同学们白天在简陋的校舍里学习，晚上就在可容纳一二百人的一间大通仓里睡觉，上下铺的床位排得密密麻麻，除过道外几乎没有什么空间。好在宿舍离教室比较近，要读书或复习功课都可以到教室去。教室非常简陋，因此蚊、蝇、老鼠不足为奇。"我们刚到重庆时，对那里的小咬防不胜防。"黄纬禄对那段生活记忆犹新，"那种比蚊子小的小黑虫，咬起人来很厉害。老鼠非常多，卫生条件也很差。"尽管有虫叮鼠咬，同学们还是坚持在教室里读书。但是，遇到空袭，同学们就不得不放下课本离开教室，赶快躲到防空洞里。其实所谓的防空洞也不过是大家动手在山坡底下挖进去的一个深深的通道，权当空袭藏身之用。当时，常有日本的飞机来重庆轰炸，学习就只能时断时续。

抗战时期，除了学习和居住的环境十分险恶，黄纬禄和同学们的伙食质量也很难保证。刚到重庆的时候，物价还比较稳定，大家的伙食费是一个月六块钱。因为当时政局混乱，没有稳定的供货来源，同学们对伙食费的支配方式也各不相同，学校就不统一安排伙食，而是由学生自己筹备。学生们就想出办法，组成类似膳团的组织，把几个人的钱凑在一起，这样可以多做几样菜，办得比较经济。“起初，每星期还有两次加菜，在四川大家把这叫打牙祭。”黄纬禄回忆说。但是，随着战争愈演愈烈，由于物资稀缺和政府滥发纸币等，通货膨胀越来越严重，“1937 年来到四川，到 1940 年毕业时，伙食费提高了，但伙食质量下降了。”

战火中学习的三年是十分艰辛的，但它为黄纬禄以后的工作和学习打下了坚实的基础。无论在知识能力层面，还是思想追求层面，黄纬禄对国家、人民和自己都有了更深层次的思考和理解。

2 战地红烛，陈章主任

四年的大学生活辗转流离，在重庆生活的三年更是令人终生难忘。在艰苦的战争条件下，全体师生一起努力，发生了很多令人感动、催人奋进的故事。当时电机系的系主任陈章老师就给黄纬禄留下了十分深刻的印象。

在南京读一年级时，黄纬禄所在班级大约有 30 名学生。大家上的是数理化基础课，各系的同学在一起上大课，基本上和系主任没什么接触。后来“七七事变”发生，学校迁往重庆。到了重庆，有些同学认为电机系课程不是太理想，就转到其他系，最后班里只剩下了七个学生。搬到重庆上二年级，开始逐步上专业课，像无线电原理、交流电路、交流电机等。系主任给大家上无线电课，和同学们的接触就比较多了。

从南京搬来重庆的路上，电机系的一些仪器设备也要跟着一道搬过来。因为仪器比较少，而且在那种条件下，如果有了损坏，要想补充是非常困难的。陈主任对仪器非常珍惜。他和同学们一起在仪器室的外面加盖一个小房，顶上堆土，作为“防空洞”。一旦有空袭，陈老师就召集大家立即把仪器搬到防空洞中，以防空袭时炸弹的碎片损坏仪器。“陈主任对仪器的珍惜真是远远超过了对私人财产的珍惜。”时至今日，黄纬禄对陈章主任的敬佩与赞叹仍溢于言表。

当时学校所在的重庆松林坡是个小地方，如果每年招收新生根本容纳不下，所以学校在北溪又开设了一个分校，那里的校舍也十分简陋，没有电话。北溪地处农村，距重庆还有一段距离，一旦遇到空袭，那里就得不到消息。黄纬禄回忆说："陈主任认为，既然我们是研究电机的，就应该做点什么。在他的启发下，一个老师就搞了一个发报机，重庆一有空袭警报，就把我们班的同学组织起来向北溪发电报。因为这份额外的工作，学校决定每月发给每位同学五元钱作为补助津贴。五元钱虽然很少，但有这点零花钱，大家也觉得很高兴。"

其实，不只是学生，那时大学教授的工资也很低，还不如重庆拉黄包车的人收入多。养家糊口就靠这点工资，没有任何教书之外的收入。但是陈主任教课没有丝毫懈怠，始终非常认真，而且一定要让每位同学都能听懂。如果哪位学生有问题，他很愿意和大家讨论，直到把问题弄清楚为止。另外，他还要求每位学生在课外都看一些无线电领域的文章，看过后还要在组会上向同学们介绍。陈主任每次都会参加组会，还启发大家提问，由主讲的同学进行解答。无线电课程的考试黄纬禄考得不错，每次看完文章后讲解得也很透彻，所以陈主任十分欣赏他，与他的关系尤其密切。"后来我从英国回来他希望我到学校担任副教授，教授无线电课程也就是这个原因。"这自然是后话了。

3 忧国忧民，出国深造

1940 年 8 月，黄纬禄走出了给他留下难忘记忆的大学校园，步入社会，开始自我谋生。人生的"竹蜻蜓"越飞越高，暴风雨也来得越来越猛烈了。

这一年，刚刚毕业的黄纬禄被分配到当时的资源委员会无线电器材厂重庆分厂工作，先后任助理工程师、工程师。"当时无线电器材厂的总厂在桂林，有两个分厂，一个在昆明，一个在重庆。设计人员都挤在车间里工作，夏天气候炎热，工作环境艰苦。不过，在当时分配的工作中，无线电厂的工作算是比较好的。"黄纬禄心情复杂地说。当时通货膨胀极其严重，早上能买一袋米的金圆券到了晚上只能买一个烧饼。因此，他两个月的薪水除伙食费外，只能买一件普通的衬衣或一双布鞋。有时，他甚至连看病的钱都付不起，不得不求助于母校中央大学的校医院。

有一次，刚刚参加工作的黄纬禄得了痢疾。因为他所在的厂没有医务室，他就想自己到药店买些药来吃，但是因为通货膨胀，药价高得令人咋舌，根本买不起。当售货员问他买什么药时，他看了看价钱，摇摇头离开了。然而，痢疾却越闹越凶，人也一天天迅速消瘦下去。大学同学得知了他的境况，都很着急，可凭大家微薄的工资根本没有能力帮他请医生看病。万般无奈，大家就想到了中央大学的校医。那是一位非常热心的先生，平日里和同学们关系很好，谁遇到了麻烦，他都很热心出力。能不能请他帮忙呢？大家抱着试试看的想法将这件事告诉了校医，对方竟同意把黄纬禄当作在校的学生来医治。大家都长长地舒了一口气，盘算着赶快将他送到校医院。由于病情延误，当时的黄纬禄已经被痢疾折腾得有气无力。找不到车，也没有别的交通工具，同学们只好连扶带背地将他送进了校医务室。

大学毕业后在重庆无线电器材厂工作时的黄纬禄（上图（中），左下图（中），右下图（第一排中））

经过一段时间的悉心治疗，黄纬禄的病渐渐有所好转。大家都劝他继续休息两天，但是考虑到刚参加工作就请那么多天假，他感到很内疚。他仍坚持拖着虚弱的身体回去上班。他的宿舍离办公地点约有 1000 多米，大病初愈，每天上下班往返走这段路很费劲儿。当时正是夏天，在太阳的暴晒下，虚弱的他常常是汗流浃背。“所幸当时年纪轻，最终还是坚持下来，身体也逐渐地恢复了。”黄纬禄用一贯淡定的口吻说。

然而，接下来发生的事情却令年轻的黄纬禄心痛不已。1941 年 4 月，父亲病逝的噩耗传来，黄纬禄悲痛万分。当时，由于连年战乱，他的家人已逃难到贵州独山。他第一次遭受到至亲离世的苦痛，回家心切，但是由于经济条件的限制，却根本无力购买一张去独山的车票。黄纬禄没能参加父亲的葬礼，使他抱憾终生。事后，他还是找机会搭乘便车，去独山祭拜了父亲的亡灵。

父亲的离世对黄纬禄触动很大。他忧虑万分，深感自己身为一名时代青年，受过这么多年的教育，现在父亲亡故、国家有难，自己却不能尽孝，也不能报国。在此期间，他还耳闻目睹了当时官场的腐败与堕落。他在寻找，寻找一条可以使风雨飘摇的祖国摆脱贫穷的道路。在当时的许多科技人员中，有一大部分人认为中国的贫穷落后是技术不先进、工业不发达造成的。初入社会的黄纬禄也在某种程度上认同这种看法，认为当时国外的科学技术水平都已经发展到了相对成熟的阶段。如果能到国外学些先进的理念和高水平的技术，回国以后再邀集一批业务过硬的爱国志士，努力发展科学，办好工业，中华民族的强盛是指日可待的。他相信科学，相信只有科学才能救国，只有国强才能民富。作为一位有志青年应当为“科学救国”、“工业救国”而尽力，为中华民族的崛起和腾飞而奋斗。为此，他努力寻找一条出国深造的道路。终于，在无线电器材厂工作三年之后，一个机会的来临将黄纬禄出国深造的想法变成了现实。

1943 年，那时的英国工业协会计划在中国招收一些近期毕业的大学生到英国去实习。只要经当时的教育部批准，即可去英国工厂进行实习、培训。招生的条件是 1939 年至 1941 年期间毕业的学习成绩较好的学生。先由学校推荐名额到教育部，再由教育部召集专家组织统一的外语口试。最后，从通过口试的候选人中选出了派往英国实习的学生。当时有 31 位来自不同学校的毕业生过关斩将，被最终确定派往英国。他们分别来自四川大学、重庆大学、西南联大等，专业涉及电机、机械、土木、水利等多个领域。黄纬禄是中央大学在那三年中成绩最好的学生，因此经过学校推荐和层层筛选，他最终通过口试，被英国工业协会录取了。

这样，踌躇满志的黄纬禄抱着“科学救国”、“工业救国”的愿望，踏上了开往英国的轮船。他就像那只小小的竹蜻蜓带着蓝色的梦想，翻越崇山峻岭，跨过江河湖海，为实现梦想飞向那一片未知的海域。

4 异国实习多磨难

出国实习的愿望终于实现了！黄纬禄抑制不住内心的激动，开始动手整理行囊。在他内心深处，憧憬着祖国美好的未来，他仿佛看到了日渐繁荣的祖国，看到了安居乐业的人民，看到了机械巨擘力拔千钧，看到了钢铁巨龙直入云霄……

1943 年，31 位同学分批陆续前往英国。5 月，黄纬禄离开重庆，和黄炎培的公子黄大能一道动身前往英国。由于当时正值第二次世界大战的酣战期，各国交通管制非常严格，出入境都非常困难，所以根本没有中英直航的飞机。两人考虑再三，决定先从重庆乘飞机，飞越喜马拉雅山到印度的加尔各答。等到了印度，视那里的情况再作筹划。

黄纬禄（左）与黄大能晚年再度相聚

黄纬禄（左）滞留在印度加尔各答

滞留在加尔各答期间黄纬禄到动物园游玩

黄纬禄从小到大，一路南来北往都是乘车、乘船，可乘飞机却是第一次。由于当时身上带的钱不多，考虑到抵达英国后还要置办一些生活用品，很需要花上一笔钱，启程时他就决定在路途中尽量节约开支。当时飞机上提供一顿免费的午餐，由于不了解情况，黄纬禄为了省钱，一路上都没有吃东西，强忍着饥饿，直到加尔各答也没敢吃飞机上那顿免费的午餐。“现在想来，也是好笑的。”他面带笑容地回忆起这段插曲，感情却是相当复杂的。

两人到达加尔各答后，打算从这里乘船去英国，但轮船每隔一段时间才集中发航一次。没有办法，他们只能在那里等待。日子就这样一天天过去，这一等就是几个月。黄纬禄心中焦急万分，开往英国的轮船什么时候才能出港呢？于是他们四处打听是否有更便捷的路线，有一天终于得到消息，孟买开往国外的轮船班次比较频繁，从那里换乘可能会早些到达英国。于是两人决定立即动身前往孟买。这时，他们在加尔各答已经滞留了三个月。

新的问题又来了，从加尔各答到孟买要怎么走呢？乘火车？那时印度的社会风气非常差，道路交通方面的管理也极其混乱，买火车票时司售人员会明目张胆地向乘客索要小费。如果不贿赂他们，就无法买到车票，或者只能买到很差的车票。看到这种情形，黄纬禄很气愤。为了节约开支，他一路省吃俭用，现在却要拿钱出来贿赂卖票的人，他无论如何都想不通。然而，想想自己离家到现在，已经耽搁了不少时日，何时能到达英国还是个未知数。他和同学反复斟酌，权衡利弊，认为还是及早离开这里，不要因为一时气盛而耽误了行程。无奈，他们用小费打点过售票员，才买到了两张卧铺票。那时，印度的火车车厢之间互不连通。他们乘的车厢就像一小间屋子，因为给了小费，车厢里条件还算比较好。但他们每每提起在车站买票的经历，心中仍是愤愤不平。

到了孟买，黄纬禄发现这个海滨城市比加尔各答发展得要快，充满异域风情的建筑物高低错落，十分别致。在 1943 年，尤其是炮火不断的战争年代，这种历史悠久且几乎没有遭到破坏的城市是非常少见的。看到眼前的景象，黄纬禄想到同为“四大文明古国”之一的祖国正遭受战争之苦，很多城市和名胜古迹都被战火无情地吞噬了，感到十分痛心。他无心欣赏眼前的美景，只想快点学成本领，早日回到需要他的祖国。然而，由于战争局势波谲云诡，他们乘船经过的很多地方又是军事要塞，所以出发的时间总是一拖再拖，不能最终确定下来。结果，他们在孟买又等了三个月，才终于踏上了驶向英国的轮船。

黄纬禄（上图右三，下图左二）滞留在加尔各答时和去英国的中国留学生合影留念

黄纬禄（后排左二）在印度加尔各答与同去英国的留学生合影留念

黄纬禄动身前，非洲北部的一些国家被纳粹德国占领，埃及作为贯通地中海和红海的军事要塞自然更是兵家必争之地，几番交战之后也被德国划入自己的势力范围。鉴于这种情况，到英国去的客船和商船只能绕道非洲南端的好望角，这就大大增加了行程。好在黄纬禄准备离开孟买时，战争局势出现了变化，英国在非洲取得突破性进展，埃及被英军占领了。“这样就有条件通过苏伊士运河，沿着非洲北岸走地中海了！”黄纬禄高兴地想。行程意外地缩短了，他和同伴们都非常欣喜。

但是问题远没有这么简单，地处地中海中心的意大利当时还在德军的势力范围内，从这里通过仍然相当危险。船只不能随意穿越军事要塞，要派军舰随行护航。像他当时乘坐的这种商船是绝不敢单独起锚在公海航行的，英国当局也不会派军舰单独护送一艘商船出海。如果要穿过地中海，就必须等待其他同行的船只凑够了一定数量，才能派护航舰护送通行。“我们那一批一共有50多艘船，而且大部分都是万吨轮。”黄纬禄回忆说，当年的情景仿佛仍历历在目。

“终于启程了，或许再过不久就可以到英国了吧！”当他和同伴站在轮船的甲板上眺望远方时，常常在心中这样急切地想。船队一行浩浩荡荡沿着非洲的北岸缓缓前行，护航舰就围在商轮的外边。虽然埃及已经被英军占领，但由于战争还远没有结束，局势也随时可能发生变化，所以谁也说不好海上会出现什么危险。当时人们最担心的还是在航行中遇到德国的飞机轰炸。由于技术水平有限，当时还没有精确制导的炸弹，如果飞机想尽可能地准确投弹，只有靠驾驶员驾机俯冲，降低飞行高度才可能实现。针对这种技术上的局限性，英国当局早就想出了应对的方法。他们用钢缆在船上挂了一个巨大的气球。这种方法怎么能防止德国的飞机俯冲投炸弹呢？起初，大家都不太理解。听船员们讲解后黄纬禄才慢慢明白。船上挂了气球，气球又连接着钢缆。飞机如果想俯冲，就必须通过钢缆，但是，高速行驶的飞机一旦碰到钢缆机身就会受损，这架飞机也就被毁掉了。因此，飞机为保证自身的安全只能在高空投弹，其准确度就差多了。

即使是这样，船员和乘客依然不能放松警惕。当时 50 多艘船一起行进，虽然有军舰护航，浩浩荡荡非常壮观，但是目标过大，很容易引起敌人的注意。当时黄纬禄和船上的乘客每人都领到了一件救生衣，救生衣上别着一只特制的电筒。一旦夜间遇到敌机轰炸等紧急情况，乘客就可以穿着救生衣跳入海中逃生。救生衣上配备的电筒是特制防水的，上面装有红色的玻璃。遇到紧急情况，打开电筒就有红色的灯光，便于救援人员寻找信号实施救援。他打开救生衣的口袋，发现里面还放了几块巧克力。这是为了在紧急情况下短时间维持生命，增加逃生机会。毕竟是第一次出国，又逢世界大战，黄纬禄看着这些东西，心里不免有些忐忑不安。

黄纬禄滞留在印度孟买时在海滨留影

到了晚上，船上实行灯火管制。甲板上不允许有任何光亮，黄纬禄在舱内开灯也要用黑布窗帘遮得严严实实，甚至连有一位乘客想在甲板上抽烟，都被船员厉声喝止了。据说，即使是一点儿小小的火光在夜间也很容易被盘旋的敌机发现，因此到了晚上，要求就变得更加苛刻了。在接下来的几天中，船上还时常进行紧急集合的演习。一有“情况”出现，大家就用最快的速度穿上救生衣，有秩序地跑到甲板上。演习一次次进行，黄纬禄心中暗想，但愿这样的演习不要成为现实。可谁能料到，德国潜艇却正在水下悄悄地向他们靠近。

有一天，护航舰的声呐系统显示屏上出现了一个光点，船员们立刻警觉起来。“是德国人的潜艇！”消息一经确认，迅速传遍此行的50多艘商船。黄纬禄和大家一样迅速穿好救生衣跑到甲板上观望。此时，护航舰已经侦测到潜艇的具体位置，发射了深水炸弹。只听到一阵模糊而沉闷的爆炸声，他看到远处的海水似乎有些泛白，但是不很真切。过了不久，就听到其他人说，有些东西从海底漂了上来，那颗炸弹成功地炸毁了德国的潜艇。

后来，这个消息不知怎么传到了国内。因为通讯不便，得不到确凿的消息，黄纬禄的家里人听到都非常担心。其实，当时同行的31名同学是分批走的，并没有同乘一条船，而且纳粹德国的潜艇被炸沉了，大家也都是安全的。就这样，他们在海上又走了两个月。虽然演习依旧时常进行，也不时会有敌机呼啸着从头顶飞过，但接下来的行程还是相对平静的。50多艘船在军舰的护卫下一路浩浩荡荡驶向英国。随着目的地越来越近，黄纬禄的心情也越来越焦急，他甚至有些紧张。战争中的英国是什么样子的呢？他们会被安排在怎样的工厂里实习呢？他们真能如自己所愿学到救国家于水火之中的真本领吗？他和同学一路交谈一路思考，他们的船就这样驶过印度洋、红海、苏伊士运河、地中海，经过直布罗陀海峡，最终停靠在英国著名的港口城市利物浦。

黄纬禄一行刚到达利物浦，英国工业协会就派人到船上接他们。因为之前耽误了半年多的时间，英国工业协会希望将他们按各自的专业尽快安排到各个工厂进行实习。在接站时发生的一件小事儿给了黄纬禄很大的触动。当时负责迎接他们的是个英格兰人，经过简单介绍，他带领黄纬禄一行搭乘火车去英国工业协会报到。然而在火车上交谈时，这个英格兰人不停地抱怨，说苏格兰人如何小气、如何差劲儿。当时黄纬禄并没有开口说话，感到很不理解。他看看其他同学，又看看窗外，心想：一个国家各民族间应该团结，不同民族之间不应该互相埋怨。不论遇到灾害、战争，还是其他更大的困难，大家都应该本着互相理解和包容的态度，向着一个更高的目标共同努力。一个国家、一个民族在面对外来侵略和战争灾难时，更应当万众一心、团结一致去战胜强敌，怎能不相互信任呢？多年后提及此事时黄纬禄自豪地说：“我们中国人是不会在外国人面前讲自己人的坏话的。”

5 立志报国，苦学技术

刚到伦敦，黄纬禄就被派到伦敦的标准电话电缆公司（Standard Telephones and Cables Ltd.）的工厂实习。去之前，当时的驻英大使馆已经帮助他找好了房子，安排他与先期到达的三位技术人员同住。他们分别租住在房东的两间屋子里，黄纬禄与其中一人同住。同在异乡为异客，四位年轻人一见如故，经过简短介绍和攀谈，不久彼此就十分热和了。他还得知，与自己同住在一间屋子里的那位技术员竟然也是早期中央大学电机系毕业的学生。如此说来，竟是在海外遇到了校友！随着了解越来越多，大家相处起来也就更加融洽了。由于黄纬禄聪颖、正直，又很幽默、随和，不仅室友很喜欢他，房东对他也很关照。房东太太每周都会帮他们浆洗换下来的衣服。袜子破了，她也都帮忙补好放在床上。除了午饭在工厂饭厅吃，他们的早饭和晚饭都是由房东精心准备的。

初到英国不久的黄纬禄

有了朋友们的关心和照顾，黄纬禄就一心扑在了工作上。在伦敦标准电话电缆公司的工厂实习期间，他努力工作从不怠慢，希望把尽量多的技术学到手。尽管被安排在加工车间学

在马可尼公司实习时的黄纬禄

习车、铣、刨、磨，平均每个机床实习一至两个星期。但是，不满足于完成基本指标的黄纬禄，每当做好了手中的工作，就会跑到工具室学习设计一些工模夹具。在这里他学到了一些制造耐用元件的技巧，比如，在条件允许的情况下对有些器件进行电镀、涂覆等化学处理。心思缜密的黄纬禄白天在车间学习和工作，晚上就认真总结和反思。他认为仅仅在某一个车间实习，掌握某一种技巧是不够的，还要站在更高的层次上了解英国工厂的产品生产流程和经营管理模式。于是，他闲暇时就会到厂子各处走走看看，了解一下各方面的情况。当时，他们实习一段时间后就会被调到另一个工厂。当他被调到剑桥的马可尼公司（Marconi Co.）时，他对实习过的伦敦标准电话电缆公司的生产和管理情况就已经了解得比较全面了。

到了剑桥的马可尼公司，黄纬禄学习电路修理，主要负责电视机的检修。英国在第二次世界大战前，已经开始播放电视节目了。由于战争原因，电视节目被停掉，电视机厂停产，自然就没有人真正关心这些实习生的工作情况了。当时仓库里还存放了一批电视机，公司就安排大家检查这些电视。好的继续存放，有问题的进行修理。走进布满灰尘的库房，看着堆在那里的一台台电视机，有些实习生感到很失落。但黄纬禄想，既然是来实习，就要尽量多学本领。自己从没接触过电视机，对这个领域完全不了解，现在正好可以趁这个机会好好学习一下了。“虽然对电视不了解，但看看说明书就知道了一些。”回忆起当时的情景，黄纬禄显得胸有成竹，“电路也是一般的电路，和以前接触过的大同小异。”

当时电视节目停播了，黄纬禄就用一个信号发生器调试接收器。电视机有时也能收到一点很短的影片。看着这些闪动的图像，听着与图像相伴的音乐，他感到非常有趣，可转念一想，又不禁有些神伤。他心想：“要是我的祖国也有电视节目，每家都有电视，在家里就可以看到电影、话剧、越剧，那该多好啊，生活该多有意思!”由于那时刚接触到电视机，黄纬禄非常好奇。

可令他意想不到的是，在接下来的半个多世纪中，电视机的更新换代呈几何指数增长——从黑白电视、彩色电视，到立体彩色电视、平板电视，甚至还有分辨率更高的数字电视。事实上，科学技术的迅猛发展给人们的生活带来了翻天覆地的变化，已经远远超过了一台电视所能带给人们的视听享受。回忆到这里，黄纬禄语重心长地说："这些都说明科学技术的发展是非常快的。这也对当代科技工作者提出了更高的要求，鞭策我们不断努力，不断超越。"

在20世纪40年代，科学技术像现在这样的势头发展是一个年轻的实习生想都不敢想的。当时身在异乡的黄纬禄，只能尽自己所能学习国外的先进技术和理念，一步一个脚印地往前走。即使是这样，他也会不时地遭到英国人的白眼。虽然他认识热心的房东和亲切的同事，但并不是所有英国人都那么友善。由于当时中国十分落后，国民党把持的政府在战争中的表现也不能令人满意，中国人在国外时常受到歧视。黄纬禄遇到一些比较早去英国的中国人，据他们讲，英国人很看不起中国人，他们在街上遇到穿着整齐的黄种人就认为是日本人，遇到衣衫不整、破烂不堪的黄种人就认为是中国人。中国人到英国后，由英国工业协会或有组织出面解决住房问题还好，如果自己去租房子，房东看到是中国人，就不愿意出租。最令黄纬禄难以忍受的是外国报纸给中国人冠以"东亚病夫"的蔑称。当时正值第十届奥运会，南京国民政府为避免缺席，仅派刘长春一人赴会。黄纬禄铭心刻骨地记得，当时英国报纸上刊登了一幅醒目的漫画，题为"刘长春单刀赴会"。外国人借泱泱四万万人口的大国只有刘长春一人参加奥运会，极尽嘲笑之能事。

在英国实习的黄纬禄

黄纬禄默默地忍受着这一切。外国人对中国人的侮辱和对中华民族的蔑视，激起了他强烈的民族自尊心。祖国不强大，她的子孙在哪里都挺不直腰杆。他坚信中国只有富强起来，才能立于不败之地。要富强只能靠“科学救国”、“工业救国”，每一个有良知的中国人都应为此奋斗。这更坚定了黄纬禄努力学好科技知识的决心。“现在我们的国家强盛了，别人对待你的态度也就不一样了。可以感到一个国家的强盛对她的人民来说关系是多么重大呀！”黄纬禄回忆起当时的种种遭遇，感慨万分。

除了精神上忍受着外国人的鄙视和嘲笑，黄纬禄还时常要为日常生活发愁。第二次世界大战期间，英国的物资供应非常差，绝大部分东西都靠进口维持。那时，英国的老百姓和像黄纬禄这样旅居英国的科技人员一样，每人每个月只配给一个鸡蛋。在当时看来，这个鸡蛋真是相当珍贵。就连房东一家每个月拿到的鸡蛋都舍不得一次吃掉。“那时的水果更是天价。比如进口的葡萄，一个英镑只能买一磅，价格是当时国内的 5 ~ 10 倍。那时我们的补贴也很少，不敢去买这些东西吃。我们的房租是一星期 25 先令，一个月的房租相当于 5 英镑（1 英镑 =20 先令）。”年逾九旬的黄纬禄至今还能清晰地记得当年的这些数字！那时，英国工业协会每月给他的生活费是 30 英镑。除了交付房租，他每个月可以结余十几到二十几英镑。这些从手指缝中挤出的钱如何支配？除了精打细算用于必要的日常花销，他还要用这些钱买书，到学校去听课。原来在他的心中，始终还藏有一个在英国求学的梦。总有一天，他要把这个梦想变为现实！

6 亲历战争，初见导弹

黄纬禄在英国求学的想法刚刚萌发，就被一阵剧烈的爆炸声震成了碎片。要知道，虽然中国实习生已经历经重重险阻来到了英国，但危险远没有结束。第二次世界大战愈演愈烈，常常可以看到纳粹德国的飞机在伦敦上空盘旋，像一片片鬼气森森的阴霾笼罩在人们头顶。在那里，他目击了德国 V-1、V-2导弹袭击伦敦的一幕幕情景。黄纬禄自己也差点丧生在 V-1 导弹的爆炸声里。值得庆幸的是，伦敦标准电话电缆公司的工厂对实习生的考勤要求与正式员工不同，规定黄纬禄每天八点半才开始上班，比正式员工晚半个小时。谁也没有想到，这条看似不起眼儿的规定，竟在某一天挽救了他的性命。

“有一天我八点半到厂里上班，刚到厂门口就有人通知那天不上班了。”黄纬禄回忆起当时的场景，似乎仍然心有余悸。那是 1944 年 6 月的一个清晨，一枚“嗡嗡”怪叫的 V－1 导弹飞向伦敦市郊。不久，远处传来一声沉闷的爆炸声。爆炸的方位似乎是自己所在的实习工厂，黄纬禄的心猛地一颤。半个小时后，当他匆匆来到工厂时，熟悉的车间已经变成了一堆冒烟的瓦砾。“德国的 V－1 导弹在厂里车间办公室窗外五六米处爆炸，而那个办公室正是我平时上班的地方。”回忆起这件事，他的表情显得很凝重，“办公室里的五位工作人员当场被炸死四人；另一个伤势比较重，在送往医院的途中也死了。”

在英国工厂的车间里实习的黄纬禄

在当时的情况下，像这样的轰炸是屡见不鲜的。很多人家都在自己的后院建造所谓的“防空工事”。事实上，老百姓自己动手搭建的这种小屋在很多情况下也只能提供一种心理上的安慰。当时，黄纬禄的房东也在自己家后院另盖了一个小房子，房顶比普通房屋要坚固一些，房子的下面还有一个地下室，躲在里面还可以稍稍阻挡一下炸弹的碎片。每当空袭警报响起来，大家就跑到这个小房子里暂时躲避一下，房东的家人则躲进地下室。避难的四个中国人中有一个信佛教的，每当飞机轰炸时，这个人就在小房子里不停地念着阿弥陀佛，祈求佛祖的保佑。此时，黄纬禄心里想的却是，这个威力巨大的 V－1 导弹，自己什么时候能有机会亲眼看看它的庐山真面目呢？

后来，黄纬禄了解到，所谓的 V－1 导弹实际是一个无人驾驶的飞行器。机身本身是一个一吨重的炸弹。当然，这一吨炸药的破坏力还是比较大的。它用陀螺仪控制方向，由所带燃料多少来决定飞行距离。发动机声音很大，很远便可听见。燃料燃尽时，发动机也就停止工作，机体俯冲下来，落地爆炸。当时英国歼击机的速度没有 V－1 导弹速度高，所以想用飞机来打 V－1 导弹就比较困难。由于轰炸频繁，渐渐地，黄纬禄在外面看到 V－1 导弹飞过来，也就习以为常了。后来，他还学会了用声音判断导弹飞行状态来保护自身安全。因为导弹用的是冲压发动机，弹体飞过来时可以听到啪啪的声音，一旦燃料耗尽,发动机停止工作就要俯冲爆炸。所以，只要听到声音在很远处或是声音过了头顶，就可以判断导弹还在飞，自己是绝对安全的。怕只怕声音在正前方不远处骤然停止，这就说明燃料用完了，导弹就会俯冲到自己身旁。这时就要注意，赶快躲避或趴在地上，减少被炸伤的可能性。“那时德国已经占领了欧洲大部分的地方，落在我们工厂的这颗导弹是从法国的北岸向伦敦打过来的。虽然精度低，但是这一吨炸药对城市的破坏力还是很大的。”他回忆着，思绪好像又回到了那战火连绵的日子。“如果我那天上班早半小时，也就葬身英国了。”

起初，英国人对 V－1 导弹的骚扰束手无策，但很快，英国的喷气式飞机研制出来了，它的飞行速度比 V－1 导弹要快。这些飞机在英吉利海峡上空一旦发现 V－1 导弹就可以把它打掉。眼看 V－1 导弹不起作用了，纳粹德国就计划改用更高级的武器，于是 V－2 导弹出世了。战争是残酷的，但是换个角度理解，这也在某种程度上促进了现代高科技军事工业的竞相发展。“说到德国 V－2 导弹的研制，这里面还有一段情节曲折的故事”，黄纬禄回忆说。

第二次世界大战期间，德国的科技水平比较高，研制新型武器的能力也比较强。纳粹德国的科学家们研制了很多秘密武器供希特勒挑选。早在德国的 V－1 导弹经常骚扰伦敦市区时，黄纬禄和实习的同学们就已经隐约听说，德国有一种更厉害的武器，制导比 V－1 导弹精确，重达 14 吨，可以载一吨的炸药，由法国的北岸直接打到英国来。黄纬禄暗自寻思：一个 14 吨重的东西居然能够带着炸药飞过海峡，真是不可想象。其实这种叫作 V－2 导弹的武器，就是最初的地地导弹。

事实上，如果按纳粹德国的原计划，德国的 V－2 导弹早就能研制出来了，但是各国的侦察活动相当活跃，研制计划很快败露了。当时英国情报部门得到确凿情报，德国将大批的科学家和工程技术人员集中在一个秘密基地研制 V－2 导弹，这个研究中心设在距英国 1000 多千米的佩内明德（Peenemünde）镇，是德国大规模制造 V－1 和 V－2 导弹的基地。如果不把佩内明德摧毁，英国的各个交通枢纽、首都伦敦和许多重要军事设施将会受到严重破坏，盟军总反攻的战略行动也很可能向后推迟。英国内阁特别委员会建议皇家空军把佩内明德作为重要的轰炸目标。在得知大致的方位后，英国空军打算派出飞机进一步侦察这个研制基地的具体位置。但是如果专程派飞机前去侦察很容易被德国发现，所以英国情报机构决定在派飞机去轰炸其他目标的同时，对 V－2 导弹研制基地进行拍照，以此为假象迷惑德国人，事实上侦察人员已经在飞机通过基地上空的时候收集到了重要的情报信息。

搞清楚了研制基地和生产车间的位置之后，英国决定及时采取行动，不久便派出许多飞机装载大量的炸弹去轰炸，一下子就把德国的武器研制生产基地炸毁了。当时德国以为自己的保密工作做得密不透风，根本没有想到英国人会发现基地，更没有想到会进行轰炸。空袭警报响起来，技术人员虽然可以躲进防空工事，但武器的设计蓝图和车间里的生产设备都被毁掉了。后来德国把这些技术人员转移到了更隐秘的地方，加强了保密和反侦察工作，收拾残局，从头开始。因此 V－2 导弹研制出来的时间比预期晚了一些。这也是为什么黄纬禄在很长一段时间只是隐约听说 V－2 导弹，却迟迟没有亲眼见到的原因。

据黄纬禄回忆，当时的 V－2 导弹不像 V－1 导弹可以防备。它的速度快，噪声也很小，只有在爆炸时才能听到响声。第二次世界大战期间，伦敦经常遭受空袭，尽管城市中心遭受袭击的概率更高些，但是住在市郊也不能幸免。险些与 V－1 导弹擦肩而过的黄纬禄就曾亲眼看到 V－2 导弹在他的窗外高空中爆炸。“有一天，我待在二楼的一个房间里，窗户突然强烈地震动，我冲到窗前一看，见到空中有一个爆炸产生的火球。”他至今仍清晰记得当时的场景，“这可能是 V－2 导弹没有完成任务就在空中爆炸了。”尽管那时伦敦是德国轰炸的重点目标，但是 V－2 导弹还没有达到摧毁某个建筑物的命中精度。事实上，凭 V－2 导弹扭转战局的可能性不大，纳粹德国也不过是为了扰乱人心，让人们无法安心工作和生活。V－2 导弹刚开始被德国使用时，对英国人精神上的威胁还是很大的。“就是真的打到头

黄纬禄在英国实习期间参观

上，也没有办法。伦敦地区比较大，真的发生导弹落在自己头上的机会也不是太多。”想到自己曾经幸运地躲过了 V－1 导弹的伤害，黄纬禄时常这样默默安慰自己尽量放宽心。与此同时，他对导弹的好奇也越来越强烈。“如果什么时候能亲眼看看这些导弹的构造，那该多好！”没有料到，这个想法后来居然实现了，而且成为他与导弹结缘终生的触媒。

有一天，神通广大的英国特工部门不知从什么地方竟“请”来了一枚货真价实的 V－2 导弹实物，并把它分解后放在伦敦博物馆里供人们参观。求知心切的黄纬禄哪里肯错过这个机会，当即便去博物馆一睹为快。博物馆里有专人在那里负责讲解 V－2 导弹的原理。那时，黄纬禄在这方面的知识还比较缺乏，他听得十分认真。“陀螺仪定位、定方向，大的发动机可以使导弹起飞、加速、飞得很高很远。”他一边听讲解员解说，一边回忆自己学过的电机方面的知识，理解起来并不感到困难。他围着导弹转了一圈又一圈，累了便久久地伫立在那里，若有所思地凝视着当时这可怕的令世人惊恐的东西。通过这次认真地观察和分析，他基本了解了 V－2 导弹的原理。黄纬禄的脑海里立刻闪现出一个念头，要是自己的祖国也能制造出这样的导弹就好了。中国拥有了导弹，日本帝国主义就不敢再侵略我们了！中国是火药的故乡，中国人一定能够造出自己的火箭和导弹。从这一天起，学习无线电专业的黄纬禄，就在内心深处播撒下研制中国导弹和火箭的种子。从这个意义上说来，黄纬禄是较早接触到导弹的中国人，他后半生与导弹相伴，参加并主持研制过不同型号的导弹，可以说是与中国导弹的研制发展和国防现代化的建设有着不解之缘。

7 “二战”胜利后的实习生活

黄纬禄在英国期间，除了在工厂接触到了一些先进的技术和理念，还在连年的战争中深刻领会到了高新技术和军事工业之间相互影响、相互促进的关系。毋庸置疑，战争的残酷以及它给人们生活造成的毁灭性打击，给这个异国实习生留下了极为深刻的印象，凝聚为一段宝贵的人生经验。那段时间，黄纬禄常常鼓励自己和中国同事，战争即将结束，安宁和谐的生活就要到来了。

黄纬禄说：“德国在欧洲大陆发动战争的时候，英国军队也在顽强地与德军作战……”回忆起那段不寻常的生活经历，老人滔滔不绝。因为德国兵力较强，坦克、飞机比较多，善于进行所谓的闪电战，在很短的时间内把欧洲的很多国家都占领了。经过一番激战，英军终于不敌德军，在敦刻尔克被迫撤退。撤退时的景象非常惨烈，很多重型的武器都留在那里，根本无法带走。黄纬禄刚到英国时，感到英军的空间防御力量非常差。英国政府甚至动员老百姓准备好猎枪，随时准备在德国空降部队到来时决一死战。然而，德国进行战争时间较长，并且又进攻苏联，战线拉得较长，力量慢慢被削弱下来。后来，英国和美国做了充分的准备，突然在诺曼底登陆，出动了两三千架次的飞机，在诺曼底打下了一个滩头阵地，并通过这个滩头阵地把武器、军队运到欧洲大陆。由于美军的力量较强，部队每天都能推进二三十公里，英军则稍慢一些。当时黄纬禄非常关注报上的新闻，他看到战争出现了实质性的转机，心中非常激动。果然，盟军经过艰苦卓绝的战斗，取得了诺曼底战役的胜利，德军节节败退，终于德国被打垮投降了！

黄纬禄（中）在英国伦敦住所附近与室友合影留念

在德国投降的那天，大家都非常高兴，伦敦的大街小巷汇成了一片欢乐的海洋。到处都在举行庆祝活动，黄纬禄和室友们也随着人潮来到了闹市区。

黄纬禄（右一）与中国同事在伦敦的草坪上享受胜利后的阳光

那里真是人山人海！他们一路走一路看，彩旗、横幅、狂欢的人群，曾在心中描绘过无数次的胜利场景，如今真实地呈现在眼前，他甚至有些不敢相信自己的眼睛。路上的行人摩肩接踵，黄纬禄和朋友们几次险些被人潮冲散，他便提醒同伴说："这里人多，大家互相照应一下。一来避免走散，二来也防止随身的东西丢失。"话音刚落，他就不知被谁重重地推了一下，等到他如梦初醒，赶紧去翻自己的口袋时，才发现钱包已经被人偷走了。他心里一沉，里面的现金不多，但是政府在战时发放的购物券都丢掉了。

这可怎么办呢？黄纬禄回到住所，一边发愁，一边责怪自己的粗心。这些购物券是他省吃俭用积攒了很长时间才存下来的。同欧洲大陆的许多国家一样，英国战时的物资供应十分紧张，政府实行日用品配给制，购物券非常重要，很多日用品只有用购物券才能买到。房东得知了这件事，劝他不要着急，还说像他这种情况可以向政府申请补发一些。他听后立即打报告申请，说自己丢失了二三百块钱的购物券，希望政府提供帮助。虽然后来只补发了几十块钱购物券，但总算解决了燃眉之急。后来，他吸取了这个教训，在参加日本投降的庆祝活动时，就不随身携带钱包了。黄纬禄至今仍清楚地记得当时自己和其他留英华人激动的心情。"当然，这次庆祝的热闹程度虽然远不如德国人投降时那样。不过，中国的留学生们都非常高兴！"他激动地回忆说："尽管我们当时不在国内，但祖国人民那种高兴的心情是可以想象的。"

黄纬禄（左）在英国伦敦的海德公园

战后的生活充满了阳光，黄纬禄在实习的空闲偶尔也会和英国同事下棋娱乐。在工厂实习时，他发现那里有个英国职员爱下国际象棋，不过，这个人下棋的方法很奇特。"他和一个外地的朋友下棋，不是打电话而是写信。写信告诉对方，自己这一步棋怎么走。对方再回信告诉他对方的下一步怎么走。一盘棋下完不知道要多长时间。"黄纬禄笑着说。他当时对国际象棋的规则都已经比较熟悉了，看这个英国人写信下棋，心里就想："这个人这么热衷于下棋，棋艺一定相当高超，不如和他切磋切磋。"于是，他就提出与对方杀一盘。哪知道这个英国同事走了没几步就急得满头大汗，棋艺很差，输得很惨。

黄纬禄的房东也很喜欢下棋，高兴的时候也会和房客们杀两盘。得知黄纬禄棋艺很高，房东便总想找机会和他"一决高低"。黄纬禄听说后欣然接受。看到房东摆出用象牙精工雕成的棋子，黄纬禄暗自庆幸棋逢对手。谁知这位房东的水平实在是不敢恭维。黄纬禄不好意思赢得太明显，只得让了几招，小胜房东。哪知心高气傲的房东不肯罢休，一定要再来一盘，扳回局面。就这样，时钟走了一圈又一圈……"后来，我知道了他的脾气，总是下几盘就输给他一盘。"黄纬禄回忆到这里笑着说，"否则就休息不了。"

"中国人大多数都爱下棋，基本套路都能比较熟练地掌握，棋艺都还可以。英国人爱下国际象棋，但普遍水平就比较低了。"他们不背棋谱，也不记套路，对这种"不求甚解"的作法黄纬禄有些不太理解。既然这么喜欢下棋，为什么不在闲暇时用心地学习一下呢？在曾由"竹蜻蜓"联想到飞弹的黄纬禄看来，就连娱乐似乎也应该是一件认真而有意义的事情。

在英国伦敦实习期间的黄纬禄

8　留学深造重入校园，赤子有情毅然回国

"据我们后来了解，当时英国招中国的大学生到他们国家去实习，表面上是帮助中国培养人才，实际上是他们了解到中国的大学生只要到国外去镀一

黄纬禄（左二）在英国留学期间与同学合影留念

下金，回来后职位就会提高一些。他们为这些学生提供一个机会去英国工厂实习，同时也希望能让这些外国学生了解他们工厂产品的性能。等将来他们回国在较高的职位上工作，能够到英国工厂订货，为英国创造商机打一个基础。”抱着希望去英国学技术的黄纬禄，不满足于这种流于形式且动机不纯的实习活动。两年的实习经历根本没有接触到实质性的技术。他意识到，想学到真东西，还是要进大学。

1945 年，已在英国实习两年多的黄纬禄，面临这样一个抉择，是实习期满回到祖国，还是借助实习的便利条件申请在伦敦继续读书？他陷入了沉思。像这样没有学到实质性的本领就无功而返，虽然回到国内可以顺理成章地得到比较好的工作机会，但是这明显违背了他出国的初衷。他当年是心怀对祖国的满腔热爱，带着学成归来为国家富强贡献力量的梦想毅然离开的。可现在……此时此刻恩师汪静斋在讲堂里给中央大学工学院学生们讲话的情景又浮现在眼前，老师的教诲如在耳畔：“希望你们努力学习，也就是说把‘工’字旁加上一个‘力’字，预示着你们的学业一定会取得成功。”对，一定要下功夫学到真本领，一定要利用这次出国的机会在专业上取得更大的成功，黄纬禄下定决心留下来继续深造。他决定向英国工业协会申请暂不回国，而是留在英国的大学里继续读书。

英国工业协会同意继续向黄纬禄提供一年的津贴，但是一年之后所有的生活费用，包括将来回国的旅费要由自己负责。达成协议后，黄纬禄和其他五位同学终于在 1945 年被伦敦大学帝国学院（London University Imperial College）录取。

伦敦大学帝国学院的工科专业比较多。这五位中国留学生有的学无线电，有的学水利，有的学结构。考虑到自己已经有了四年的无线电专业基础和几年的工作经验，黄纬禄决定继续自己本科的研究方向，学习无线电专业。他亲自找到无线电系主任弗蒂斯库（Furtisque），要求到无线电专业来学习。弗蒂斯库看到他在校时的优异成绩和在英国实习时的良好表现，欣然接受了这位中国学子。

黄纬禄在英国留学时的住所附近留影

1945 年 8 月，黄纬禄正式开始在英国伦敦大学帝国学院无线电系攻读无线电专业硕士学位。1947 年 5 月，经过两年的学习，他提出了采用一系列脉冲同时进行调幅与调宽制度各传播一路讯息的理论和方法，完成了题为《双路无线通信》的硕士论文，获得硕士学位。

拿到硕士学位，黄纬禄当即决定回到日思夜想的祖国。听说他要离开，有很多同学、同事都劝他留在英国工作。因为那时国内正处在战乱之中，科学技术和工业发展水平也无法与英国相比，如果留在英国工作，从个人的工作和生活条件来说肯定比回国好得多。但他觉得自己是个中国人，应该用自己学到的知识去报效祖国，这也正是他留学的初衷所在。人家的国家再好，总是人家的；自己的祖国再不好，再贫穷落后，也是生我养我的故土，古人云

黄纬禄（左二）在英国留学期间与同学合影留念

黄纬禄（第三排左四）在英国留学时与中国同学合影留念

“国家兴亡，匹夫有责”，作为一个中华民族的子孙，有责任为自己民族的复兴竭尽绵薄之力。于是，黄纬禄毅然放弃留在英国工作的念头，怀着满腔热情回到日夜思念的祖国。“回国还是坐船，但这次不是走印度，是走香港回国，由香港再坐船到上海。那时也是走地中海，第二次世界大战已经结束了，所以一路上非常安全。”终于，黄纬禄带着心中由“竹蜻蜓”激发的蓝色梦想，飘洋过海，又回到了魂牵梦绕的祖国。

第三章 无线电专家初露峥嵘

1 乱世中的抉择

黄纬禄学成回国的消息迅速在他以前交往的圈子里传开。他的身上汇集了英国伦敦标准电话电缆公司和马可尼公司的实习经验、伦敦大学帝国学院无线电专业研究生的学历、极好的英文读写水平、国外学习获得的想法和思路。以前的同学和老师开始纷纷向黄纬禄招手，很多公司和机构对他发出邀请。

1947 年初秋的一个黄昏，晚风带着桂花的香气徐徐吹过上海的溧阳路，飘进黄纬禄借住的小屋。这是一年中最舒服的季节，弄堂里的老小都喜欢坐在自家门前聊天，悠闲地享受着阵阵微风。而黄纬禄却紧锁眉头，眼睛始终没有离开桌上放着的两份聘书：一份是“中央大学电机系副教授”，另一份是“中央资源委员会无线电公司的研究员”。

此时，黄纬禄的心情绝非人们想象中的那般春风得意。

当回国的轮船靠近上海、远处的城市轮廓在眼前慢慢清晰时，他曾对抗战胜利两年之久的祖国作过美好的设想：热闹的码头来往着各国商船；干净整洁的街道沐浴着阳光；幢幢小洋楼掩映在郁郁葱葱的法国梧桐树里；到处是欢笑玩闹的孩子……离别祖国四年之后，终于可以回来为自己的国家大干一场了！黄纬禄发自内心的痛快和兴奋难以形容！

然而刚上码头，他好像被泼了一盆凉水。上海的阳光仍然灿烂，人们心里却忧心忡忡。国共和谈彻底破裂，爆发战争的小道消息如蝗虫一样四处蔓延，弄得人心惶惶；邻居家里的主妇们抱怨着，前一年每个月还能买5.22石大米的钱，到这一年只能买4.28石了。

当居民为不安的生活和战争来临的小道消息而紧张时，1947年12月23日，美国贝尔实验室的巴丁（J. Bardeen）、肖克莱（B. W. Shockley）和布喇顿（W. H. Brattain）宣布：他们发明了点接触型晶体管，半导体晶体管已研制成功。不久，这项发明将应用在电视机、收音机等设备上，并随着这些电器走进千家万户。黄纬禄在英国也曾立下过“让每个中国家庭都有电视机”的志向，可国内的科学状况和四年前相比，虽然有一点进步，但改观不大，黄纬禄要想实现这个愿望谈何容易！

国内动荡的局势带给人们焦躁的情绪，焦虑中的黄纬禄这时收到了两份聘书。犹豫和思考之后，黄纬禄在他的小屋里做出了决定。60多年后，黄纬禄回忆起这次关系到未来人生道路的选择时说：“我走的时候是从中央资源委员会无线电器材厂走的。抗日战争胜利后，总厂就搬到上海，后来成立了无线电公司，公司里有一个无线电研究所，我到上海后就在研究所里上班。当我要从英国回去的时候，中央大学的电机系主任希望我到学校去当副教授，教无线电课程。当时我的女朋友刘汉菊是复旦大学毕业的，毕业后留在上海复旦大学当助教。如果我去当教授就要到南京去。为了和我的对象在一起，我留在了上海。”

第一次读这段话，会被黄纬禄为爱情留守的想法而感动。但仔细再读，才会发现这个原因的字里行间中还藏着他科学报国的梦想。尽管副教授的职位是恩师陈章教授的真诚邀请，这也将是一份轻松舒适、收入丰厚的工作；而且，当教授是子承父业，会得到全家人的赞同；最重要的是，象牙塔里那种不问政治的氛围是当时的知识分子寻求避世的最好选择。但他没有接受这份聘书。虽然，眼下工业救国的理想无法实现，心里难免会有些失落、郁闷。然而，国家的现状不是一朝一夕便能扭转过来的。尽管报国的想法不能立刻实现，但他还是决定接受当时的资源委员会无线电公司的聘书，走上研究无线电的道路。

早在 1942 年黄纬禄在重庆工作时，一位桂林总厂的老领导曾被派到重庆分厂帮助指导工作。在他的领导下，当时大学刚毕业的黄纬禄很好地完成了制造电台的任务。去英国之后，黄纬禄和他中断了联系。五年后与老领导的重逢，是在黄纬禄的新单位——无线电研究所。黄纬禄回国前，中央无线电器材有限公司的筹建工作刚刚完成。所属研究室扩编成研究所并增设了生产车间，那位老领导是研究所的新所长。这天，黄纬禄正往办公室走，忽然被人叫住，回头一看，竟然是那位老领导。

老领导笑着说，一听说黄纬禄要来无线电研究所，自己就非常高兴。他还记得当年黄纬禄出色完成任务的情景，对那个学识渊博、作风正派、办事认真的小伙子很欣赏。

见到老领导的黄纬禄也欣喜万分，此后，老领导真诚的关心减轻了黄纬禄回国时感受到的那份郁闷。每天，他早早起来，在新婚妻子刘汉菊的照顾下吃早饭，走下昏暗的楼梯，蹬上新买的自行车。叮铃铃……一阵单车铃声响过，黄纬禄总是早于别人先到达工作单位。

在无线电研究所工作的头一年，黄纬禄全力以赴地投入到工作中，埋头完成发报机和无线电等方面的具体工作。他慢慢地发觉，在上海这个狭小的地方，自己终于找到一方真正的阵地，自己的理想得以用研究的方式逐渐实现。1948 年 10 月，黄纬禄发表了题为《两报叠传新制双工发报机制度》的论文。这篇论文后来在工程学界重要的大会——中国工程师学会上，由无线电专家蔡金涛先生，也就是当时研究所的所长代为宣读。

这是黄纬禄的事业起步时期。我们不由想到了他在彷徨中的选择。那次，他第一次展现出自己的希望——从事无线电研究。如果，他当时选择了大学副教授的工作，他的后半生也许会安安静静在南京的校园里度过；20 世纪 50 年代，他可能就无缘接触导弹，也不可能承受那么多国家的责任和希望，更不可能实现自己学生时代的梦想！

2 去台湾，还是留大陆

“笃笃笃”一阵杂乱的皮鞋声在无线电研究所的楼道里响起，刚刚还有人在热烈讨论的办公室顿时鸦雀无声，正在仔细研究图纸的黄纬禄和同事们不由皱起眉头，不少人脸上露出不满的表情。几个年轻的技术员开始窃窃私语："这些人怎么又来了！"

这是1948年的冬天，无线电研究所已经成立一年，刚推出了自己研制的新产品：资源牌八灯电子管高档收音机、交流稳压器以及收音和自动换片的收音电唱两用机。黄纬禄和其他研究人员都为初战告捷而兴奋着，大家摩拳擦掌，希望能多研制一些无线电产品。

但是，当时每个新产品的成功，都伴随着局势的进一步恶化。1948年11月1日，物价管制解冻，金圆券崩溃，物价开始飞涨，黄纬禄和刘汉菊忽然发现自己的工资开始难以应付日常的花费；一天后，前线的消息悄悄传到无线电研究所的办公室：解放军攻克沈阳，辽沈战役宣告胜利。虽然蒋介石三次飞临前线督战，但国民党军队仍以被歼47万而败北；到11月6日，淮海战役开始，战火会随时逼近上海，逼近研究所；街头巷尾对政府的不满情绪比比皆是，办公桌上的报纸头条也不再整齐划一地为蒋介石的国民政府大唱赞歌……

进入11月的上海，气温总是会迅速降下来，让人猝不及防。也是在这时，杂乱的皮鞋声毫无征兆地出现在研究所的楼道里。这些人来自国民政府，他们被命令深入各个重工业部门、大学和研究院所，动员人们去台湾。资源委员会所属的无线电研究所是国民党政府首先动员的几个部门之一。因为资源委员会控制着全国的资源和重工业，蒋介石亲自下令将它的工厂、设备拆迁至台湾，并要求三万多名高级知识分子和技术人员离开大陆去台湾。局势的迅速变化让这些官员们心急火燎、焦躁烦乱，他们几乎每隔几天就上门，一遍遍动员全所人员前往台湾。

面对反复光临的"政府大员"，所里领导表示，要求搬迁的时间太仓促了，台湾不具备基本的研究条件。黄纬禄和所里其他技术人员则主要从技术方面考虑，在上海，虽然他们的工作条件并不是太好，研究所也不是太大，但还是具备研究条件的，已经有了一些研究成果，所以并不希望迁走。

其实，资源委员会的正、副委员长钱昌照、孙越崎、吴兆洪早已与中国共产党取得联系，准备迎接上海解放。特别是孙越崎，在地下党的帮助下，他冒着生命危险，想方设法拒绝执行蒋介石下达的将资源委员会所属工厂、设备拆迁至台湾的命令。当时黄纬禄并不知道这些，他对共产党和国民党都不是很了解。只记得小时候，国民党的军队每到一地，都要住好的房子，并在房间里赌钱，胡闹，搞得人不得安宁。

这段时间，黄纬禄经常收到一些老同学的来信。他们不约而同地讲到，共产党在东北解放区重视发展科学，重视科技人才……在几张薄薄的信纸上，黄纬禄似乎看到了自己曾经在英国梦想过的那个中国：百姓能够安居乐业，工程师能够全力以科技报国……尽管当时形势复杂，局面纷乱，他最后还是相信自己的感觉，相信同学的话，毅然做出了他人生道路上重大的选择——留在大陆。

1949 年 5 月的一个深夜，响彻在上海郊外的炮声静了下来。这天半夜，国民党部队只进行了轻微抵抗就匆忙撤走。被枪炮的喧嚣笼罩了几周的城市忽然变得空前沉寂，暴风骤雨前的宁静也包围了黄纬禄的小屋。而此刻小屋里的气氛并不平静，妻子刘汉菊即将生产，阵痛已经变得又紧又密。但漆黑的大街上还在戒严，他们不但去不了医院，连接生婆也找不来。刘汉菊一手撑着腰，一手扶着床咬牙坚持着。黄纬禄急得直冒汗，而他也只能握着妻子的手，替她撑着劲儿。夫妻俩苦苦支撑着，终于熬到了天亮，黄纬禄陪着妻子直奔医院。天大亮时，孩子终于顺利出生了！不久上海也解放了。

解放后的头几个月，黄纬禄的身边天天都发生着新的变化。男青年们脱掉了笔挺的西服，换上了柔软的棉布人民装；身边有些朋友不再去舞厅跳舞，而是扭起了秧歌；在黄纬禄眼中，最大的变化还是市场上的物价不再像以前那样大起大落，市民们不用每天都非常紧张地小心翼翼地数着不知何时会因突然涨价而贬值的那一点点工资。

黄纬禄对物价的变化记忆深刻。他后来回忆："从 1948 年开始，货币贬值很厉害，拿到工资如果不马上买东西，就变得一文不值。物价涨得很厉害，同样的东西今天一个价，明天又一个价，有时上午一个价，下午又一个价，涨势真凶猛。当时，拿到工资如果马上换成银元还能保些值，因为物价上涨，银元换纸币的价格也会涨一些。国民党就把法定的货币变成金圆券，老百姓必须把自己的黄金、首饰变换成金圆券，如不变换就违反法律。发现私藏黄金或首饰就会被没收并关禁闭。老百姓被迫把黄金首饰都换成金圆券了。当时国民党宣传金圆券以黄金做储备不会再贬值，实际上是以金圆券换取了老百姓的黄金，国民党政府把黄金骗走了，一部分黄金还进入了私人的口袋。"

"解放后，人民政府把金圆券改成了人民币。刚解放时，物价也还在上涨，

解放初期的黄纬禄

但涨的速度慢慢得到控制。那时可以把钱存在银行，银行综合了米、油、盐、煤等价格，定出一个折实单位。你存入银行的钱按照当时的折实单位来计算。取款时按照你当时取钱时的折实单位付给你人民币。物价上涨时，你所取的钱也跟着增加。通过这种方法，物价慢慢地稳定下来，同时对囤积居奇的奸商予以打击。很快，物价稳定下来，老百姓也感到共产党领导国家有一定的办法”。

变化的不仅是物价，童工们从工厂里被解救出来，被送到学校上学。妓女都在扫除资产阶级污染的过程中接受教育，人民政府还让她们学到了一门谋生的手段；吸鸦片的人被送到医院，政府帮着他们彻底戒毒。到了 1950 年，黄纬禄和很多旧社会过来的知识分子一样，对新中国的发展充满了信心。

社会情况的稳定给很多人大展宏图、施展才智提供了机会和条件。和大多数跃跃欲试的知识分子一样，黄纬禄满腔爱国热情被充分激发起来。在亲眼目睹了旧军阀的腐败、历经了抗战和内战，从发奋读书到留学归来，他内心里那种复兴国家的强烈愿望已准备得很久了。

新中国成立后，黄纬禄进入重工业部电信局电工研究所任研究员。三年后，他们的研究所和原来邮电部的一个研究所合并，成立了一个较大的通信兵部电信技术研究所。合并后的通信兵部电信技术研究所使黄纬禄的工作地点发生了变化，他从上海举家迁往北京，开始了新的研究工作。

1949 年中华人民共和国的诞生，重新燃起了黄纬禄科学报国的热情和希望，他憧憬着新中国腾飞发展的美好未来。

3 总干“杂活”的保密机组组长

1952 年年底，通信兵部电信技术研究所的几位领导有些举棋不定。他们已经为谁去给医院里的苏联大夫修理仪器讨论了半天，却想不出专业对口的技术人员。

“这次修仪器很重要，研究所里如果没有学这个专业的人，就请其他单位的同志去吧。”所长即将决定散会了。

“等一下，要不然让保密机组的组长黄纬禄试试?”一个人试探地问。

所有人的脑子里立刻出现了那个眉清目秀、谈吐谦和的年轻人。一个多月前，他刚从上海调来。

1952 年是科技人才非常短缺的一年。钱学森、郭永怀等爱国科学家还没有回到祖国。社会主义建设的第一个五年计划还没有开始，新中国自己培养的科技人才还没有大批出现。黄纬禄他们正是在这样的情况下，才从上海调到北京充实科研队伍的。尽管专家被成批调到北京，但分在新的电信技术研究所上班的人仍然很少，以至出现突发问题时，领导经常急得焦头烂额，却难找到专业对口的技术人员。

黄纬禄负责的这个组主要是搞保密机。保密机的作用就是把平常说的话，经过转换使别人听不懂，需要听时再经过转换后才能听懂，以达到保密的目的。小组成员除了在办公室研制保密机，还要进入自己的模样车间，按照任务的需要自己画图。这让认真细致的黄纬禄发挥出多年积累的专业知识和操作能力。不久前，他带领小组的同志们，刚刚做出了体积很小的保密机，可以安装在电话机下的机座上。那次以后，所里的很多领导对他留下了深刻的印象，因为按当时的技术水平与国内的工业水平，能够把保密机做得这么小是很不容易的。

“黄纬禄不是研究这个的，但我觉得他有这个能力把仪器修好，让他去试试看!”所长拍板决定。

第二天，黄纬禄第一次看见这台出现故障的脑电波测量仪器。其实，他对这种仪器一点儿也不了解，打开外壳后，他只能一点点寻找电路上的问题。仪器的电路并不复杂，除了三级放大器和接触人体的电极（相当于探测器），电路中没有什么复杂的部分。黄纬禄暗自松了口气，他知道，下面的工作就不麻烦了。

一段段电路地检查，一根根导线地排除，电阻和电容都没有问题，但为什么使用时噪声这么大？脑电波的信号非常弱呢?

几个小时后，他终于揪出了问题的根源：两个电子管的性能不对称。三级放大器的放大量很大，在第一级输入端有一点噪声进入就会被放得很大，两个电子管性能不对称，经过推挽式放大，噪声信号不能被抵消。

找到症结的黄纬禄兴奋不已，他马上开始寻找类似的管子。但找遍了医院，也没有备份的管子。他灵机一动，想出了一个代替的方法。他选出性能相近的管子，试着组成第一级推挽放大器。当他再次打开检测仪，噪声信号果然减少了！

两天后，脑电波测量仪的信号恢复，仪器又能正常工作了。苏联医生很惊讶黄纬禄能在这么短的时间里就修好了测量仪，他非常高兴，还要送给黄纬禄一个礼物。虽然中苏合作刚刚开始，两国关系比较友好，但国家规定黄纬禄他们不能接受外国人的礼物。苏联医生开玩笑说："我送给你的不是原子弹啊！"黄纬禄笑了，但对礼物他最终还是婉言谢绝了。

保密机组的工作多起来了，全组人经常一起为了做出一个新的机器忙上好一阵子。1952 年之后的几年间，一直是中国社会主义建设蓬勃发展的大好时期。社会各界都以满腔的热情投入到社会主义建设中。作为电信技术研究所的技术小组，大家发明和创新的气氛很浓厚，几乎过不了多长时间，黄纬禄就和同事们推出一种新的技术方法。

一次，他们接到一项任务，为一个研制炮和炮弹的研究所测量炮弹的初速度。全组人员马上就进入了工作状态。以前，没有人干过这样的活儿，所以这又是一个未知的领域。黄纬禄带领大家做的第一项工作就是：想想究竟怎么测量。考虑到要想测量炮弹的速度就要知道炮弹从 A 点到 B 点的时间，通过两点间的距离就可以得到炮弹的速度。他们决定在 A 点和 B 点各放了一个电感，当炮弹经过时，电感量就会发生变化，然后用这些记录下来的数据计算初速度。看起来，测量方法并不算难。

进入试验准备阶段，大家热烈讨论着过程中的每一个细节。黄纬禄忽然发现，计算炮弹经过这两点的时间需要计数器，但那时，他们还没有现成的电子计数器。

"我来做个电子计数器吧。"组里有个同志的钻研精神很强。他临时跑到资料室，看过若干本书后，胸有成竹地回来搭起线路，从设计电路到制作仪器，很快就搞定了。

下一步，就要开始正式测量了。黄纬禄在心里最后一次想了想试验的过程：这个电路是当炮弹经过 A 点时，打开计数器的门，开始记脉冲数，当炮弹经过 B 点时，计数器的门关闭。计算出从门打开到关闭一共多少脉冲，知道脉冲数，知道振荡器的频率，就可以换算出时间来。A 点到 B 点的距离与

A 点到 B 点的时间可以在计数器上读出来，炮弹的速度就可以算出来了。

砰……砰……伴着两声炮响，黄纬禄的眼睛紧紧盯在计数器上，大家开始演算，只用了很短的时间，炮弹初速度的数据放在了所领导的办公桌上。一台崭新的计数器也成了保密机组办公室的新设备。

不但是保密机，只要有难以解决而又与通信电路相关的杂事，总会让黄纬禄和同志们忙活几天。为此，他风趣地说："我们那时的业务面比较宽。"

杂七杂八的工作让他们马不停蹄地忙碌着，但黄纬禄乐在其中。他的乐观态度和现在刚进单位的一些年轻人形成鲜明的反差，有的年轻人可能会抱怨工作的无趣："为什么领导给我安排那么多乱七八糟的事情，烦死了！"而年轻的黄纬禄在电信技术研究所的工作其实也和他们一样，也曾经常被要求去完成非无线电领域的临时任务。但黄纬禄没有抱怨和郁闷，总能乐呵呵地接受任务。因为他明白，无论是什么工作，都是让自己发挥能力的好机会。征服新领域之后的那种成就感，更有一种外人根本无法享受到的畅快。

不积跬步，无以至千里。完成简单的工作必定是漂亮地拿下大项目的铺路石。不久之后，这句话就在黄纬禄身上得到了验证。

4　为保毛主席讲话，抢排话筒干扰

1955 年的一天，电信技术研究所的所长被一个电话弄得坐立不安。全国政协会议筹备组的人亲自来电要求，研究所立刻研究一种能够有效解决"多话路间干扰问题"的话筒设备，赶在一个星期后举行的政治协商会议上使用，毛主席要在会议上讲话。挂上电话，所长犹豫片刻，急忙朝黄纬禄负责的保密机组的办公室走去。

黄纬禄能不能完成这项任务？他思忖着。前一年，黄纬禄和保密机组的成员用了不到两周的时间，就研制出了"话音控制多麦克风话路通断扩音系统"，并在第一届全国人民代表大会第一次会议上使用，受到与会者普遍的好评。但这次情况不一样了，时间这么紧急，而且手头现有的相关资料也不多，完成起来确实困难。但是，如果不能按时完成任务，政协会议的通话质量可能受到影响，这对国家来说就是损失。最后，他还是敲开了保密机组办公室的门。

"咱们又有新任务了！"

这个消息在小组成员中一传开，大家的脸上都显出跃跃欲试的表情。而黄纬禄并没有感到特别兴奋，他明白，这次任务就像一场不好打的硬仗！

政协开会时，麦克风是在每一位首长面前放一个，毛主席讲话时要对外广播，如果有人插话或发出声音，也会被同时播放出去。因此，他们要做一个能接上多个麦克风的放大器，保证当毛主席讲话时，其他的麦克风自动地从电路上断开，确保只有一个人的声音被播放出去。可怎么才能做到万无一失呢？而且，这个任务时间太紧了，一个星期必须完成。如果只靠技术骨干，肯定不能完成！

黄纬禄当即决定，成立放大器研究技术人员小组。他和另一位对这类电路比较熟悉的同志牵头，各自都出了一些方案和主意，其他同志对这些方案提出意见和建议。

最初，尽管方案不少，但由于受技术条件的限制，或是创意本身的问题，方案不断被修改，不断被否决。时间不停地流过，办公室的声音少了，变得异常安静，气氛却越来越紧张。大家都似乎有点儿着急了，个别技术员非常沮丧，沉闷地低头不语。表面上，这是时间的比拼与技术的较量。其实，它也是耐性和心理的抗衡。黄纬禄让大家冷静下来，重新理清思路。

“如果这样会不会更有效地减少噪声……”另一位牵头的同志终于打破了沉默。经过几天的讨论，他们提出了一个比较全面的方案。办公室已经寂静了好久的气氛又开始活跃起来，大家对这个方案提出各自的建议，使这个方案逐渐被完善。几天后，在所长加急的命令和所有人急切地注视下，电路图被送进了车间。不久，毛主席的讲话没有受到任何声音干扰的消息传回到办公室，技术小组的成员都欢呼起来，黄纬禄疲惫多日的脸上露出了幸福的微笑。

回头看看，如果没有黄纬禄建立的小组，就不会有反复的讨论；如果没有进行讨论，那位同志也不会在思索后反复修改，最终提出最佳的方案。这次会议让人很容易想到黄纬禄几十年后提出的“总师扩大会议”。两个会议的领域不同，也举行在不同时期，但它们的目的一样：为了集思广益。解放初期多次举行这样的小型讨论会，让黄纬禄的脑海中有了“总师扩大会议”的最初构思，才让20世纪70年代后期的导弹研究受益匪浅。

电信技术研究所只是一个小小的舞台，黄纬禄已经在这里完成了精彩的演出。优秀的表现和命运的眷顾，即将把他推向一个更大的舞台。在那里，黄纬禄将迎来更加闪亮的人生。

5 “奢侈”的假期

1954 年一个阳光灿烂、微风习习的早上，黄纬禄和另外九个人相继穿过颐和园朱红色的宫门。颐和园第一次向他们揭开了神秘的面纱。白云倒映在如镜般的昆明湖上，一群灰喜鹊快速地飞过银杏树，转瞬间钻进遮天蔽日的松柏林，一阵哗哗的响声之后，这座本来就安静的皇家园林显得更加静谧。

那年，北京市工会对全市各单位推荐的十位先进人物授予了“建设新中国有特殊贡献的英雄人物”的称号，并邀请他们去颐和园休养一个星期。黄纬禄就是这十名英雄人物之一。

颐和园外，各行各业正热火朝天地生产，颐和园内的一些建筑也在进行大规模的整修。每天早上，黄纬禄和大家一起踩着凹凸不平的石子路欣赏皇家园林的风景。他们走过佛香阁，一群工人正在对阁内倾斜的木构架进行整修。画工们正在修补着长廊里已经有些剥落的画面。当时的颐和园很多地方的修缮还没有到位，他们经常走过的小湖长满芦苇，很多古旧的房屋因来不及修葺而被紧锁着。尽管如此，黄纬禄等人也能感受到这座皇家园林的恢弘和美丽。更使他们感动的是这次休养，使他们从中深深地感受到新生的人民共和国对人才的重视和关爱。

黄纬禄（后排右七）在颐和园休养时留影

在回忆这次难得的假期时，黄纬禄说：“工会的组织者说他们的任务就是让来休养的人吃得好、住得好、玩得好。那一个星期的确对我们照顾得非常周到。有两个工厂来的同志饭量比较大，他们一周之内长了五公斤。这可是不太多见的。”

这时，新中国第一个五年计划正开始实施。农民有了土地，很多人有了工作，但由于物资和生产资料的欠缺，绝大多数人生活得还比较贫困。黄纬禄通过报纸、别人的讲述和自己的亲身体验感受到这些。这次休养之后，黄纬禄的科学报国愿望更加强烈，他很想为新生的祖国再做更多的贡献。

其实，黄纬禄还不知道，不久之后，他将走出电信技术研究所，开始他新的报国之路。这次休养后直到退休，这样闲暇的假期几乎再没有出现过。因为在以后的几十年里，能够有个完整的节假日几乎就是一种奢望。因此，这次休养算是他工作期间最“奢侈”的一个长假了。

第四章 步入“两弹一星”征程

1 一场难忘的报告会

1956 年，初春的北京，寒意尚未消退，枝头上的嫩芽却已迫不及待地要打破一个漫长冬季的沉静，纷纷探出小脑袋来。伴着和煦怡人的春风，黄纬禄第一次走进了中南海。这一天，中南海怀仁堂里汇集了新中国海、陆、空三军的诸位高级将领，他们整齐列队在此等候。他们中的多数人都是中将以上的军衔，很多大将、上将也都来了，少将仅是少数。然而，他们在此聚首并不是参加授勋典礼或是军事战略会议，而是来听一位科学家的报告。除了组织这些高级将领出席外，中央军委还给各大科研机构分配了少量的参会名额。每个研究所都会选派一两名顶尖的技术人员参加这一难得的报告会，黄纬禄作为通信兵部电信技术研究所的代表被安排和这些功勋卓著的将领们坐到一起。关于报告的内容和报告的主讲人，他知之甚少，接到通知时仅被告知今天的报告格外重要，务必做好保密工作。

众人落座后，主持会议的陈赓大将做了一个简短的发言，大家这才知道今天作报告的人大有来头：他在 36 岁时就成为美国麻省理工学院当时最年轻的教授，在美国从事了十几年的应用力学和导弹研究，并参与了美国战时军事科学研究，美国国防部官员认为他到哪里都能抵上五个师，因此他在回国前的五年时间内受到美国军方严密的监控。他，就是几个月前刚从大洋彼岸辗转回国的钱学森。虽然这是黄纬禄第一次见到钱学森，还隔着好几排座位，但是当这位个头不高的中年人走上主席台时，黄纬禄觉得这个人如此的熟悉，他不由地回想起自己刚从英国归航的油轮上下来时，双脚稳稳地落在祖国土地上的感觉，那种心境豁然开朗之感此刻再一次泛起了涟漪。

钱学森介绍了导弹的概况、导弹在国防中发挥的重要作用以及美国导弹研制的情况。他建议中国要尽快着手研制导弹和原子弹，建立起以“两弹”为主体的国防体系。他的提议触动了在座的高级将领，他们很清楚当时的国际局势：距离朝鲜战争结束已经三年的时间，但是台海的局势并不稳定，拥有核武器的美国时常向中国政府挥舞“核战争”的大棒，企图以此威慑中国的国土安全与和平统一。尤其在 1953 年艾森豪威尔就任美国总统后，美国政府提出了“大规模报复”的核战略，炮口直接对准了社会主义阵营里的苏联和中国。此时的苏联早已打破美国的核垄断，正在积极发展核武器，与美国形成对垒之势。但是中国的军备还停留在普通的枪支弹药阶段。倘若没有先进的尖端武器，单纯依靠常规的枪炮，中国军队如何守卫 960 万平方公里的国土和 300 多万平方公里的领海？尽管意识到国防上的这些迫切需要，但是对于国人能否在短时间内造出“两弹”来，有些将领还是表示了疑虑：“咱们能办得到吗？”

“我们中国人并不比外国人笨，外国人能搞出来的东西，我们中国人也一定能搞出来！”钱学森的话给了所有人一个坚定而响亮的回答，赢得了现场一阵热烈的掌声。多年后回想起这场报告会，黄纬禄依旧清晰地记得它在当时引起的不同寻常的反响：“在我国面临核霸权、核讹诈的情况下，钱学森同志的报告，使中国的高级将领意识到中国如果有导弹、原子弹，国家腰杆子就强，说话口气就硬。把导弹、原子弹的研制列入我国 12 年的科学发展规划，得到诸位高级将领和中央领导的支持。”

同样是年届不惑的科研人员，同样是从海外回到重获新生的祖国，同样心怀一份赤诚的报国之心，钱学森的话道出了黄纬禄的心声。自上次在伦敦与死神擦身而过后，这还是他在国内第一次听到导弹这个字眼。他在命运之神的牵引下又来到人生的分岔口。如果说当初报考电机系，他选择走一条工业报国之路，那么步入导弹研制领域则是走向保家卫国的征途。他无法按捺住心中的欣喜：“在如此重大的事业中，我一定要为国家做点什么。”但同时，他又隐约感到些许困惑：“我能做些什么呢？”他的目光不由地从钱学森身上移到了坐在身旁的诸位将军身上。他们正聚精会神地听着，记录着，闪光的肩章和耀眼的银星映衬着一张张刚毅而严肃的脸庞。此时，在黄纬禄的心里，一种难以名状的愧疚感油然而生。“为了一个新生的中国，他们出生入死，把青春和热血都献给了国家和人民。而我呢？我为这个国家做过什么？我有什么资格和他们坐在一起？”在此后的日子里，黄纬禄的内心深处一直怀揣着这份愧疚感，即便做得再多，做得再好，他也总觉得还不够，并时时提醒自己“我还能做得更多、更好吗？”。

钱学森的报告在不久后就得到落实，中央人民政府组织有关专家制定未来 12 年的科技发展规划，周恩来总理亲自主持了这项工作。国内各个主要科研机构也都积极而认真地准备着，共有 600 多位科学家和技术专家参与其中，制定出了中国第一个发展科学技术的长远规划，即《1956 年至 1967 年科学技术发展远景规划》。规划共拟定了 57 项重大任务，导弹和原子弹的研制是其中最重要的两项规划。

1956 年 2 月 17 日，钱学森向中央提出《建立我国国防航空工业的意见》，提出了发展中国火箭和导弹技术的规划设想。同年 4 月，中央成立了由聂荣臻任主任、钱学森等任委员的航空工业委员会，统一领导我国的航空和导弹事业。5 月，周恩来又主持中央军委会议，讨论同意并责成航空工业委员会组建导弹管理机构国防部五局和导弹研究机构国防部第五研究院。

1956 年 10 月 8 日，在聂荣臻元帅的主持下，在北京西郊空军 466 医院的食堂里，由钱学森任院长的中国第一个导弹研究机构——国防部第五研究院正式成立。这一天，被认为是新中国导弹、航天事业奠基的日子。国防部第五研究院后来被航天人亲切地称为“老五院”。

刚成立的研究院急需大批科技人员，然而当时除了钱学森外，国内还没有什么人接触过导弹。于是国家就决定把一些从事科研工作时间较长、工作能够和导弹有关联的人员调入国防部第五研究院，作为基础成员。黄纬禄所在的通信兵部电信技术研究所也有十几位技术人员被抽调过去，但在当时还不是中国共产党党员的黄纬禄，因为政治条件不够没能进入抽调人员名单。大家都把这

身着戎装的黄纬禄

次抽调看作是党和人民给予的信任与重托，因此当得知自己未能入选时，他深感失落。回想起当时失望的心情，耄耋之年的黄纬禄把手凑到自己的嘴边，像说悄悄话一样，眼睛里含着羞涩的笑意，说："我有点儿吃醋。"

不过很快，他的醋意就被打消了。当时中国已经和苏联达成导弹和原子弹的援建协议。与其他苏联援建中国的项目一样，导弹研制也采纳了苏联专家的建议，按照专业分工，把各类型号导弹的总体、弹体结构等部门集中在一个分院，而控制系统、雷达等部门设在另一个分院。1957 年 11 月，国防部第五研究院提出了《关于导弹研究院的体制意见的报告》，建议以五院的机关为基础，组成总院；以五院 10 个研究室中的前五室为基础，组成一分院，负责各类导弹总体设计和弹体、发动机的研制；以五院后五室和中国人民解放军通信兵部军事电子科学院（其前身为通信兵部电信技术研究所）为基础，组成二分院，负责各类导弹控制系统的研制。国防部很快批准了国防部第五研究院的报告。1957 年 11 月 16 日，国务院总理周恩来任命了二分院的院长。以后，这一天被定为二分院的建院日。也就是从这一刻起，黄纬禄开始了长达半个世纪的导弹研制之旅。

二分院属于部队编制，所有的技术人员随之加入中国人民解放军，黄纬禄第一次穿上军装，并被授予上校军衔。瘦高的个头，笔挺的戎装，军帽上擦得闪亮的军徽，肩上两杠三星的徽章，镜子前的他是一位英姿勃发的年轻军官，但与以往不同的是，他要在一个看不到硝烟的战场上驰骋拼杀。可是当"驰骋拼杀"四个字掠过心头时，心底那股愧疚感又涌了上来，他又想起了去年春天那场难忘的报告会，一个个将领的英姿又浮现在他的眼前……这是一个新的起点！黄纬禄从踏入国防部第五研究院二分院的那一刻起，就把自己与中国的导弹事业紧紧地联系在一起了！

2 从零开始仿制导弹

永定路，地处北京城的西边，与西郊的八宝山仅相距几公里。1957 年，陈旧低矮的老房子错落凌乱地挤占在街道的两旁，牲口拉着车子在凹凸不平的破旧马路上碾过时还会扬起呛人的尘土。每日行色匆匆路过这儿的人在不经意间会留意到一个老院落在最近这段日子里的诸多变化——原本属于财经学校的大院子门口却忽然多了许多站岗值勤的军人，总有新面孔在大门口处进进出出，忙碌的身影不断穿梭于老房子的门前屋后。光凭这一点，普通老百姓或多或少能猜到入住院子的应该是部队的单位，但是他们猜不出这些斯文瘦弱、穿着军装、走起路来却不像军人的人们是做什么的，因为这些人怎么看都不像能扛枪打仗的主儿。只有知晓内情的人明白这些人的使命，院子戒备森严并非故弄玄虚，完全是迫于当时国外间谍不断潜入国内窃取军事机密的形势。

黄纬禄在这群忙碌的身影中并不起眼，但只要笑意浮上他的脸庞，他眼角那几道细长的笑纹就能让人感觉到他的温良与谦和，实在无法将他与“军官”二字联系在一起，更无法想象他从事着如此神圣的关乎国家命运的工作。“我们因陋就简，在这些破旧的房子里成立了好几个研究室。有搞陀螺仪的，有搞无线电指挥的，有搞控制系统的。”黄纬禄作为控制系统组的组长，除了要参与建院初期的各项筹划工作外，还要带领一群刚从学校毕业、毫无导弹基础知识的大学生在一个完全陌生的领域里闯出一片天地来。对于导弹控制技术，黄纬禄自己也需要从入门学起：“建院初期，建制急需扩大，有一些同志大学还没有毕业就提前过来参加工作了，大家对控制系统的工作都不太熟悉，搞无线电的转过来搞控制系统，没有经验。大家都不会，技术上谁也领导不了谁，在一块儿就是边干边学。”随着工作的展开，许多困难和挑战都随之而来了，黄纬禄的工作比想象的难得多。导弹与炮弹最大的区别就是具有控制系统，控制系统好比导弹的大脑和神经中枢，它精确地控制着导弹保持一定的姿态，使之按预定的轨道稳定飞行，将弹头送到指定的位置。控制系统的精确度左右着导弹的发射过程及打击目标的结果。“飞得稳，打得准，主要靠控制系统。”正是深知控制系统的重要性，黄纬禄很清楚自己肩负的责任有多重。一切都得从零开始，光凭一腔热血是不够的，必须把自己已有的经验和技能想方设法转化过来，同时吸纳新的知识和技能。然而在一穷二白的基础上要完成这样的转化和吸收谈何容易？好在不久后，苏联赠送给中国的一份厚礼就抵达了北京。

1957 年 12 月，P－2 导弹从中苏边境的满洲里倒换了好几次车厢不动声色地运到了北京。但由于找不到能放下这么大件东西的房子，大家只好在导弹四周搭起一个大席棚，把导弹圈在当中。尽管导弹的图纸、资料尚未送到，但是对这枚极具杀伤力的武器早有耳闻的技术人员已经等不及了，他们想剖开这个庞然大物一探究竟，毕竟他们当中的很多人都是第一次见到导弹。

后来他们也的确这么做了。然而要拆卸一个最大直径近两米、长度近 20 米的大物件并不是件容易的事。从弹体、发动机到每一个螺钉、垫圈，都被小心翼翼地拆下来，仔细做好记号后再拿去测量并绘制成图。所有参加这项工作的技术人员热情高涨，没日没夜地忙了半年之久。那时拆卸和仿制的工作被视为国家的最高机密，因此将这项工程的代号定为“1059”，意思是赶在 1959 年 10 月 1 日前完成整个仿制工作，向国庆 10 周年献礼。

“打开控制系统设备一看，同搞无线电、收音机、发报机一样的，很简单。所以我们看了，就用照猫画虎的方式，也弄出来一些图纸，弄出来一些模型。”黄纬禄说，虽然大家都没有真正接触过导弹，也不了解它的内部结构，但是对于导弹控制系统所使用的电路，和他以往在工作里接触过的电路还是有相通之处的。于是，他就从最熟悉的部分入手。对 P－2 导弹的“解剖”不时勾起他在伦敦博物馆参观 V－2 导弹实体的回忆。那次参观和听讲解的过程加起来还不足两个小时，但在他的脑海里却留下了大致的印象。和眼前的 P－2 导弹一对照，对 V－2 导弹的印象由模糊逐渐变得清晰起来。他在思索着 P－2 与 V－2 导弹控制技术的关联，试图摸清两个型号的异同。在当时科技实力和科研基础十分薄弱的情况下，他知道这个新成立的团队要像初学写生的画童一样，照葫芦画瓢，一板一眼地模仿，向前迈进的每一步都要脚踏实地才行。

此时，黄纬禄想起了抗日战争爆发后，中央大学搬到重庆期间，陈章教授所使用的互帮互助的教学方法。于是，大伙就在研究室里拼接起几张课桌，搬来一块黑板，围坐到一起，参与讨论的人不必站起来就能直接在黑板上写写画画。黄纬禄回忆说：“当时如果有一个同志对某一方面比较熟悉或了解得比较多，他就给大家介绍；或者大家分好工，分头去查资料，一个人负责一部分，查完回来后再给大家讲。共同学习，取长补短，我们共同的心愿是尽快地掌握导弹方面的知识，又快又好地完成国家交给的任务。苏联提供的图纸和资料都是俄文的，有的大学生会俄语，他们就赶快把资料翻译出来，提供给大家看。”无疑，黄纬禄提议的这个学习方法是十分奏效的。经过一段时间后，在他们看来，导弹已不是什么深不可测的尖端武器了，他们慢慢摸清了它的内部结构。那时国家的工业基础比较差，研究院就组织专家到全国各地的工厂参观考察，以便决定哪家工厂生产什么，回来后确定厂家，分工之后，再把各个部件的图纸、资料转到相应的工厂里，让他们分析、消化后再进行仿制。

苏联专家到北京后，会定期给大家上课，但是每次只有少部分人能直接听课。这些有机会听课的人回来后就向其他人转述课程的内容。在仿制导弹的工作上，苏联专家给予了莫大的帮助，但在技术上却采取严格控制，许多设计上的原理和要领都是点到为止，绝不深入传授。他们并不想让中国人自主掌控这门尖端的技术。“专家有时候讲的东西，我们也觉得不完全对。弄的模型，一个斧头柄，也得要苏联原产的白桦树。因为在他们国家是这样规定的，就觉得白桦树还可以，可一到中国来，我们觉得很过分。”黄纬禄说，部分同志对此颇有意见，有些人甚至向领导建议不要仿制，要自主设计。这些急躁和激进的情绪立即引起了领导们的注意。聂荣臻元帅在组织大会上表了态：“一定要通过仿制，‘爬楼梯’，大练兵，向独立设计发展，不要好高骛远，不愿仿制而进行自行设计。”

黄纬禄调入二分院后与同事在一起

黄纬禄很能理解同志们的心情，他又何尝不是日思夜想着能早日造出我们中国人自己的导弹来呢。之所以出现这样急功近利的情绪，也是因为大家都知道国家的经济实力比较薄弱，又受到西方大国的核威胁和经济封锁，导弹研制的经费都是老百姓省下来的钱，所有人都巴不得一觉醒来就能见到自己造出来的导弹。然而，许多现实的技术难题摆在眼前，着急也没有用，硬骨头还得一块一块地去啃。除了认真学习苏联提供的资料外，黄纬禄还利用一切可利用的时间，自学与导弹相关的学科，如自动控制原理、惯性器件和液压机构等。他没有把导弹控制技术设想成高不可攀的山峰，也不会望峰息心，而是使出了上高中时攻克英语关的那股韧劲儿，一步一步地逾越它："干什么工作，只要去干、去学，总是可以学到手的。就像爬山一样，在山下，看着山顶那么高，不要被吓住了。要一个台阶、一个台阶地向上爬，上一个台阶并不困难，上一个台阶就离山顶更进一步。只要坚持不懈地往上爬，最后，总是可以爬到山顶的。"

那时二分院有一句激励人心的口号："生在永定路，死在八宝山。"如今听起来或许有些悲壮，但在当年却道出了"徒步攀登"的航天人的誓言与决心。大家十分明了，在不远处的八宝山国家公墓里，有多少为了国家和民族的解放而流尽最后一滴血的英雄在那里长眠，又有多少普普通通的人共同守护着这来之不易的新中国。因此，他们殚精竭虑站好自己的岗位。白天他们翻阅资料，学习讨论。到了万籁俱寂的夜晚，他们也没有回家休息，而是留守在办公室和图书馆里继续奋战。这几幢在白天里看起来灰暗破旧的小楼到了夜晚，每个窗户都几乎彻夜亮闪着灯光，像一颗颗绚烂的繁星，折射着人们为年轻共和国的强大而默默奉献的精神。发愤图强的劲儿让所有人都顾不上休息，加班加点的工作和学习成了家常便饭。领导们出于对同志们身体健康的担忧，多次动员大家早点儿回去休息。可是每次等领导一走，大家又全都折了回来继续工作。

3 特殊背景下的登月指标

1959 年 10 月 1 日，中华人民共和国迎来了 10 周岁生日。这一天，在天安门广场上举行了隆重的庆典和阅兵仪式。在天安门两侧的标语塔上书写着："鼓足干劲，力争上游，多快好省地建设社会主义"、"人民公社万岁"、"大跃进万岁”等标语。当海、陆、空三军方阵和由坦克、自行火炮组成的装甲兵方队经过天安门城楼时，现场欢腾的气氛达到了顶点。然而原本要为国庆献礼的“1059”导弹并没有在方阵中亮相，这给参与仿制的人员和知情者留下了莫大的遗憾。

1959 年正值全国人民建设社会主义的热情空前高涨的“大跃进”时期，各地各单位的生产一线喜报频传，连亩产万斤粮、日产万吨钢这样在“大跃进”伊始能轰动全国的新闻，在这时也不过是司空见惯、不值一提的小事儿。各个单位无一例外地都把工作指标订得出乎寻常的高，实际上根本无法完成。如果说粮食和钢铁的产量尚属“能够”虚夸之列，那么实打实要发射出去的导弹就来不得半点虚夸了。黄纬禄说：“‘大跃进’虚夸得比较多，各个单位都把‘大跃进’变成一个运动，每个单位都要制订规划，要在什么时候完成什么样的任务，大家都往高指标上订，事实上高指标只是为了适应当时的政治形势。”由于黄纬禄在控制系统组出色地发挥了技术带头人的作用，他在这时已被提拔为控制系统研究室的主任，他的角色也由原先的小组技术带头人转变为整个导弹控制系统的技术领导，负责制定整个控制系统的科研指标。当二分院要求各研究室上报科研工作指标时，黄纬禄却没有像其他人那样制订高不可及的指标，控制室的指标都是按照“1059”预期完成的节点和后续自行研制阶段的实际需要来制订的。他说：“我比较实事求是，我就不敢定这个虚假的指标，但是别的单位都定了，各个单位的党委之间都在比谁的指标高，领导就批评我太保守。”结果控制室的指标送到二分院党委后没有通过审查，被责成重新制订。

在浮夸风盛行的年代，没有水分的指标就像没有吹足气的气球，根本就过不了关，别说控制室，恐怕整个二分院都会受此牵连，被当作典型的落后分子看待。“定什么样的指标才能让控制室过关呢?”黄纬禄掂量了很久，指标被驳回后的连续几个晚上，他都在晚饭后独自一人走在永定路的林荫小道上，寻找那只如何能让控制室过关的“气球”。中秋过后的晚风浸透着北国干冷的气息，人们已经能感觉到季节的轮换更迭。然而踩在地上松软的落叶堆时，他的心情却无法像这纷纷飘洒的黄叶一样轻盈飘舞、踏实落地。月光穿过日渐稀疏的树枝，柔和地映照着大地，他停住了脚步，顺着月光仰头望去。月盘如镜，悬挂当空，明亮之中偶尔掠过一抹淡影，婀娜婉约。“如果能像嫦娥一样飞上月宫就好了。”想到这个，黄纬禄紧锁的眉头不觉舒展开来，他微笑着回过头，轻快地朝着家的方向走去。

“被形势所迫，我就定一个高指标——‘我们会到月球上去’。因为知道完不成，所以也没有提确切的完成时间。”黄纬禄说这个“高”指标一递上去，党委领导非常满意，控制室顺利过关了。对这个高指标，他每每想来便不觉莞尔：“这是痴心妄想。当时就可笑，只是不敢笑出声来。”这是黄纬禄平生唯一的一次在自己的科研事业中“说一套，做一套”。那个登月的计划只是挂在控制室门脸上一句响亮的口号罢了，他领导的控制室依旧按照以往的部署工作着，并没有受到高指标的影响。过了不久，很多单位都发现实际工作与既定计划严重脱节，许多脱离实际、违背科研规律的指标到了时间节点根本无法实现，最后不得不停下来。

4 发射“争气弹”

20 世纪 60 年代初是我国航天事业蓬勃发展的时期，当时导弹和火箭的研制形势日新月异，不断取得新的成绩。但同时天灾人祸也不期而至。

1960 年，正当导弹仿制进入关键时刻，苏联单方面撕毁协议，撤走了全部专家。苏联的背信弃义，给中国的导弹科研工作造成了巨大的困难。聂荣臻元帅在动员大会上对所有的科研人员说：“现在就要前进到自己独立设计阶段。自己研究，自己设计，自己制造，当然要比仿制难得多，但是这一关非过不可。”他号召所有人一定要依靠我们自己的专家，自力更生，立足国内，导弹仿制决不能动摇。黄纬禄永远忘不了聂荣臻元帅在最困难时讲的一句话：“我们一定要搞出自己的‘争气弹’，争中国人民的志气！”

三年“大跃进”造成的国民生产比例严重失调，加之此时频发的自然灾害使得全国的粮食大量减产，不少地方连续数年都颗粒无收，物资极其短缺。奔波在导弹研制第一线的很多科研人员都因为长期吃不饱、营养不良而患上了浮肿、肝功能不正常的病。高负荷的脑力劳动使得他们的身体每况愈下，他们的健康成了一个大问题。

聂荣臻等中央领导在国家最困难的时刻全力保障科研人员的生活。他们费尽周折向各大军区求援，从海军调来了鱼，从广州、新疆军区调来了肉，还从别的军区调来了黄豆、食油、海带、水果等，专门为科研人员提供副食品补贴，解决他们的后顾之忧。大伙给这些格外珍贵的食物打上了一个贴切的标签——“科技鱼”、“科技豆”。黄纬禄说：“东西运到了，聂老总就吩咐五院的领导干部，副食品只能分配给技术人员，任何一个政工干部（负责政治思想工作的干部）和行政领导都不允许享受副食品补贴的待遇。当时这种做法使我们非常感动，很感谢聂老总的关心。但同时对于只有我们技术人员享受这种待遇感到非常不安。”他们知道，全国人民勒紧了裤腰带在支持导弹的研制，无论如何都不能有半点松懈。

1960 年 11 月 5 日，祖国大西北一处不起眼的荒漠地带，干冷的风不时夹杂着沙尘席卷而来。月牙悬空，连绵起伏的山峦在绰约之中若隐若现，忽近忽远。庞大的导弹发射架矗立在一望无垠的荒漠之中，犹如通天塔。一枚全长 17.7 米、最大直径 1.65 米、起飞质量 20.5 吨、射程 590 公里的导弹已经整装待发，只等“点火”的指令一下便会直冲云霄。这就是经过成千上万人昼夜奋战制造出来的中国第一枚导弹——“1059”（后命名为“东风一号”）。

尽管黄纬禄当时没有亲临发射现场，但是他在北京做后盾的日子却是一刻不得闲。身为控制室的负责人，他要确保导弹的“头脑”在整个试验过程中都是清醒的，能够控制弹身的飞行姿态和轨迹。在导弹运往基地前，他和他的同志们连续奋战了好几个昼夜，把每一个环节再仔细地检查了一遍；在装配车间里，他们对每一个电路单元都进行了反复的调试，不放过任何一个小细节，哪怕一个小小的电容或电阻。控制系统的元器件全部由国内工厂生产，他们要用自己的聪明和智慧以及认真的态度逐一检查，以确保万无一失。他们要向世人证明，中国人靠自己的力量也能造出导弹来。

发射一分一秒地向“零时”迫近了，头顶上的月牙逐渐消失在天际，紧张而凝重的空气在发

中国第一枚导弹——东风一号

射场的上空剧烈地聚集起来。为了给所有参加试验的同志们打气，也为了见证中国第一枚导弹试验的成功，聂荣臻元帅亲临发射场，坐镇指挥，并一直叮嘱大家一定要沉着、冷静，不要紧张。

9时整，随着一声“点火”的口令，硕大的导弹如一株挺拔的春笋，喷射出一团烈焰，从发射塔上拔地而起，直刺苍穹，向几百公里之外的目标飞去。10分钟后，末区向首区报告：弹头准确落在理论弹着点附近。在场的所有人齐声欢呼——成功啦！我们成功啦！

当晚，在发射基地举行的庆祝酒会上，聂荣臻元帅激动地向参加试验的技术人员和官兵祝酒：“今天，在祖国的地平线上，飞起了我们自己制造的第一枚导弹，这是我国军事装备史上的一个重要转折点。”

“1059”导弹发射成功，证明黄纬禄和他的团队圆满地完成了导弹控制系统的仿制任务，为下一阶段转入自行设计打下了基础。黄纬禄不再是导弹控制技术的门外汉，他领导的控制系统团队已成长为一支初具规模的技术队伍。

5 失败的教训比成功的经验更宝贵

1962年3月21日，二分院导弹控制研究室里，几个穿着洗得泛白的军装的人又坐到了一起，他们不时地看看角落里的大钟，又看看桌子上那架老式电话机，好像从里头随时都能蹦出个宝贝来。距离第一枚导弹成功发射已有一年零四个月，而今天又是中国航天事业另一个重要日子，即在改进“1059”导弹设计方案的基础上，研制人员完成了自行设计的新型中近程导弹——东风二号，从此，我国的地地导弹开始由仿制走向自行设计。当时有一部分技术人员去了发射场，大多数人则留在北京做技术后盾，随时等候前方传来的消息以协助解决问题。和“1059”试验相比，黄纬

我国自行研制的中近程导弹——东风二号

禄这次的心情更加紧张，更为期待。因为今天进行发射试验的这枚导弹不是套着苏联模子，而是他们自行设计制造的“争气弹”，如果它打成了，比“1059”还争气。

东风二号导弹整装待发

“铃……铃……铃……”电话机发出一串急促而有力的声音，就像一道命令一样召唤着这些在后方待命的战士，大家的心突突地跳动着，感觉就要从嗓子眼儿一跃而出，有些同志甚至激动地站了起来，所有的目光都齐刷刷地投向接电话的人。然而，他们并没有看到期待中的笑容，看到的却是他越来越紧蹙的眉头。

“失败了！”这句话从他口中说出来时，整个屋子的空气仿佛在一瞬间都凝固了。试验失败的消息犹如倾盆大雨，把大家原本热腾的心浇了个通透。“发射几秒钟后，导弹出现了较大的摆动和滚动，不久发动机起火，21 秒时导弹失控；69 秒后导弹坠毁。”这几个瞬时画面的连接让人有种窒息到快要昏厥般的难受，伤透了心的感觉就好像被告知自己十月怀胎生下的孩子突然夭折。也许是之前对这个“孩子”抱有太高的期望，许多人都不敢相信它会“突然死亡”。

“‘东二’的工作人员辛辛苦苦这么长的时间，弄出这个宝贝，结果一下子失败了，大家都非常痛心。当我听到这个事情，跟大家一样，尤其我还是这个型号的副总设计师和控制系统的主任设计师，责任更加重大。”听到失败的消息后，黄纬禄想得更多的是这次失败与控制系统的关系有多大，因为导弹是飞出去后失控坠落的，说明导弹的大脑已经失去了指挥的功能。可是控制系统的问题究竟出在哪里？是不是在起飞的那一瞬间就已经失灵了？和发动机起火是否也有关系呢？他连续几天都吃不下饭，脑子里一直想着这几个问题，情绪十分低落。

等情绪稍微平复一些后，大家开始接受失败的事实，但是究竟为什么失败，还没有人能给出一个明确的说法。所有的问题只有等从发射场回来的人拿回数据并进一步分析后才能知道。满心期待打靶归来的喜悦就这样化成了泡影，而对于这么大的失败所要承担的责任，许多人虽然嘴上没有明说，但心里都压着一块大石头。他们只能把担忧和压力深埋在心底，不能向家里人倾诉，因为他们都是立了“上不告父母，下不告妻儿”的军令状来到这里的。即便长年生活在与科研楼仅一墙之隔的家属区里，家人对他们所从事的工作也是一无所知。

在这段日子里，黄纬禄每天都早出晚归，回到家了也很少顾得上和妻子刘汉菊说说话，和孩子们下盘棋、聊聊天，有时还是一大早赶回来换件衣服就又出门了。不过刘汉菊和孩子们都看不出黄纬禄与以往有什么不一样，只是觉得他看起来疲惫不堪，并且常在深夜还看见他在翻阅资料。黄纬禄把工作中的苦闷深深地埋在心里，以免他的家人为他担忧。在家里他从不提工作上的事儿。黄纬禄的女儿说，他们当时只知道爸爸是搞科研工作的，至于具体做什么，就不清楚了。

这次，为大家放下心头大石的人还是聂荣臻元帅等直接挂帅指挥的领导。和“1059”试验时一样，聂荣臻元帅再次来到了发射基地。导弹升空的时候，一向要求严格的他就坐在离发射点仅仅五公里远的营地帐篷里，他可是眼睁睁地看着导弹在半空中瞬间化为灰烬的。然而大家都没有想到，在试验失败后，他对同志们说的第一句话是：“成功了，功劳是你们的，失败了，责任由我来负。既然是科学试验，总会有成功，有失败。成功了，我们就取得经验；失败了，我们就取得教训。”黄纬禄一直铭记着聂荣臻元帅说的这句话，多少年后回想起来依旧心存感激。领导们不仅在物质上给予他们最大的支持，而且还是他们精神上的坚强后盾，让他们有了一路前行的勇气和力量。黄纬禄说：“作为技术人员来讲，领导有这样的表态，大家也就稍微安心一点儿。不是一味追究是谁做错了，该如何处罚。当前最主要的任务，应该是找出失败的原因。毕竟咱们是第一次做。找出失败原因以后，把失败的因素排除掉了，以后不要再犯，这个是最重要的。”他很欣赏聂帅直面失败、敢为敢当的率真，在自己日后处在总设计师的位置时，他也一直以这样的态度来处理问题。

发射失败的第二天，国防部第五研究院的两位负责人钱学森和王秉璋就乘专机赶赴发射现场。与此同时，各个分系统研究室的负责人都把技术人员召集起来，组织成立了研究室内部的故障分析小组，先从各自负责的分系统开始查找原因。黄纬禄把控制室的几个副主任叫到了一起，共同商讨如何辅助控制系统的故障分析小组完成故障排查工作。一个在发射前就有人提出异议的设计问题又重新摆上了台面——东风二号导弹要比“1059”打得远就得往推进系统里注入更多的液体推进剂，推进剂贮箱也就随之增大了，如此一来，要么加长弹身，要么加粗直径，为了减少结构上的改动量，最终采取的方案是加长弹身而保持弹体的最大直径不变，问题是不是就出在这里？

自此以后，研究院内部的故障分析会议就没有间断过，仅在 1962 年的 5 月、6 月召开的全体故障分析会议就有九次，先后提出了动力装置的可靠性、控制系统的稳定性、弹体的强度及增加安全自毁装置等设计上需要解决的问题。各个分系统间既有分工又有合作，故障排查的工作进展得很顺利。黄纬禄说因为发射前就有人对弹身长度提出过异议，所以失败原因很快就有了结论：“‘东二’为什么失败呢？就是因为它要打的距离要比‘东一’远，所以导弹用来装推进剂的贮箱要大一点，推进剂要多装一点，才能打得远一点。要想箱子大一点，我们采取的办法是导弹的直径没变，长度变长。长度一长就有“扁担效应”，就像挑扁担，走起来就有点儿上下弹性振动。导弹在飞行中也会产生振动，我们叫弹体的弹性振动。发射东风一号导弹时这个问题不明显，所以设计东风二号导弹也没有考虑这个问题。弹性振动导致了两个恶果，一是弹体结构受到破坏；二是振动频率与控制系统发生耦合，共振加剧了导弹解体。”

亲临工作现场的黄纬禄正在倾听与思考

弹性振动是导致东风二号导弹发射失败的重要原因之一，也是控制系统亟待解决的问题，然而问题的解决总要经历比查找问题更为漫长的过程。针对弹性振动的问题，黄纬禄他们尝试过很多办法，在控制室拥挤狭小的房间里，他们为此展开了一场持续四个月之久的“杀出血路”的攻坚战。每天从这儿经过的人都能“领教”到二分院这些研究导弹控制的人高频率的“振动”——为了一个方案争执不下的事情是家常便饭。灵感在争论中迸发出激情的火花，思路进而得到拓宽。负责导弹研制领导工作的钱学森还经常抽出时间来到这里，听取大家的意见，并和大家一起讨论。在热烈的氛围中，黄纬禄总是表现得很沉稳，极少看见他跟人红过脸。他坐在一旁，仔细地聆听每个人的意见，笔不离手，记录下每条意见的要点。等归纳总结得差不多时，他就会站起来，把争论的核心问题和解决方案的优缺点简明扼要地向所有人解释一遍。他的语速不紧不慢，时常是两三句话就把问题说明白了，而脸上亲和的笑容又能让在场的人冷静下来。

然而，很遗憾的是，最初的方案在试验中的结果并不理想。四个月的攻关没能解决难题，他们需要从头再来。正如当时国防部第五研究院的副院长王诤在发射失败时所说的那样“型号尚未成功，同志仍需努力”，黄纬禄带领着控制室的同志们另辟蹊径，继续奋战。经过商讨，他们决定启用系统改动较大、工作量更大的方案：“我们把测量仪器——陀螺仪舱搬个家，搬到接近弹性振动波幅的位置，如此一来虽然有弹性振动，但是它的姿态角并不感受弹性振动的变化而使陀螺仪产生弹性振动的信号；并且在稳定系统设计时，尽量使弹性振动的频率衰减得厉害一点，使它不能够产生正反馈，引起连续不断的振荡使弹体飞行发散。最终经过大家反复推敲和试验，一点点地改进和修正。试验的结果让大家又找回了失去的信心。”

同时，对总体、发动机、弹体结构等方面也都进行了大量的改进工作，副总设计师、发动机设计部主任任新民主持了多种发动机系统方案的分析论证，并进行了不同方案的地面试验，提高了发动机结构的抗振强度和比冲，接着又进行了性能、可靠性和全弹试车。大伙吸取了第一次自主设计缺乏经验而没有进行充分的地面试验的教训，在总装前进行了大量的计算分析与地面试验工作，几个分系统的科技人员协同合作，进行了总体技术方案、控制分系统、弹体结构分系统等一系列的设计修改与地面试验，为东风二号导弹的再次腾飞铆足了劲。

改进后的东风二号导弹于1964年6月29日进行飞行试验，取得了圆满成功，从而翻开了我国导弹与运载火箭发展史上崭新的一页。首飞失败带来的打击固然是沉重的，但是从中获得的宝贵教训却使这些毫无自主设计经验的技术人员迅速地成长起来。黄纬禄说：“成功固然可喜，失败也不可悲。往往失败当中取得的教训，比成功取得的经验还要宝贵。失败的教训往往比一次成功的经验收效大，这次失败是大家印象非常深刻甚至终身难忘的，今后再不会犯类似的错误！”

6 试验队的欢声笑语

在导弹的弹性振动问题解决后，后续发射的几枚同型号的导弹都取得了成功，东风二号导弹成为名符其实的自主研发的可装备武器。迈过东风二号导弹这级台阶，后续发展的中远程、远程、洲际导弹的研制工作才有了坚实的基础。

黄纬禄在去试验基地的专列上

黄纬禄说：“聂帅对导弹任务提出‘三步棋’，这三步棋是一个正在预先研究的型号，一个正在设计和试制的型号，一个定型后要小批生产的型号。预研当然是非常重要的。你预备搞一个什么样的型号，要用什么样的新技术，这项新技术的突破、单项研究，要立一个课题来搞技术攻关，将来上型号的时候，就不会因为这个问题不易解决而影响到任务的进展。根据这三步棋的指导思想，我们在订计划的时候就订了一个‘八年四弹’的计划。”这个“八年四弹”的计划，即《地地导弹发展规划（1965—1972）》，是由钱学森组织国防部第五研究院的技术专家讨论制定并经中央专委批准通过的。黄纬禄是参与这项工作的技术专家之一，经常受邀参加钱学森主持的技术讨论会。

随着导弹型号任务的不断增加，落在黄纬禄身上的担子也越来越重，他需要在同一时间兼顾好几个型号的控制系统的研究、设计、生产和试验工作。而且，新型号导弹首发成功并不意味着该型号导弹即可定型并投入装备使用。从首发成功到最后的定型还要经过数次的发射试验，黄纬禄要来回地奔走于试验室、生产车间、发射场之间，试验，讨论，发现问题，再修改方案，有时在荒漠的基地里一住就是好几个月。

离发射场不远处便是一片简易住所。虽说是临时的住所，但是很多人在这里居住的日子远远超过了在自己家里待的日子。这些井然有序的房子形成一个狭长的月牙形状，犹如在“波涛汹涌”的沙海中航行的小舟。东边是一望无际的巴丹吉林沙漠，西边有绵延千里的马鬃山。居住在此的人是这样向外人描述当地的环境的——“天上无飞鸟，地上不长草，昼夜温差大，风吹石头跑”。长达七个月的严冬让人望而却步，这里早晚的温差非常大，最冷可到零下 34 摄氏度，夏季酷暑时的最高气温达 43 摄氏度。然而，这块日照时间长、云淡晴天多的不毛之地却有着作为导弹发射基地不可替代的先天优势。它隐蔽，能够避开美国那些不间断进行侵扰和窃密活动的间谍飞机。为了确保基地设施

黄纬禄在试验的空隙与试验队队员共同领略基地自然风光

和进出人员的安全，在基地唯一通往外界的铁路上，每个关口都派有重兵把守，与外界的通讯都要经过严格的保密审查。参与发射试验的技术人员和官兵学会了把根一点点地扎进这坚硬而贫瘠的土壤中，垦荒种地，边工作边生产，靠自己的双手在荒芜的戈壁滩上“浇灌”出一片绿洲来。

从北京乘坐火车到基地要经过五天五夜的颠簸，接近沙漠地带时还会遇到沙尘风暴的突袭，车子只能走走停停，大家也不能下车，只好在罐头一样的车厢里坐等。长途跋涉的辛劳使得这种等待显得格外漫长。为了帮助大家排解疲劳和等待的烦闷，黄纬禄把平日里收集来的笑话编排了一番，像说书人讲述章回体小说一样给大家串讲了起来：“一个患有重病、身体非常虚弱的人乘火车回家，但是他买的车票不是直接到家的车次，而是到起点站的下一站，等火车到了站，他气喘吁吁地跑下车赶忙买再下一站的车票。同车的旅客不解地问他：‘你病得这么厉害，应该买直接到家的票，为什么要一站又一站地买，岂不是很受累？’这人很正经地回答道：‘我正是因为身体虚弱才这样办的，因为我不知道自己什么时候就会挂掉，一旦我在哪一站挂掉了，以后的票不就白买了嘛。’”

黄纬禄（第二排右四）在基地与试验队队员们合影留念

“哈……哈……哈……”大家都被逗乐了。车厢里的气氛一下子活跃起来。起初只是同车厢的几位同志围在黄纬禄身旁听笑话。后来隔壁车厢的同志也闻声过来“串门”。久而久之，黄纬禄的笑话就像缓解旅途劳顿的一杯香茗，大家习惯以此来“对抗”漫漫长路。每次只要品一口，大伙的心情就能轻松许多，渐渐忘却了烦忧。黄纬禄也更加注意收集段子，只要看到或听到好的笑话就记在脑子里，然后工工整整地抄写在本子上，自己再想出一些笑料加到里面去，让每杯“香茗”都令人回味无穷。

这样的生活是后人难以想象的，尤其是在网络、电视、广播俯拾皆是的视听时代，生活在大都市的人可能只会将这种与世隔绝的生活视为天方夜谭。时光的孤烟在艰苦、乏味中飘然逝去。白天大伙顶着烈日汗流浃背地干活，到了夜里就裹上所有的被褥和衣物入睡。这种冰火两重天的日子把很多身强力壮的人都拖垮了，黄纬禄也不例外。每次从发射基地回到北京，他整个人就像被抽干了水分似的，又瘦又黑，腰背也在一点点地弯曲。如果白天的试验进行得顺畅，尽管非常疲劳，但到晚上反倒很容易入睡。最让黄纬禄感到忧心的反而是白天的工作毫无进展，到了晚上，所有疑惑、问题就会一直盘旋在脑海里，挥之不去。漫漫长夜中只听得屋外忽而风声骤起，忽而风沙齐鸣发出的令人毛骨悚然的各种怪声。他在地铺上辗转反侧时，听不见半点周边的人入睡的鼾声，听到的却是自己肚子饿得咕咕的叫声。

基地的生活虽然十分艰苦，但是黄纬禄却甘之如饴。他喜欢这个不畏艰辛、同心协力的集体，所以不管遇到多么棘手的难事儿，他总能灵机一动，适时说出一两个笑话，让大家重新回到轻松的氛围中。在与别人交谈或开会讨论问题时，他也常用幽默的语言表达他的意思，惹得大家发笑。这并不是有意而为之的做作，而是他热爱生活、热爱工作的诚心诚意。这种积极乐观、在夜以继日的辛劳中仍然不断寻求乐趣的人生态度也影响了与他共事的人。每次被问及诸如“黄纬禄是什么样的人”这样的问题时，经常和他一起工作的人都会说，他是个乐观而又幽默的人，总是那么亲切、朴实、平易近人、妙趣横生。

荒漠中难觅动物的踪迹，然而有一样东西却靠着顽强的生命力与人们相生相伴，那就是苍蝇。当时试验基地的食堂条件很差，每次开饭时，大群苍蝇在就餐的人还没有动筷子之前就集体出动，在餐厅里不知疲倦地飞舞。有一次，食堂的大师傅给大家做的主菜是红烧排骨，这下可吸引了大批苍蝇，尤其在盛着排骨的饭碗附近，苍蝇聚成了密密麻麻的一团儿，怎么轰都不走。大伙也只能边吃边轰，烦躁不已却又无可奈何。此时，坐在黄纬禄身旁吃饭的同志，却发现只有他不轰苍蝇，吃得很自在，感到很纳闷：“黄总，您为什么不轰苍蝇啊?”他笑了笑，说：“我先把一块啃完肉的骨头放在饭桌的另一处，顺便将苍蝇沿着放骨头的方向进行导引（轰一下），让它们去啃骨头，一般情况下它们就不愿冒险跟我争肉吃了，这样，我不断吃我的新排骨，它不断吃它的新骨头，它吃它的，我吃我的，各有所得，岂不悠哉，这就是用‘气味导引’方式将苍蝇‘调虎离山’”。此时，看到那群中计的苍蝇乖乖地待在一旁啃着几块骨头，大伙才恍然大悟——黄总这次可是把导弹制导的理论幽默地应用到吃饭轰苍蝇的小事上了，真正做到了“大能制导导弹，小能制导苍蝇”。在场的所有人都被逗得哈哈大笑起来。

92 岁的黄纬禄在给大家讲笑话

黄纬禄的笑话把大家逗得前仰后合

工作中的黄纬禄

有时发射基地或院里举办联欢会，最后压轴出场的总是黄纬禄。特别是年轻人，每次都等着听他讲笑话。

他总是慢悠悠地从座位上站起来，顺手拿起一把扇子边说边演：“从前有两个人比谁更节约，其中一个人拿着一把扇子，牢牢地用右手握住，以很慢的速度扇动，还说‘这样扇，空气的阻力很小，扇子不会坏，这把扇子是我爸爸留给我的，我还要传给我的儿子呢。’”

他慢慢地摇动着扇子，然后把身子侧向另外一边，接着说：“另一个人也有一把扇子，但是他一直拿着不动，说‘我这把扇子是我爷爷传给我的，我还要传给我的孙子呢。’有人就问他：‘你光拿着不扇，这算什么用扇子呢?’他不以为然地说：‘谁说我不用它啦，我把扇子固定在一个架子上，天热时我就在扇子前面左右摇摆着脑袋，这是利用相对运动的原理。’”话音刚落，大家已经笑得前仰后合。有的人，在散会后回家的路上一想起黄纬禄刚才眯着眼睛晃脑袋的样子就忍俊不禁。

即便是与黄纬禄仅有一面之缘的人也能感受到他的和善与亲切。有一次，一位记者抱着崇敬的心情来采访黄纬禄。在采访前，他以为这位能驯服“火龙”的总设计师是一位高大魁梧的伟人，心里难免有点儿紧张，因此他在刚坐下来时很拘谨，一时不知如何开启话题。

黄纬禄觉察出记者的紧张，说：“在中学时，我对数、理、化的兴趣都很浓，但文科成绩比较差。”

说着他把头转向记者，微笑着：“当时如果认识了你，可以得到你的帮助，也许后来文科会学得好些。”说完，黄纬禄对记者会心一笑，记者心里那根紧绷的弦一下子就放松下来了。

这位记者后来写道：“我们见到的黄总却是那样虽然瘦弱却不失睿智幽默

的一位老人，他身穿一件洗旧了的白衬衣，脚踏青布鞋，坐在一张50年代的办公桌前，和我们亲切地交谈。黄总的平易和风趣，使我们之间很快贴近了。我们早就听说黄总和技术人员、工人之间能平等地讨论技术问题，心贴心地谈心里话，这回，我们亲身感受到了。”

7 “两弹”联姻证婚人

1964年年底，国家以国防部第五研究院为基础组建了第七机械工业部（简称七机部）。1964年12月22日，二分院的第一设计部也随之改名为12所。这是我国组建最早的航天运载器控制系统总体技术研究所，黄纬禄任第一任所长。

早在20世纪50年代末期，为了加速发展我国的导弹技术，从这年开始，七机部开始研制中远程、远程和洲际导弹。担任所长的黄纬禄在原先负责好几种型号的技术领导工作上，又增加了一项重要的任务——用导弹运载核弹头的试验。

2006年12所首任所长黄纬禄与历任所长合影
（左起：常双穗、董若环、梁思礼、黄纬禄、刘纪原、刘继忠）

自1964年10月16日中国第一颗原子弹在罗布泊成功爆炸后，西方国家就一直嘲笑中国“有弹无枪”。美国时任国防部长的麦克纳马拉说：“5年内中国不会拥有运载核武器的工具。”美国从第一颗原子弹爆炸到发射载有核弹头的导弹，用了13年，苏联用了6年。他们认为以当时中国的科技实力不可能在短时间内研制出核武器来。他们不知道的是，中国人早已潜心打磨新“枪”了，此时正在筹备“子弹上膛”的事儿，预备打出漂亮的第一发。这把秘密研制的新“枪”就是“东风二号甲”，它是在东风二号导弹的基础上增程的导弹。1965年5月，轰炸机携带的原子弹成功地进行了空投爆炸，但是要想让原子弹指哪儿打哪儿，具有实战作用，铁架或者空投都无法做到，必须要有运载工具把它发射出去。而东风二号甲导弹正是承担了将原子弹弹头发射出去的重任。仅仅是原子弹试验本身就存在着巨大的风险，“两弹”结合更是险上加险，一旦发生事故，后果将不堪设想。因此，想要减小试验的风险就必须确保导弹控制系统能提供精确的制导，将弹头准确无误地送到预定的爆炸点。

实施“两弹”结合试验的东风二号甲导弹

东风二号导弹的成功使所有人对研制新型号都充满了信心，尤其对黄纬禄而言，能在控制系统方面啃下液体晃动和弹性振动这块硬骨头是一件十分不容易的事情，在这个过程中他又积累了很多经验。但是“两弹”结合的试验对导弹提出更高的要求，导弹需要打得更精准、更远才行。“有专家把这次结合形象地比喻成‘啰唆汉’娶了个‘娇小姐’。因为导弹起飞前要进行起竖、粗瞄、垂直测试、火工品安装、加注、精瞄等‘啰唆事’；原子弹怕热、怕冷、怕潮、怕振动、怕过载、怕冲击、怕静电、怕雷电，娇贵得不得了。”为了促成“啰唆汉”和“娇小姐”的结合，可忙坏了张罗“婚事”的月老红娘们。联姻的两家人都在精心地“打扮”自家的孩子，以确保拜堂时不出任何差池。然而眼下，最让黄纬禄他们操心的就是“啰唆汉”拖着一个长尾巴，极有可能出现既跑不远又跑不到点上的窘态，实在配不上高要求的“娇小姐”。

黄纬禄（左一）在试验厂房向原国防科工委
陈彬主任、伍绍祖政委及航天工业部张钧部长介绍情况

“啰唆汉”的长尾巴是从娘胎里就带出来的。之所以这么说，是因为它的许多特性都继承了 P－2 导弹，后续的许多改进都得在此基础上进行。它的横向制导采用了由 P－2 导弹改进的无线横偏校正系统，即导弹的后方几十公里处配置无线电地面制导站，用两台发射机同时向导弹飞行的方向发出无线电信号，该信号在空中制成一个射面，在正常情况下，导弹沿着这个射面飞行；而一旦导弹在飞行过程中偏离了这个射面，导弹接收到的两个信号就会出现一大一小的状况，导弹便会据此判断并校准横偏的位置，以调整飞行、返回射面。然而，无线电地面制导站发出的无线电波瓣的波形很容易受到山丘或森林等地形的干扰而发生畸变，致使射面变形，严重影响导弹的横向射击精度。因此，地面站必须设置在平坦的平原地区。此外，地面站在使用中容易暴露目标且容易受到敌方无线电信号的干扰，导弹就会像被绊住了腿，怎么都跑不远。大家都笑称这种地面制导站为“长尾巴”。东风二号导弹拖着“长

尾巴”飞行，作战的机动性很差。另一方面，东风二号导弹的纵向制导沿用了P-2导弹经改进的单补偿方案，不能补偿风等法向干扰造成的射程散布。

对于这个先天的不足，黄纬禄是了然于心的。为此，他在研究所内集中了主要的技术骨干，并邀请弹上仪器研制单位的著名专家，进行了多次深入研究和讨论，力图寻找一种好的改进方案。同时，无线电组的技术人员还多次在野外进行地面试验，找出地面平坦度对无线电波的影响规律。在大家的共同努力下，最终完成横纵两个方向的改进。横向采用了坐标转换，即在导弹上安装一个加速度表，专门测量导弹沿弹体横向的飞行加速度，然后实行速度控制，从而取代无线横偏校正系统。在纵向上则增加一个法向加速度表，用来测量弹体法向加速度。此时，我国小型计算机的研制尚处于空白状态，他们巧妙地利用计算装置解算后由原来的单补偿变成了双补偿。这样一来既割掉了无线横校地面制导站这个“长尾巴”，又提高了导弹的射击精度。这一举动开创了我国战略导弹全惯性控制的道路，提高了制导精度，使导弹发射后能够自主飞行并精确命中目标，大大改善了导弹作战的机动性和生存能力。

1966年10月27日9时许，从罗布泊传到酒泉发射场的无线电信号通报：中国首次由导弹运载发射的原子弹在核试验预定地点成功爆炸。寂静的大漠顿时变成了欢快的海洋，战士们把军帽纷纷抛向了万里晴空，尽情地跳跃着，欢呼着，歌唱着。他们见证了一场足以载入史册的“婚礼”。罗布泊的这声“礼炮”再一次震惊了世界。外电纷纷评论道：“这好像是亚洲上空的一声春雷，震撼了全世界”、“中国闪电般的进步，像神话一样不可思议”。

聂荣臻元帅（左三）在基地观看发射

在这片欢乐的海洋中，有一个人自始至终都陪伴着一线的工作人员经历着紧张、恐惧、失落和喜悦，这个人就是聂荣臻元帅。再危险的试验，他都要亲临现场给大家加油鼓劲儿。黄纬禄对此深有感触：“聂老总在一线，周总理在北京一直与他保持联系，并经常提醒保证安全，直到试验成功。领导们的关怀对大家是很大的鼓舞。”

8 靠边站，我放心不下

1966 年深秋的一个清晨，一趟从甘肃方向开来的专列碾过铁轨上的冰霜，缓缓地驶入北京南苑火车站。站台上人头攒动、人声鼎沸，上下火车和进出车站的人没有多少，倒是原本集结在这儿的人出奇的多，而且有好些都是十几岁的孩子。他们在站台的大柱子和围墙边搭起了一个个人梯，有的孩子站到人梯的最高处，举起大刷子往墙壁上敷上大把大把的浆糊，然后将一张张白纸黑字的大字报拍到墙上。

列车的辊轴停止了转动，过了一会儿，风尘仆仆的黄纬禄和几位同事从车上走了下来。他们没有停下来看清楚这些大字报的内容，只是纳闷孩子们怎么不在学校上课，全都跑这儿来做什么。带着核弹头导弹试验成功的喜悦和连续奋战的疲惫，他们已经迫不及待要回到研究院向大家报告这次试验的情况。他们拎着简单的行李，习惯性地站在出口处等着前来接站的车子。但是等了很久，既没看到研究院的车子也没看到接站的人影。一个同志犯起了嘀咕：“黄总，刚才在下车的时候就听说最近这几个月，北京出了不少事儿，家里头该不会也是闹起来了？今天怕是没有人来接我们了。”

“兴许是单位的车子调配不过来，不等了，咱们坐公交车回去吧。”黄纬禄对这位同志提到的“大事”没有过多的猜测，此时他满脑子里想的是即将投入另一个型号运载火箭的研制工作，他想立即回到所里。和“1059”、东风二号导弹一样，这枚火箭也占着一个“首次”，它肩负着运载中国第一颗人造地球卫星上天的重任！

回到所里后的黄纬禄才发现研究院里的情形和刚才在火车站看到的极为相似，墙上密密麻麻地贴满了大字报，上面大多写着打倒某某人的字样。回到家后，孩子们告诉他，学校因为“闹革命”已经停了课。此时的七机部已经变为了“闹革命”的重灾区，行政系统完全瘫痪，并形成了“九一五”和“九一六”两派势力。两派群众常常打得不可开交。

“造反派”把大多数领导干部都抓起来戴高帽、游街。刚开始游街时，被批斗的人手里还拿着一把稻草，感到羞愧难当，很丢面子。后来看到京区的各大单位都这样做，他们也就习以为常了，每次大家碰见了还会面带微笑地打个招呼。作为从旧社会过来的知识分子，又有过海外留学背景，黄纬禄自然也不能幸免。虽然没有游过街，但是他和其他长期工作在一线的技术领导一样，也没能躲过被扣上“资产阶级反动学术权威”的帽子。在为发射第一颗人造地球卫星而研制的运载火箭的控制系统进入试验的关键时刻，他们被迫“靠边站”了。

面对这种突如其来的遭遇，黄纬禄并没有什么大难临头的不安情绪，倒是常常提醒自己要乐观一点。在回忆这段往事时，黄纬禄神情平静地说：“在我‘靠边站’的时候，别人不是早就‘靠边站’了吗？大家的心情都是一样的，最担心的还是把工作给耽误了。那时，一些重要型号的研制工作都得周恩来总理亲自出面抓。周总理当时是最辛苦的。国务院这么多的部，今天这个部长被拉下马，明天那个部长被打倒，周总理都要一一过问，作为一个大国总理本来就日理万机，无暇休息，当时又要为许多突发事件操心，周总理肩上的担子是任何人都难以承受的。”

随着两派斗争的日趋白热化，最初的戴高帽和游街演变成激烈的武斗，闹得最厉害时还把一个研究所的所长给打死了。周恩来总理听到这件事后，极为震怒，立即做出了一个决定，特批把包括黄纬禄在内的多位七机部技术骨干集中在一栋实验楼，楼外还派驻警卫把守。实验楼里的所有人都不能回家，只是每天到了吃饭的时间，由他们的家属来送饭。有时候待的时间长了，实验楼外的情况也稍微稳定了一些，就会放半天假，允许他们回家看看，但必须按时再返回到楼里。这个决定保住了不少老专家和技术骨干，为航天事业的发展留住了宝贵的财富。

黄纬禄的好人缘和有口皆碑的人品在此时也起了一定作用，两派里都没有人出面批斗他。尽管没有受到批斗，但是对于未来，黄纬禄感到十分迷茫：“那时对‘文化大革命’也看不清楚，这样一直搞下去，我看中国是要被搞垮的。每一天都在想这个‘文化大革命’到底要搞到什么时候才可以结束？那时候的人一下子看不到头。”一想到昔日共同奋斗的同志们无法再凑在一起讨论问题，有一些同志天天被批斗，还惨遭皮肉之苦，他心里就有说不出的痛。他也曾想过自己说不定哪一天也会遭受和他们一样的罪，比如最常见的“坐飞机”。

“心理上是要作这个准备，有可能有一天别人也要把我拉上台去斗一下子。”为此，黄纬禄也曾把自己关在房间里，也试着把两只手捆到一起，然后抬得高高的，看看自己在这个奇异的姿势下究竟能维持多久。然而，每次的练习都以失败告终，他总是无法坚持太久。练着练着，他就会不自觉地挺起身来，在屋子里踱开步来，反复地思考着一个还没有答案的问题——什么时候才能像从前一样？这种心理煎熬比在试验基地被灼热的烈日暴晒、干燥的风沙侵袭还让他难受。他多想再像从前那样和大伙顶着烈日，在荒无人烟的大漠里一干就是好几个月，那样的日子虽然很苦，但是有盼头。然而，如果就此消沉下去，以往那么多人的付出都将付诸东流。想起过往的艰辛和未竟的事业，他心里又闪过点点亮光。“每一个人的命运都和祖国的命运息息相关，此时此刻的祖国母亲更需要每个忠诚儿女的点点反哺。”为了鼓励自己，他把匈牙利爱国诗人裴多菲的诗句抄录在本上：“纵使世界给我珍宝和荣誉，我也不愿离开我的祖国。纵使我的祖国在耻辱中，我还是喜欢、热爱、祝福我的祖国”。在那段艰难的岁月里，黄纬禄忍辱负重，尽量设法多做一点儿工作，使我国的导弹事业少受一点儿损失。

在“靠边站”的日子里，黄纬禄虽然已经不能再像从前那样以技术领导的身份来指导工作了，但在大家作试验的时候，黄纬禄会一直站在旁边，给大家倒倒茶水，送送仪器，有时也帮着作试验记录。每次看到大家忙着作试验而没时间吃饭，他就会去买饭，打开水。尽管他不能直接参与讨论，但他会一直注意听大家都在说什么，把难点和疑点记下来，暗地里演算、研究。由于他和几个技术人员的私人关系比较好，他就把自己的建议和想法告诉他们，帮他们解决了很多问题。“文革”前，黄纬禄作为所长负责好几个型号的工作，几位副所长各自负责一项专业的任务。在各项任务试验设计的过程中，黄纬禄一有空儿就到各个实验室去转转，遇到什么技术问题就和副所长一起研究。由于他的经验比较丰富，许多别人找不出头绪的问题到了他那里总能很快地得到解决。因此无论是普通的工作人员，还是负责专项任务的副所长，都欢迎黄纬禄常过来“转转”。“文革”期间，进驻所里的军宣队和工宣队推选出来的年轻人取代了黄纬禄等技术专家，成为各项任务的负责人。尽管黄纬禄已经被晾在一边，但是新提拔的年轻人，还是一如既往地乐意听他的建议，碰到疑难问题时，虽不像从前那样直接来请教，但总会想办法听一听黄纬禄是怎么说的。如此一来，混乱的秩序造成的损失总算少了一些，研制工作也在缓步地向前推进着。

与此同时，黄纬禄的家庭也无法像以往那样祥和、快乐了。每次想到孩子们因为自己头上那顶扣得严严实实的资产阶级反动学术权威的帽子而遭受的特殊境遇，黄纬禄心如刀绞。除了练习“坐飞机”外，他也盘算着是时候交代一些重要的事情了。有一天，他看着妻子，语重心长地嘱咐道：“我要是有什么不测，照顾孩子的事情就全靠你了。”话还没有说完，泪水已经在刘汉菊的眼眶里打转了。与丈夫信任的目光对视时，她强忍住心里的难过，重重地点了点头。两人都没有再多说些什么，和以往所有他拜托的事情一样，无需太多的言语，彼此就已经心领神会了。

1969 年，对黄纬禄一家而言难以忘怀，在短短的四个月中，黄纬禄的三个孩子先后离开了北京，到不同的地方插队。儿子和大女儿被分配到云南河口的橡胶园当工人，15 岁的小女儿只身一人前往黑龙江生产建设兵团。云南河口与越南接壤，气候环境和首都有着天壤之别，劳动强度也非常大。兄妹俩走之前，工宣队的人却对黄纬禄一家说：“到了橡胶园就像进了大果园，你想吃什么水果自己摘，风景特别好，条件也很好。”黄纬禄夫妇俩心里虽说是一百个不放心，但是想到兄妹俩能一块儿去，再怎么样也能相互照应着，而且他们也听信了工宣队说的话，只能在依依不舍中送走儿子和大女儿。

最让夫妇俩牵肠挂肚的还是小女儿。本来按照国家的政策，他们可以留一个孩子在身边。但在当时，所有的初、高中毕业生在学校里都表示要到祖国最艰苦的地方去，小女儿也毅然决然地表示绝不考虑留在北京的事情。就这样，连最小的孩子也要离开他们，到祖国的最北端修建大坝。与南国云南异常燥热的天气相比，东北则是另一个极端。小女儿到那里后水土不服，很快就染上了痢疾。每当孩子们从家里走的时候，一直和他们住在一起的黄纬禄的已经 70 多岁的老表姐都哭得很伤心，她舍不得孩子们，怕这一走就成了永别。

“我们到了那里才知道他们为什么要动员我们去云南，他们说，越南是中国的大后方，你们在这儿插队，就算哪天逃跑了，也跑不出大后方。”黄纬禄的大女儿回忆道，当地的伙食供应很差，不过那里有甘蔗，盛产白糖。有一次，她饿极了，就一口气吃完了一斤白糖。父母在北京听说了他们的状况，心急如焚。但在那个特殊的年代，又相隔千里，谁都无能为力。当时北京定量供应的肉票既能买肉又能买罐头。老两口就把肉票攒下来，买了罐头托人带到云南。

黄纬禄说：“他们很多同学在那里，家里带了东西去，大家也分享一点。所以家里省下一个月的肉，带给他们也就能帮他们解决一顿菜。那时我们心里都很难受，但也没有办法。由于‘文化大革命’，他们那一代青年基本上都没有受到很好的教育。学校闹革命停课的时候，这几个孩子一个高一、一个初一、一个小学六年级的文化水平。”

纵使家庭遭受了一定的冲击，孩子们的事情也让黄纬禄牵挂不已，但是他一直没有忘记自己肩负的责任。无论是对家庭，还是对工作，他总是想办法发挥自己最大的能量，能做多少是多少。由于黄纬禄等技术专家坚持不懈的“人靠边站，心不靠边”的努力，送卫星上天的运载火箭总算进入了总装测试。与研制“1059”和东风二号甲导弹热火朝天的场面相比，长征一号运载火箭可谓路途坎坷，其中的艰辛只有经历过的人才能真切地体会到。好在磕磕绊绊中终于把长征一号火箭送进了总装车间，然而，正当大伙以为可以稍微松一口气的时候，总装厂传来了一个不好的消息——火箭在总装时出现了电路干扰现象，控制系统无法正常工作。这好比眼见闺女要出阁了，花轿偏偏出了岔子，大伙再一次着急了。不巧的是黄纬禄的老胃病又犯了，正躺在病床上忍受着胃溃疡的折磨，医生开了药，嘱咐他多休息。听到火箭总装受阻的事情后，他让老伴把医生开的十几副中药一气煮好，装在一个大瓶子里。黄纬禄拎着药瓶子住进了办公室，和同志们奋战了几天几夜，接连进行了几十次调试和改进，最后总算保证运载火箭按时出厂了。

1970 年 4 月 24 日，人们仰望天空翘首以待，熟悉的《东方红》乐曲响彻太空，传遍了中华大地的大街小巷。这一天，连《红灯记》、《沙家浜》这些样板戏也暂且为它让了一回路。从这天开始，在浩瀚星海中，人们终于能找到一颗属于中国人自己造的卫星了。在发射的那一瞬间，从火箭尾部喷出的

长征一号运载火箭发射东方红一号卫星

橘黄色火焰照亮了火箭身上的“长征”二字。长征火箭托举着东方红一号卫星，成就了中国人迈上了新的长征——探索太空的征程。伴随着蒸蒸日上的中国航天事业，黄纬禄再一次开始攀登人生的另一座高峰。

第五章 开创固体战略导弹先河

1 研制“蛟龙”的由来

早在20世纪60年代，我国已先后研制成功了原子弹和液体地地战略导弹，从而打破了超级大国的核垄断。但是液体地地战略导弹系统复杂，发射准备时间较长且机动隐蔽性比较差。为了满足我国国防战略的需要，提高我国战略武器的攻击力和生存能力，就需要研制机动性和生存能力都优于液体导弹的固体战略导弹。固体导弹是当时世界上导弹发展的一个大趋势，这种导弹是以固体燃料发动机提供飞行动力的，其特点是结构简单，体积小，可靠性高，发射准备时间短，地面设备简单，隐蔽性好，机动性强，可以舰载或者车载发射，是国家急需的一种战略武器。

我国研制的第一枚固体战略导弹正是潜地导弹。它的研制经历了漫长曲折的道路，其历史可追溯到20世纪50年代末。当时，毛泽东主席发出了“核潜艇，一万年也要搞出来!”的庄严誓言。他之所以发出这样的誓言，跟当时的国际形势不无关系。美苏两个超级大国在“冷战”期间进行的核装备竞赛对其他国家造成了巨大的核威慑。中国虽然在20世纪60年代已经成功爆炸了原子弹，但同美苏不仅在数量上无法相比，而且更重要的一点还是缺乏二次核打击的能力。所谓“二次核打击”，是指在己方核武器基地遭到敌方打击后，仍能保存足够的核力量对敌方实施有效的核反击。核大国在确定核弹攻击目标时，会对敌方诸如核导弹发射井之类的核武器基地格外“照顾”，作为首次核攻击的重点对象。防止这种攻击发生的最有效办法就是在承受攻击之后，仍然具备对敌人的战略目标实施核报复的能力。因此，二次核打击能力就成为一个有核国家具备有效、成熟的核威慑力的标志。可靠的二次核打击能力也是防止核讹诈的有效手段，更是“不首先使用核武器”必须具备的前提，从潜艇发射的潜地战略导弹正是一种可靠的二次核打击手段。面临两个超级大国的核威胁和核讹诈，中国急需有效的反制手段。从国家安全的角度考虑，固体潜地导弹的研制已经势在必行。按照当时的技术基础和条件，要跨越近程单级导弹的研制阶段直接研制两级中程固体导弹，意味着将面临起点高、技术难度大、既无资料和图纸又无仿制样品、缺乏预先研究等许多困难，这对于中国年轻的固体导弹研制队伍来说无疑是严峻的考验，例如设计人员会遇到如何选择导弹水下机动发射技术的试验途径、选择何种发射方式等诸多问题。但是从国家战略需求出发，把固体导弹从陆上逼下海，从水下发射，可以使我国固体导弹研制水平大大提高，在战略核武器发展中起到带头和推动作用，具有重大的战略意义。

因此1965年周总理在中央专委会上就明确提出要争取提前搞出固体导弹，到1967年初，国防科委经与七机部等单位共同研究后，决定集中力量开展固体潜地导弹的研制工作。到1967年夏，周总理在一次中央专委会上再一次提出应提前完成中远程固体导弹的研制，这一指示进一步促进了以中程固体潜地导弹起步的决心，这也是固体潜地导弹型号研制任务决策的由来。从此，我国开始了固体潜地导弹的研制；而承担我国第一枚固体潜地战略导弹研制的总设计师就是黄纬禄。

1970年的春天，虽然“文革”的浩劫还未结束，笼罩在人们心中的阴霾还没有散去，但大自然的春风却已开始悄悄地吹了过来。大地上的桃树、杏树开满了鲜花，小草也挣扎着从泥土里钻出；和缓的春风吹来，夹杂着大自然的清新和芬芳。黄纬禄也迎来了他人生的春天。就在我国第一颗人造卫星发射成功不久，在“文革”期间“靠边站”的黄纬禄奉命到固体潜地导弹总体设计部当主任。黄纬禄终于又可以全力投入到祖国的导弹事业中去了。自此，为了能让“蛟龙”出水，“巨浪”冲天，黄纬禄满怀豪情，忘我地投入到了这项神圣的研制工作中。

2 新官上任，先当“学生”

1970 年 4 月的一天，当时七机部一院研制固体导弹的总体部正在举行一次欢迎会。说到该型号的总体部，其实开始并不在一院。我国第一枚固体型号导弹的研制，原来是由七机部四院承担的。但是，当时地处内蒙古的四院是在一个固体发动机研究所基础上建立的。该研究院除了发动机研究以外，固体弹道导弹型号研制所需的其他方面，如导弹总体、控制系统、遥测系统等研制基础都很匮乏。为了保证导弹研制进度，上级部门决定将四院的固体导弹型号总体部迁到北京，划归一院建制，由七机部一院承担该型号的研制任务。

2005 年 4 月首任老四部（现中国航天科工集团四院）主任黄纬禄与历任主任合影
（左起：刘文军、侯世明、王国祥、黄纬禄、张福成、杨树诚、张忠福）

总体部的成员们由于刚刚迁到北京不久，还没有见过这个即将上任的主任，私下里大家都纷纷猜测着这位新主任的来历。据说这位主任来自掌管导弹控制系统研究的一院 12 所，是一位控制系统方面的专家。而且还听说他到英国留过学，是搞无线电出身的，参与了我国第一枚自行设计的东风二号导弹的研制。但是这位控制系统专家，却是第一次担任导弹总体部的主任。这群总体部的技术人员在底下窃窃私语，对以后要由一个不了解总体的人来领导工作，心里不禁都有一些隐隐担心。

会场上，总体部的成员们怀着期待而又忐忑的心情迎接新来的主任。他们看到的是一个高高瘦瘦、面容和蔼、脸上挂着谦和笑容的人，他就是刚刚调到总体部的黄纬禄。但是，当面对总体部同事们那充满期待的目光时，黄纬禄心里十分清楚自己存在的问题。尽管自己主持过导弹型号的研制工作，但自己所精通的领域主要在导弹控制系统方面。一般来说，技术部门领导的威信在很大程度上来自于技术上的威望。而当时对总体不太熟悉的黄纬禄，首要问题是必须要尽快成为这一领域的专家。说到对新技术的学习，早在十几年前黄纬禄投身祖国导弹事业的时候，就是从一个无线电技术专家开始，通过学习、钻研，逐步成为一个导弹控制系统专家的。这次从控制系统转到总体，他同样可以做到。然而不同的是，前一次他的老师是苏联专家，而这次他的老师却是他的下属们。

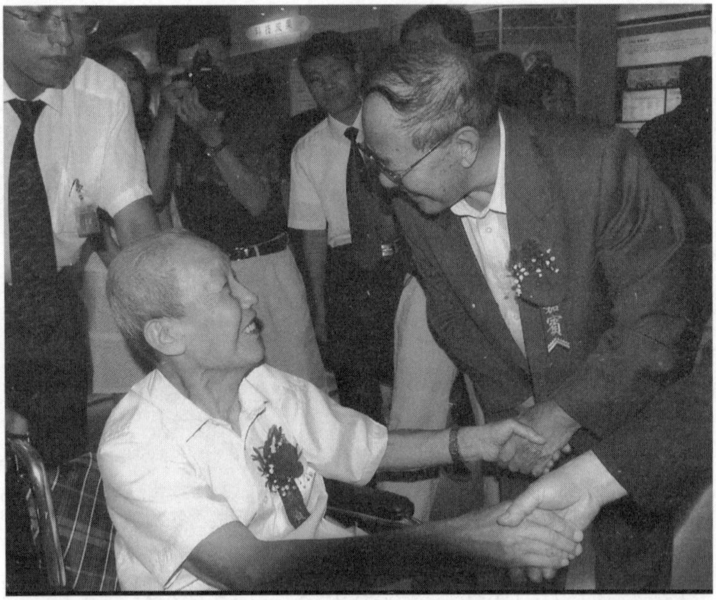

黄纬禄院士应邀参加老四部成立40周年庆祝活动时与宋健院士亲切握手

在欢迎会上，黄纬禄在向大家介绍自己时真诚地说："我是搞导弹控制系统的，对总体我很不熟悉，请同志们把我当小学生一样从 ABC 教起。""主任这个职务是组织分配给我的工作，并不等于主任水平就高。你们向我介绍情况，反映意见时，我如果没听懂，你们不要怕麻烦，再给我讲一遍，我一定虚心地学。"听到这里，总体部的成员们在会议之前心中的担忧一扫而空。

要获取别人的信任和支持有很多方法，黄纬禄则选择了一种最直接也最有效的方式。以真诚对待别人，别人才会以真诚对待你，他并不怕自己因为技术上的不足而被下属和同事轻视或讥笑，一开始就把自己放在了一个学生的角色上。黄纬禄这种实事求是、平易近人的作风，感动了总体部的全体成员，他们觉得他的身上没有那种居高临下的官气，待人和蔼可亲，很快大家便对这位新主任有了一种亲近感。

黄纬禄认为："导弹是一门综合技术，任何一个技术权威都不可能样样精通。作为一个领导者，必须先当学生，再当同学，后当先生，不懂就是不懂，不要不懂装懂，不懂就问，问明白了以后就懂了。"虽然当时黄纬禄已经年过半百，但他正是用这种实事求是和认真好学的态度要求自己。很快，他就从总体设计的门外汉成为了内行。在对同事们的过去工作有所了解之后，黄纬禄在讨论问题时也逐步有了发言权。

黄纬禄院士应邀参加老四部成立 40 周年庆祝活动时与老同事刘宝墉院士亲切交谈

导弹技术是一门综合性和专业性很强的学科，要从一个部门转到另一个不熟悉的部门，并不是一件容易的事。但我们这里要说的不是黄纬禄的学习能力，而是他虚心求教的态度。这种态度使得他在不熟悉环境的情况下，得到了大家的尊重。“先当学生，再当同学，后当先生”，这正是知识增长的必然过程。对于一个学生来说，只有抱着虚心求学的态度，不耻下问，勤奋钻研，才能达到最佳的学习效果。对于一个领导来说，则更加需要有实事求是、平易近人的作风，而这些长处，恰恰是黄纬禄所具备的。

3 京郊小道，家庭和事业之间

时间的指针刚刚走进 20 世纪 70 年代，黄纬禄的人生发生了一次重大的转折。从 1957 年二分院组建伊始就在北京永定路工作的黄纬禄不得不暂时离开这片工作了十几年的地方。

“1970 年 4 月 22 日，我从液体导弹控制系统研究所调到固体导弹总体设计部，调动的这一天正好是列宁诞辰 100 周年，所以这个日子很好记。这次调动是我生活中一个重大的转变，是从液体导弹走向固体导弹，从地地导弹走向潜地导弹，从控制分系统走向导弹总体。”黄纬禄回忆当时的情景时说道。

黄纬禄将要进入的是一个新的领域，这对他是一次考验，也是一次机遇。说到机遇，他一生中事业上最大的荣誉正是从这个导弹研究项目的成功而得来的。说到考验，他将面临新的工作给他的家庭和生活带来的诸多不便和困难。

黄纬禄的新工作单位四部（即固体潜地战略导弹总体设计部）是从三线地区*迁入北京的，新址在南苑，位于北京南部的丰台区；而永定路位于北京西部的海淀区，两地相距有 20 多公里远，这就意味着他照顾家里的时间将会更少了。

黄纬禄带着新的任命回到家里，但却不知如何将工作调动的消息告诉老伴。这时候，原本给家里带来活跃气氛的三个孩子已经全都上山下乡离开了

* 20 世纪 60 年代初期，中共中央和毛泽东主席提出从战略需要出发，根据战略位置的不同，将我国各地区划分为一线、二线、三线。三线是全国的战略大后方，是支援前线的战略基地。

北京。看着老伴在房间里忙忙碌碌，他不由一阵心酸。一直以来，老伴刘汉菊在他背后默默奉献，将整个家照顾得细致周到，最大限度地支持了他的工作。而她对自己付出的一切却没有怨言。但黄纬禄知道，老伴为他为这个家已经牺牲了太多。这一年，比自己小四岁的老伴也已经年届半百，而且体弱多病的她还要照顾一直和他们生活并由他们赡养的70多岁的老表姐。望着老伴眼角和额头上悄然爬上的皱纹，他实在不忍心把家里的担子全部压在她身上。他怀着复杂的心情将这个消息告诉了老伴，而老伴和以前一样，又是无私地支持黄纬禄去新单位承担新的工作。于是黄纬禄只好把照顾家庭的重担全部交给了老伴。

20 世纪 70 年代的黄纬禄

由于当时的交通还不发达，黄纬禄只能每周回家两三次。那时候从永定路到南苑乘公共汽车上班，在时间上是没有保障的。有时等到了汽车，但人多上不去。天晴时还好一些，一到下雨、下雪就更加紧张了。黄纬禄大概估算了一下，经城里到南苑的距离约22公里，从永定路沿着郊区的小路到南苑约是18公里，但是小路没有公交车，只能骑自行车。为了尽量保证提前上班，推迟下班，黄纬禄最后决定骑自行车上下班。

黄纬禄把骑自行车上班的想法跟老伴一说，立刻遭到老伴的反对："这怎么行！你已经50多岁了，身体又不好，别骑自行车了，万一路上摔倒了怎么办?"在老伴刘汉菊看来，让这样一个年过半百而且体弱多病的老人骑18公里的自行车去上班，又怎能叫人放心呢？对这一点，黄纬禄实际上心知肚明。老伴是心疼他，可是为了工作他却偏偏要说服她才行。为了减轻老伴的担忧，他轻松地说："你可不知道，骑自行车有两大好处，一来可以锻炼身体，二来下去办事方便。"老伴也无可奈何，只有任他骑车上班了。刘汉菊太了解自己的丈夫了，事关工作上的事情，是谁也劝不了他的。

沿着京郊小道，50多岁的黄纬禄骑着自行车急匆匆地赶路。在这条小道旁边栽有两排槐树，当时没有什么建筑，还是一片田野风光。可是因为赶路时间的紧迫，他根本无心欣赏。这条小道的路线是他多次摸索确定的，一路上没有红绿灯，行人和车辆较少，路程也能缩短几公里。可即使这样，一趟下来也至少要75分钟。从1970年到1979年，这条僻静的小道上留下了黄纬禄无数次的身影，寒暑不断。对于他这样一个老专家来说，这实在不容易。这条路并不好走，平常天气晴朗的时候还好，遇到雨雪天气，上下班的路途就成了一个艰苦的征程。

一个冬天的晚上，黄纬禄下班骑车回家。这天刚下过雪，丰台小道上一片雪白，崎岖的路面被积雪盖住，仿佛这本来就是一条平坦的大道。黄纬禄这天又是在单位忙到很晚才下班，天色已经黑了下来。路上，一阵阵的北风打着卷直往领口里钻，黄纬禄感到寒风难耐。他心里想着，赶紧回到家里暖和一下，老伴这时肯定早就做好了饭菜等着他呢。自己在单位两天没回家了，不知道老表姐身体能不能经受住寒冬的考验；老伴在家里一个人操持家务太辛苦了，回去一定要好好帮她做做家务。他这样想着，却不料车下一滑，连人带车摔在了地上。这一下，黄纬禄感觉右边的胳膊疼痛异常，摆动也比较费劲儿。还好，车子没有被摔坏，他忍着疼又骑上了车，在雪地里继续前行。回到家时，老伴早已等得焦急，看到他狼狈的样子，吓了一跳。她没想到以前说过的话变成了真的。黄纬禄开始还觉得胳膊问题不大，谁知等坐到饭桌前时，连筷子也拿不住了。老伴看在眼里，疼在心里，关切地数落着黄纬禄，黄纬禄赶紧附和着老伴说："好！好！这回听你的，不骑自行车了。"第二天，他挤着公共汽车又上班去了。在胳膊受伤的日子里，黄纬禄只能放弃骑自行车了。可是乘坐公共汽车，要倒好几次车，来回的时间需要三四个钟头。他依然坚持不迟到、不早退，早上他起得更早，晚上他回来的更晚了。对黄纬禄来说，每次去上班都很不容易，可更难得的是在一院工作的九年间他都这样坚持了下来。

年过半百的黄纬禄，同当时的大多数人一样骑着自行车往返于单位和住所之间。20世纪70年代的京郊小道上，有他在酷暑中带草帽赶路时洒下的汗水，也有他在寒冬中裹衣前行的身影。是什么能让一个人克服一切困难，全身心投入到一件事情上去而无怨无悔，答案可能有很多种；但对黄纬禄来说，答案就在他对中国导弹事业的无限热爱和执着的追求上。

4 具有中国特色的试验模式

20 世纪 70 年代初，黄土高原的某处一项庞大的工程正在动工兴建之中。在这片荒无人烟的黄土地上，几百个建筑工人正在挖一个巨大的土坑，一车一车的黄土被运出去。一阵阵的风沙吹过这片干旱的工地，卷起层层尘土。这时，一群知识分子模样的人风尘仆仆来到了工地上，他们四处查看，不时议论一下。这个建设中的巨大水池宽有 30 米，长达 50 多米，深度还在不断增加，预计达到 30 多米深，这正是建设中的模拟潜艇水下发射条件的陆上水池。

来的这群人当中为首的正是黄纬禄，他们一行人刚从百里之外的北京总部赶到工程前线。刚刚接手潜地导弹型号的黄纬禄，必须对已经开展的各项工作负责。他计划首先对正在进行的各项大型工程进行审查。他边学习、边调查、边研究，根据需要，走遍了大江南北，黄河上下。那些地处边远地区深山沟里的研制单位和大漠荒原、戈壁深处的试验基地，都遍布了他的足迹。

当时发动机试车尚未成功，总装厂尚未建成，进行水下发射台试验的大型陆上水池正在动工，研制条件十分欠缺……这与他从事液体型号的状况相比，真是有天渊之别。他心急如焚，同时也感到事情的严重性和迫切性。

黄土高原上的这项工程耗资巨大，而且已经投入了几百万元，是所有建设的工程中规模最大的一个。查看过施工现场之后，黄纬禄却不禁眉头微皱。这项工程是由型号研制过程中的试验程序决定的。按照国外的研制程序，在正式试验前，潜地导弹发射必须先经过陆上水池进行水下发射试验。黄纬禄等人发现该工程过于浩大，模拟与地面回收技术复杂，耗资又费事。建设这么巨大的工程对当时的中国来说，实在不是一件容易的事。随着对工程的了解，黄纬禄心里的疑虑越来越大，建这样浩大的工程到底有多大的必要性呢？

黄纬禄觉得："我们的科研经费是人民节衣缩食省出来的，国家底子薄，经济困难，我们要为国分忧，在不降低性能指标、不延长研制周期的情况下，尽量少花钱多办事，能节省一点就节省一点。"鉴于工程已经开始，他们必须尽快对工程的必要性做出判断，如果拖下去可能会耗费国家更多的资金。

针对这一庞大的工程，黄纬禄从必要性和可能性、科学性和经济性出发，组织技术人员对导弹的总体方案及试验流程进行了进一步分析和论证。他们认为，利用陆上水池进行水下发射试验耗资费事，不符合我国国情，只要把

黄纬禄（中）与原国防科委主任丁衡高（左一）等在基地合影

工作做细，充分做好地面试验，导弹经陆上发射台、发射筒飞行试验成功后，直接进入潜艇进行水下发射试验是完全可以的。正是基于这种认识，后来他们又在南京长江大桥进行了导弹入水深度试验，并取得了成功。在此基础上，他们大胆提出了取消导弹在陆上水池进行水下发射的试验阶段，建议撤销正在施工的庞大的陆上水池工程。此建议一出，立即引起很大轰动。为此，国防科委专门召开了汇报会，黄纬禄代表总体部非常慎重地阐述了他们的想法，详细介绍了他们所作的分析和试验，并明确表示可以在潜艇上直接进行导弹水下发射试验。黄纬禄还进一步阐明：“固体发动机一旦点火，燃烧，内部压力较大，而且在固体发动机外壳装一些引爆条，万一导弹因故障自毁，就会将发动机炸成比较小的碎块，即使落入水中也不会伤及潜艇。”国防科委领导听了他的汇报，认为报告有根有据，不要陆上水池还是可以的。最终黄纬禄的建议得到国防科委的批准，正在进行的陆上水池建设被取消了。这项工程的停建，为国家节约了上亿元的资金，并缩短了研制时间。取消陆上水池的试验，也就是简化了一步试验程序。该型号的整个研制过程与美国同类型号的相比，减少了模拟潜艇水下发射台和水面舰艇发射两个试验阶段，而且状态简化了许多。

为此，对于潜地导弹的试验，黄纬禄等人提出了一个试验方案叫“台、筒、艇”。所谓“台、筒、艇”三步发射的试验程序就是第一步是在发射台上作试验，和地地导弹一样；如果在发射台上试验正常，就说明导弹符合设计要求，第二步是放在陆地上的发射筒中打导弹；这个试验成功了，第三步就开始考虑从舰艇上打遥测弹了。在某种意义上说，采用这种试验程序做到了又快又省，省去了一个投资巨大的水池，大大简化了试验设施，节约了大量的研制经费和时间，开创了一种符合我国国情的具有中国特色的“台、筒、艇”三步发射的试验程序。

5 长江大桥上的投放试验

1970 年的 7 月，南京骄阳似火。素有“三大火炉”之一称谓的南京，进入夏天以后，仿佛变成了一个巨大的蒸笼。在新建成不久的南京长江大桥，巨大的吊车开到桥中央，紧靠在桥边将一枚近 10 吨、直径一米多、长 10 多米、外表漆着白色的钢壳模型导弹垂直吊挂在大桥外侧。此时黄纬禄亲自率领设计人员在这里进行投放模型弹的试验。他们要做的是把模型弹从桥上投入水中，然后打捞回收。恐怕大桥的设计者当初绝对想不到大桥落成之后竟然还能起到这种作用，事实上这也是大桥唯一的一次“不务正业”。

黄纬禄（左图中）和同事在南京长江大桥上

模型弹投放试验地点选择在南京长江大桥上，而且能被有关部门批准，证明了这次试验的重要性和必要性。要获取导弹的水下基本力学参数，模型弹的试验不可或缺。在潜艇上进行水下发射的模型弹在外形、尺寸、重量等方面要与真实的导弹一样。试验弹从水下的潜艇上弹射出来，升到空中几十米高度再落下来。虽然没有发动机，但近 10 吨的试验弹若直接砸在潜艇上，将造成不堪设想的后果。这也是黄纬禄最为担心的问题。另外，因为这种试验要作很多次，所以要求试验弹能回收并重复使用。为此，黄纬禄决定采用排水试验弹。这种试验弹的重量主要是装入胶囊的水，当试验弹被弹射到一定高度后，落前利用高压气瓶的气把胶囊内的水排出，以减轻弹体重量，不致沉入水下，或砸到舰艇上，并使试验弹最后能漂浮到水面上，以便于打捞，再次使用。即使如此，近10吨的试验弹壳体若从几十米高空落下来，也必然是一头扎到深水中。因此海军十分担心，提出疑问："这么大的弹体落下来砸在潜艇上，不是很危险吗?"弹体到底会不会砸艇，这个问题恐怕是当时所有人都关心的。

黄纬禄等人知道，这么重大的问题，光靠计算数据来说服别人显然是不可能的。因此他们必须进行试验弹入水深度试验。此外，除了试验弹入水试验问题，导弹的结构强度问题也要通过试验弹进行考核，也就是要考查当全尺寸的试验弹由几十米的高空落到水面受到强大撞击时，弹体是否会破裂。

为了验证排空的模型弹从高空落水后能冲入多深，是否有砸舰的危险，黄纬禄和设计人员一起，经过认真分析，结合我国当时的情况，大胆提出了利用南京长江大桥作弹体投放试验进行实际考核的设想。他们之所以把目光放在这里，是因为当时国内只有南京长江大桥离水面的高度及桥下水的深度接近试验要求。

头顶是炽热的太阳，周围是烫手的金属器材，工作条件的艰苦可想而知。试验人员在长江岸边向南京浦口码头借了几间工人宿舍和附近的一块平地作为住所和技术阵地。由于在水边，晚上蚊子特别多。试验人员白天顶着烈日工作，汗水浸透了工作服，积下的白色汗碱一层又一层，而衣服只能两天才换洗一次。然而到了晚上，宿舍里潮热难耐，蚊虫很多，不挂蚊帐会被蚊子咬得睡不着，挂了蚊帐又会热得睡不着。一觉醒来汗流满身，在凉席上留下的是一个湿漉漉的完整的人形。睡个好觉对他们来说简直是件奢侈的事情。对于这一切，大家能做的只有咬牙坚持。

50多岁的黄纬禄和总体部的技术人员一样，身穿短裤，脚蹬凉鞋在大桥上准备试验。这群人中，除了黄纬禄，大多数是20多岁的小伙子。在太阳炙烤下，个个身上都被汗水打湿；有人干脆把贴在身上的衣服脱掉，但很快就被晒脱了皮，背上的汗仍像小溪流一样往下淌。试验前，模型弹壳体内需要粘贴一个橡皮胶囊，当时在烈日照射下，壳体内温度高达50摄氏度，且不能通风，加之粘接剂挥发出的气味令人作呕，这种恶劣的环境实在令人难以忍受。技术人员必须要光着膀子，穿着裤衩，弯着腰蹲在壳体内操作，只需5分钟全身就汗流如雨。每隔10分钟就要换一次人，经过十几次轮换，胶囊才贴好。在黄纬禄的再三要求下，大家才允许他进去体验一次。旁边一起工作的年轻人看黄纬禄年纪这么大，都劝他回去休息，他却说："让我和你们在一起多工作一些时间，我的心情会感到更愉快一些。我向你们保证我一定量力而行。”望着个个满脸是汗的试验人员，黄纬禄给大伙鼓劲儿：“我们要记着刘伯承元帅说过的话‘解放军是只猛虎，加上现代化的装备，就如虎添翼了。’我们搞的潜地导弹就是‘为虎添翼’啊。”

通过模型弹不同投放姿态的入水试验，考核了弹体的结构强度，测得弹体落入水中的大致深度。这个深度对潜艇来讲没有危险。黄纬禄在试验之后舒了一口气。

但是，在试验中他们发现了另外一个问题。连接两级弹体用的36个螺栓在水平落水的冲击下，全部滑扣。他们多次试验，却发现无论怎么重复，这个问题依然存在，证明模型弹的安全性还不达标。黄纬禄在经过思考之后，忽然想到可能跟模型弹落水姿态有关。于是，他组织设计人员在模型弹的弹头里面加了个降落伞，如此一来弹体就可以改变入水姿态了。当弹体降落时，降落伞打开起到阻尼作用，弹体入水速度减慢，弹体倾斜入水，螺栓滑扣的问题得到了圆满解决。整个试验的顺利完成，为后来从潜艇上发射导弹奠定了基础。

6 强化技术指挥线

在研制固体潜地战略导弹的艰难曲折的历程中，经过了多次大的体制变动。20世纪60年代中期上马时，总体研究由七机部四院承担。70年代初期转为一院抓总，但由于当时的一院重点型号任务多，潜地型号进展缓慢。到1977年，固体潜地战略导弹被列为航天战线的三项重点工程即“三抓”任务之一。在张爱萍主任的指挥下，1979年经过当时的七机部综合平衡决定将潜地导弹的研制划归二院，大大促进了整个型号的研制工作。

这时原任一院副院长的黄纬禄立即成为两个研究院争抢的焦点人物。由于二院缺乏技术领导，因此坚决要求将黄纬禄调到二院当副院长，全面负责潜地型号的抓总和研制工作；一院则坚持挽留黄纬禄。在这关键时刻，七机部领导从全局出发，权衡利弊，为加速潜地型号的研制，决定将黄纬禄调到二院任副院长。同时国防科委任命黄纬禄为固体型号的总设计师，全面负责该型号的技术抓总和协调工作。由于二院领导的重视，采取了一系列组织措施，使整个研制形势有了转机，开始走出了停滞不前的低谷。

但是就在大家鼓足了干劲的时候，问题又不合时宜地出现了；而且这个问题不解决，研制工作极有可能回到踏步走的状态上去。

由于该型号是一个复杂的武器系统，技术协调问题极为突出；加之这项工作的研制单位多，地区分布广，关系复杂，协调工作量大，困难很多，使得整个研制工作到了举步维艰的程度。这是黄纬禄没有预料到的，也是他在一院工作时所没有过的情况。其原因在于当时一院的研制单位专业配套，绝大部分在一个大院内，属于自己的建制，并且有一套成熟的研制和管理程序，运行起来得心应手。但二院就不同了，很多工作要和外单位协作。就整个型号而言，据当时的初步统计，承担任务的有109个单位，这些单位分布在全国20多个省市，跨几个工业部和军、兵种，而大部分在院外、部外、京外，绝大部分不隶属于二院建制。对于黄纬禄而言，当时面临的最大问题就是这种系统间的大协调。

在一次多个单位参加的会议上，与会者发生了激烈争吵。这是一群四五十岁的人，可吵起架来劲头却不让年轻人。每个人都认为自己的方案正确，别人的方案需要调整。虽说是技术上的争论，但却吵得怒气冲冲，甚至有人指着黄纬禄的鼻子说，你这个总师怎么当的！黄纬禄当时一阵尴尬，但一向谦和的他并没有发作。而旁边的其他人看不过去，对那人说，你太过分了。黄纬禄却说，让他讲，没有事。他深知，那个人针对的不是他个人，技术上的矛盾解决不了，研制工作将无法进行下去，大家难免会有情绪。这群激烈争吵的老头们，其实对导弹研制工作都有一片赤诚之心啊。有损总师的权威他不担心，他担心的是整个型号的进度被耽误。

黄纬禄（右一）在工作现场

在这种情况下，身为总设计师的黄纬禄，和当时负责这项工作的国防科委、部、院的领导都感到，作为一个新的大型型号研制的抓总单位，要适应新的形势，在管理模式上必须改革。因此二院决定从实际出发，在研制单位比较分散的情况下，型号管理工作摒弃了研究院的管理模式，在国防科委和部领导的支持下，建立健全两条指挥线，即行政调度指挥线和技术指挥线；在加强指挥调度管理工作的同时，按照大力协同原则，搞好部内部外的团结、协作。值得一提的是由国防科委任命的总设计师系统是跨建制、跨地域的，而且总师系统的技术责任制是明确的，那就是各负其责，逐级负责，各级设计师向总设计师负责。从这一有利地位出发，从技术协调与抓总入手，通过技术指挥进而实现型号的统一调度指挥，即实行所谓型号抓总、专业协作、统一指挥的管理体制。

这一新型管理模式中，以黄纬禄为首的总设计师系统处于重要地位，强化了技术指挥线。同时为了进一步加强技术指挥，决定成立超脱于行政建制和跨地域的总设计师室（简称总师室）和总设计师办公室（简称总师办）。总师室是国防科委和部领导支持的型号技术抓总机构，是有权威的技术决策和指挥团队，由总设计师、副总设计师和几名有一定专业技术特长的助理组成。总师办是总师室的日常办事机构，协助总设计师进行技术决策和协调工作，并负责处理日常技术事务，并根据总师的意图进行工作。这样一来，健全了以黄纬禄总设计师为首的技术指挥系统，总设计师的指挥力度大大加强，也有利于行政上的统一调度。凡重大研制阶段、重大技术方案和重大研制程序，都是在充分调研的基础上由总师系统先召开总师扩大会，集中京内外有关专家在有关领导和机关人员参加的情况下，集思广益，充分听取各方面的建议，然后进行决策。当时的总师室成员有黄纬禄、宋健、陈德仁、戴诗正、崔国良、刘国梁、张健志、宋兆法。总师办成员有刘国梁、张健志、宋兆法。

这种管理模式的核心内容是先召开总师扩大会，由黄纬禄总设计师主持。总师室成员和与会的各级领导、科技人员、机关干部都畅所欲言，在共同讨论的基础上，对重大技术工程和实施方案进行决策，实现技术抓总和指挥。然后召开工作会议落实总师扩大会的决策，由指挥调度系统组织实施，实现统一指挥。不同专业的各个研制部门、总体和系统、系统与设备之间，大力协同，互相信赖，齐心协力，团结互助，密切合作；工作中出现不协调的问题，仍返回总师系统进行协调处理，通过技术指挥进而实现调度指挥，使工作顺理成章。

这种管理模式得到国防科委、七机部和使用单位等各级单位的信赖与支持。总师办在实践中更成为沟通上下、联络四方的纽带，享有较高的声誉。这种管理模式的形成，特别是总师室和总师办的成立和它的卓越工作，是黄纬禄在从事型号研制工作以来最感到欣慰的事情。而且这种管理模式，顺应了当时的形势和型号的研制特点，在实际工作中收到了良好的效果，在整个研制战线影响颇大，推动并加速了整个型号的研制进程，使潜地导弹研制战线呈现出一派生机。

7 彰显系统协调理念的“四共同”原则

在航天系统里，有一条广为人知的“四共同”原则，即“有问题共同研究，有困难共同克服，有余量共同掌握，有风险共同承担”。短短的 28 个字一直被航天科研单位所推崇，成为航天型号系统协调工作中的金科玉律。

航天型号工程是高度集成的系统工程，涉及众多专业和领域，需要多家科研院（所）、生产研制单位的协同配套，因此各专业各部门的团结协作显得极其重要。在嫦娥一号卫星发射成功之后，工程总指挥栾恩杰和工程总设计师孙家栋在总结成功经验时也指出，“四共同”原则是各系统协调工作的理念之一。

这一原则为什么会被那么多人奉为协调工作的法宝呢？还得从潜地导弹的首次总师扩大会谈起。

1979 年 8 月 6 日，总师办公室经过充分调查研究和认真准备，在二院召开了首次总师扩大会议，黄纬禄认为“这是一次值得回忆的总师扩大会”。

潜地导弹型号调整到二院后，正当各方面工作顺利进行的时候，遇到了一个问题，即由四院研制的一级发动机在试车时摆动喷管的摩擦力矩大大超过了任务书所提的要求，这项指标的超差将使导弹的出水姿态难于控制。四院的同志对此非常重视，虽然经过多次改进却无明显的效果，估计这个难题在短期内难以解决，这样将使各方面的工作长时间停顿下来。在这个紧要关头，正值总师办公室刚刚建立，黄纬禄便决定召开第一次总师扩大会。

在二院潜地导弹研制史上，这是一次极为重要的会议。会议研究的中心议题是：在一级固体发动机摆动喷管摩擦力矩技术研制攻关受阻的情况下，如何完成总体初步设计，结束初样研制阶段，扭转几年来年年订计划，年年无变化的徘徊不前的状况，打开型号研制新局面；如何全面展开试样研制计划。

会议由总师办公室组织，邀请了总师系统的成员、领导机关的负责同志、各研制单位的业务骨干参加。黄纬禄主持了这次会议。作为总设计师，黄纬禄首先请各单位介绍各自的工作情况，以便相互了解，使大家掌握全面的情况；然后他请大家将所接受的任务书指标和工作中已达到的水平，以及通过努力在近期能达到的水平无保留地互相交底；接着他又关切地询问了各单位对所提指标究竟留有多少余量。

黄纬禄回忆道："由于摩擦力矩超过原来的技术指标，搞发动机的同志已经花了很长的时间、尽了很大的努力把摩擦力矩减小了一点，但是还达不到需要的指标。摩擦力矩大，伺服发动机的力矩就不够大，如果摆动喷管的力矩不够，那么摆动的速度就不够。对控制系统来讲，它的技术条件就不能满足。过去我们讲过层层加码，有时在有的地方，它还有一点余量，但设计人员不愿意把这个余量拿出来，他严格地要求你，你满足要求了，他就能较轻而易举地满足要求。他担心如果把他的余量拿出来，甚至再倒挖一点余量，那他的任务就较难完成了。后来考虑到伺服机构给定的力矩的指标实际上比真正的力矩已经大了一些，控制系统对摆动喷管的摆速也有一定的余量，在这次总师扩大会进行讨论分析，认为发动机喷管的摩擦力矩问题解决不了，下面的工作就进行不下去。让大家都把余量拿出来，再分散难点。在伺服机构上再挖一点潜力看能不能再加大一点，控制系统看看能否在网路设计方面再想一点办法，然后把这些指标重新分配一下。经过这些努力，发动机的摩擦力矩问题比较快地解决了。各家的余量拿出来后，要减小的摩擦力矩也不是太多了，工作便得以进行下去，型号的研制周期大大地缩短了。但是，在分散的难点中，可能有的单位通过极大的努力仍达不到新指标的要求，那就将承担一定的风险。"总师扩大会上明确指出，这样的风险不由某个单位负责，要共同来承担，"不能出了问题时相互指责、埋怨"。对于风险而言，黄纬禄也明确表示："作为总设计师，我首先要承担责任。"会议结束时大家都很满意，使下一步的研制工作得以继续进行。

经过与各级设计师和有关专业的同志充分讨论、协商，大家原则同意总师办提出的解决途径，即根据总体和控制系统能承担的程度适当减小喷管摆角，并适当放宽喷管摆动摩擦力矩要求，从而降低发动机攻关难点；将总体部与发动机所共同商定的发动机参数作为完成总体初步设计的依据，最后发动机所按商定参数进行试样交付。实践证明，这项技术决策是正确的，并收到了预期的效果，为全面展开试样研制创造了条件。

在黄纬禄主持这次总师扩大会议之后，总师办公室根据扩大会的内容总结出了“有问题共同研究，有困难共同克服，有余量共同掌握，有风险共同承担”的原则。“四共同”原则之所以能够提炼出来，主要来自于总设计师黄纬禄在长期技术工作中所总结的经验和教训。

黄纬禄经常提到的“总设计师要协调矛盾”就出于这种思想。他在开会时以控制系统设计为例说明“有余量共同掌握”的好处。他说：总体部为了安全可靠，要求控制系统保证有一定的安全余量，并作为技术要求下达给控制系统研制单位；控制系统为保证自身的安全可靠，再将指标加码后下达给设备研制单位；以此类推，该单位又再次加码后下达给部件研制单位；部件研制单位在设计时还要考虑自己的安全系数。这样层层加码，使各级设计，特别是部件设计增加很大难度，甚至形成需要攻关的项目。而这个难度是人为造成的，是不必要的。如果大家共同掌握一个余量就不必要层层加码，技术要求就能提得合理，各级设计单位也就不必要花更多的精力、时间和经费去满足那些不切实际的要求。“有余量共同掌握”，用意是使设计更加合理。他还列举了很多事例，得到与会人员的普遍赞同。

黄纬禄（左二）在试验一线与试验队队员们亲切交谈

对“有风险共同承担”，他认为这是做好“四共同”的基础和保证，领导干部在关键时候要敢于承担责任，在责任面前不要互相推诿。他牢记聂荣臻元帅在试验失败时承担全部责任的高尚品德。黄纬禄平时工作深入细致，了解到设计人员在风险面前往往因怕承担责任而影响了思想解放。因此，他提出“有风险共同承担”意在加强大家的责任感，使大家解放思想，在风险和事故面前，向聂荣臻元帅学习，领导要主动承担责任，这样才能更好地发挥群众的积极性。

在执行新的管理模式以前，型号研制工作都是以工作会的形式同时落实技术、计划和有关事宜。使技术、进度、物资等混为一谈，往往会造成矛盾重重，反复研究，议而不决。究其原因，黄纬禄认为主要是技术问题没有解决好，因而决定其他问题就失去了依据。他倡导的总师扩大会先解决技术问题，然后再召开工作会议进行落实，就能较好地解决这一矛盾。

在“四共同”原则的指导下，潜地导弹的许多技术难题得到了迅速解决。由于总师室和总师办在工作中注意发扬民主，在研究和协调技术问题时坚持“四共同”的原则，总设计师身体力行，所以平时大家均能做到互相交底，不扯皮，主动挑重担，不推诿。对于一时难以吸取的不同意见，注意耐心地解释，以避免抹杀任何积极因素。这样一来，作为技术指挥线的总设计师系统就成为名符其实的有权威的技术领导核心。

几年后，当那枚震惊世界的导弹发射成功后，回顾成功之路，参与研制的专家们都认为“四共同”是成功的最重要原因之一。航天事业要求的是一种团结、协作的精神，而“四共同”原则如今已成为航天人的一种职业理念，也是二院的一笔宝贵精神财富。这四句话已经发展成为处理单位间和人际间关系的准则，成为潜地导弹型号战线上家喻户晓的座右铭。当年同黄纬禄一起工作过的海军某单位至今仍然不忘他的处事方式，2008 年还派人来二院向黄纬禄请教。某试验基地在宣传栏中还张贴着黄纬禄院士的宣传画。

某试验基地张贴的黄纬禄院士的宣传画

黄纬禄回忆那次难忘的总师扩大会时还特别强调："这四句话的要点是"共同"，而这两个字的背后是集体和团队的力量，我们在研制固体导弹过程中不知遇到过多少难题，需要攻克多少难关，没有一件事不是依靠集体来解决的，只不过有时是小集体，有时是大集体，作为总设计师的我，也只是起到集体中一员的作用。"

从这段话我们不难看出，黄纬禄不仅谦和认真，敢于负责，而且是一位善于思考、敢于决策的能调动一切积极因素的航天帅才。

8 我负主要责任！

常言道"莫以成败论英雄"，因为失败总是让英雄气短，令闻者遗憾。但在科研的道路上，成功的喜悦与失败的痛苦总是相生相伴。失败就像一块试金石，胆小者、自私者、怯懦者在失败面前低头饮泣、懊丧难行，唯有大智慧、大气魄的强者在失败面前不是手足无措、被动等待，而是积极总结经验，反思自己的认识过程，找出不足及时采取补救措施，从而愈加地彰显其魅力和气度。

1982 年金秋时节，正是收获的季节，黄澄澄的金穗玉谷等待着辛勤的农民去采收。就在这丰收的季节，黄纬禄和固体潜地战略导弹的技术人员来到了渤海之滨，在这里他们也将收获耕耘了十几年的果实。这一次，中国已经向全世界发布了某公海海域的禁海公告。在公告规定时段内，黄纬禄将在海军的配合下，指挥他们研制的固体潜地导弹从海底的潜艇内射向这一海域。

十年磨一剑，而中国第一代固体潜地导弹已经准备了十几年之久。发射的时刻终于到了，然而指挥所里的黄纬禄等来的却是失望的结果。发射之后，第一发导弹从海底直冲出水。但是，一级发动机点火后，导弹失去控制，迅即偏离方向，超出安全范围，导弹自毁。

试验失败了，这个事实像一座大山一样压在了所有指挥员和技术人员以及海军参试人员的心头。大家无心吃饭，也无法入睡，这么多年的辛苦和奋战为什么换来的却是失败呢？来自外部的压力也非常沉重。参与这个型号的单位不在少数，由于其战略意义重大，中央给予了高度关注。另外，由于这次在公海试验，各国都知道我国的这次导弹发射试验，外国的卫星和船只都会密切注视发生的情况，失败的影响可想而知。

在沉重的包袱下，“追查责任”的想法一时搞得人心惶惶。黄纬禄回忆说：“一旦追查责任，大家必然谨小慎微，下一次试验就难了。”虽然压力很大，但试验还要继续进行。他回想起了当年聂荣臻元帅的教诲：在成功面前要多想别人的贡献，失败时领导要多承担责任。还记得，当初东风二号导弹发射失利的时候，聂老总自己把责任都揽了下来。现在，当年的一幕又出现了。就在大家惶惶不安的时候，黄纬禄站出来对众人说，“我是总设计师，我应负主要责任。试验失败主要是弹的问题，大家要认真总结经验，坚定信心，打好第二发。”黄纬禄的意思已经很清楚了，如果要承担责任的话，就由他这个总师来承担。既然总设计师这么说了，大家心里的包袱自然就放下了。上级也传来消息，鼓励大家认真总结经验教训。黄纬禄一向认为解决实际问题，必须先解决工作人员思想上的问题。这次，在上级领导和黄纬禄的引导下，紧张的气氛缓解了，大家将精力放在了事故原因的查找上。

在接下来的几天里，失败的原因成了黄纬禄心中一个巨大的疑问。他对产品的质量是有信心的，因为质量一直是他平时抓得最严格的一环。到底是方案本身的问题，还是操作失误？这时，黄纬禄就像一个断案的神探，他在回忆并思索着发射过程的每一个细节。其中有一个场景出现在他的脑海中：在水下发射前，海军有一个操作手胸前挂了一个秒表，在他弯腰的时候，秒表触动了操作台上的一个开关。当时，有人判断这个开关对整个试验没有影响，导弹照常发射。导弹发射失败后，人们开始怀疑是不是那个海军操作手碰到开关引起的。这种怀疑使得那位操作手精神紧张得几乎要崩溃了。负责导弹设计的研制单位得知这一细节后，反倒都松了一口气，认为失败与他们研制单位没有关系了。但黄纬禄却不这样想，他认为事情不会这么简单。

很快地，负责控制系统、遥测系统、惯性器件的研制人员根据数据分析也提出了他们的看法。他们认为，可能是某个分离插头提前脱落导致失败，并很快找到了那个插头。黄纬禄听到汇报后肯定了这个结论。在包括国防科委、海军在内的几大参与单位领导参加的会议上，黄纬禄汇报了查找故障的过程和结论。他特意讲明了试验失败的原因是研制单位的责任，为基地操作手平了反。大家也为他这种实事求是、敢于负责的精神所折服。

导弹自毁的原因被大家认可之后，大家关心的焦点又放在了插头为什么分离之上。黄纬禄发现由于情况复杂，插头提前分离的原因可能非常多，比如：分离插头座出厂时就不符合要求，或者是插头没有插到位，或许是发射前有人误碰到这个分离插头。但这些可能都是猜测，没有确凿证据，要查清原因非常难。但是上级领导一直要求追查责任，黄纬禄知道，这样下去又会增加大家的顾虑，以后处处缩手缩脚反而对工作不利。因此，黄纬禄又一次硬着头皮，向上面提出了不同意见，建议追查责任的问题暂时不要考虑。他的这一建议最终得到了领导的同意。

任何事物都有它的两面性，就在大家为失败而心情沉重时，黄纬禄却从这次导弹自毁发现了另一个有价值的结论。一直以来，黄纬禄等人包括海军方面在内，都想知道导弹自毁后落下来的残骸会不会砸坏潜艇。以前虽然进行了充分的论证和分析，但并没有进行实际的导弹自毁试验。黄纬禄认为，这次发射虽然失败了，但却是一次很完整、很有价值的导弹自毁试验。虽然代价太大，但它把人们对导弹碎片是否会砸坏潜艇的顾虑彻底打消了。黄纬禄把这种看法告诉试验队的同事们，也使大家自失败以来的压力减轻了不少。接下来，他们很快就找到了解决插头脱落的方法，并采取措施，大大提高了分离插头座的可靠性，有效地避免了类似故障的发生。

那次试验一共准备了三发弹。由于失败原因找得快，在禁海公告时间内还有机会再发射第二发。这与黄纬禄能够在失败后迅速排除大家的压力，使大家放下包袱团结起来是分不开的。

人生难免有挫折和失败。每次遇到了问题，碰到了困难，黄纬禄都能站出来。“我承担主要责任”是一种气魄，是一种胸怀，更是科学家的勇气和人格魅力。

也许做个负责任的人很辛苦，因为责任不是一个甜美的字眼，它有的是岩石般的冷峻，但做个勇于负责任的人是个快乐的人，因为它充实、升华了黄纬禄的人生。

9 蛟龙出水的决断者

1982 年 10 月上旬的短短几天里，靠近中国大陆的太平洋西部的海域吸引了世界各国的目光。中国这次进行的潜地导弹发射一旦成功，中国将成为世界上第四个能自行研制潜地导弹、第五个拥有水下发射战略导弹能力的国家。

然而，第一发导弹在世界各国的关注下失败后，第二发导弹还会不会发射成为了各方关注的问题。第一发水下发射固体弹道导弹失利后，黄纬禄带领大家迅速找到了事故的原因。虽然引发事故的问题很快就解决了，但第二发导弹是否打、何时打他们还要等上级的指示。大家都清楚，经历第一发导弹失败之后，上级显然对继续试验比较犹豫。为此，试验区的领导和所有参试人员以及航天工业部（1982 年 5 月 4 日，第七机械工业部改为航天工业部）、海军等部门的领导和有关人员都在等待着上面的决定。黄纬禄心想，只要再给一次机会，一定会让这条巨龙腾空。但他心里却十分焦急，因为虽然他们可以等，但海面的情况不会等。这时距离国家发布的禁海结束时间已不多了，若延长禁海时间需要重新发布公告。而且，随着时间推延，海上的天气情况极有可能恶化，将对试验造成很大影响。他知道再等下去，延误最佳时机将是他们最大的损失。黄纬禄把情况向中央作了详细的汇报，但一直没有得到答复。

就在预定发射时间的前一天，中央在北京国防科委指挥所召开了会议。基本上采纳了黄纬禄的意见，决定第二发导弹按预期的时间发射。这个决定很快传到了试验现场指挥部，黄纬禄终于可以将心中的石头放下了，他的争取并没有白费。所有的试验人员都重新振作起来，中央领导的信任和支持就是他们最大的工作动力。上次失利的阴影在他们心中已经一扫而空，他们誓让水底的蛟龙跃出水面，冲向蓝天。

预定发射的当天凌晨，东方刚刚泛出一点儿鱼肚白，试验现场指挥所里还是一片寂静，所有的一切都在急切地等待着黎明的到来，那时这里将发生一件震惊世界的大事件。

然而梦乡中的人们还不知道，总设计师黄纬禄却刚刚经历了一次艰难的抉择。已经两个多月过度操劳的黄纬禄，经常夜以继日地工作在试验现场。发射前的最后一晚，他巡查了所有发射的环节，确认没有任何问题后才去休息。然而刚进入梦乡的黄纬禄，却被从北京来的一个紧急电话扰醒。北京有些同志的意思是："是否推迟几天，把问题再考虑考虑。"这一电话让导弹发射再生变数。

从准备情况上来讲，一切都已经没有问题，可能出现的状况也已经排除。但作为这样一项大型试验，没有人能够保证百分百成功。是发射，还是不发射？黄纬禄为难了。若是推迟发射日期，黄纬禄将不需承担任何风险，但是这样的话，试验任务有可能就此泡汤。因为气象的变化和海情条件越来越不利于发射，如果错过有利时机，发射只能另外择期进行，到那时给国家带来的损失和不良政治影响也是难以挽回的。

黄纬禄心潮起伏，经历着艰难的选择。桌上的电话就在眼前，怎么给上级回复呢？他几次伸向电话的手又收了回去。他稳了下心神，又把导弹和所有参试设备的各个环节在脑海中全部回顾了一遍，从导弹各系统的检查情况到发射预案准备情况，从试验队上下的各种意见到发射与不发射的利弊，他又进行了一次周密思考。在回顾中，黄纬禄心中渐渐有了数。最后，他镇定地拿起电话向上级报告："需要考虑的问题都考虑了，应该准备的一切都准备好了。我认为发射条件已经具备，不宜推迟，建议按时发射，不再延期。如果上级决定推迟，我们执行上级命令。"

片刻后，传来了北京的回答："我们尊重第一线同志的意见。"

黎明到来，试验潜艇整装出发，驶向预定海域。

1982 年 10 月的一天，我国渤海海域碧波万里，天空湛蓝无云，海面荡漾着细小的波浪，显得温顺祥和，不似往日狂澜怒吼。在下午的某一瞬间，渤海的海面上，一条喷火的蛟龙跃出水面，打破了海面上宁静的画卷，以极快的速度直飞蓝天，带起冲天的水柱，周围披着一层水帘。其尾部橘红色的火焰把碧海、蓝天染得上下辉煌，后面留下的长长烟云轨迹，在海天之间绘出一幅壮丽的景观……

而同一时刻，指挥所里的人们屏住呼吸，静静地听着导弹飞行情况的报告：

“导弹发射正常！”

“一级发动机点火！”

“导弹两级分离！”

“头体分离正常！”

上次的失误没有出现，人们松了一口气，但依然焦急地等待新的消息！喇叭里报告停了，但所有人都一句话也没说，精神都集中于汇报飞行情况的那个喇叭之上。大约10分钟之后，喇叭里传来了新的声波：

“末区发现目标！”

“弹头命中预定海域！”

所有人都听到了这两句话，也知道这两句话所代表的含义。准备了十几年之久，多少人为之付出心血的第一代固体潜地导弹终于成功了。指挥所里的人，发射海域周围山坡上的人，军舰上的海军战士，所有知道这一消息的人，全都沸腾了。所有观察试验的人都仿佛变成了欢乐的孩子，他们唱着、跳着、欢呼着……

黄纬禄仰望着导弹飞行的那个方向，导弹在蔚蓝的天空上留下了一道白色的烟云轨迹，仿佛一条直冲云霄的白色巨龙。这时的黄纬禄心潮澎湃，他想到了很多，祖国的强盛和发展也必将随着这条巨龙走向更加强大。他和同事们的追求和努力在导弹腾飞的那一刻得以实现……那条腾空的白色印记，将永远写在中国的历史上，写在世界的历史上。

潜艇水下发射固体战略导弹

胜利归来的黄纬禄（右二）和他的同事们

试验基地为大家举行了隆重的庆功会，人们精神激奋，兴高采烈。一向感情内敛、温文尔雅的黄纬禄这时也掩饰不住自己的兴奋之情。黄纬禄的脸上满是喜悦，他拿起酒杯决定痛饮一番，因为这个时候他们可以真正地放松一回了。黄纬禄先和海军的负责人一起干杯，他要感谢他们，没有海军的配合，潜地导弹是无法出水的。接着，他端着酒杯又来到了技术人员的中间，他们是导弹发射成功的根本因素。黄纬禄端着小酒杯同他们一一碰杯。受条件限制，他们只能拿吃饭的碗盛酒，或者干脆用饭盆来盛，他们正好也乐得享受那种大碗喝酒的痛快。几天前第一发导弹失败的阴影，早已被胜利冲得无影无踪。兴致所至，很少写诗的黄纬禄提笔写下了一首短诗：

龙腾虎啸刺九霄，
群情振奋心暗焦。
航程段段传喜讯，
忧虑之情渐渐消。
忽闻落区传捷报，
万众欢腾齐跳跃。
弹头中靶精度高，
胜者心潮如惊涛。

后来，中共中央、国务院、中央军委发出贺电，祝贺我国在海上发射潜地导弹获得成功。贺电说，这是党的独立自主、自力更生方针的又一胜利，标志着我国潜地导弹技术又有了新的发展。之后，这一型号的导弹在我国核动力潜艇上再次发射成功，使我国拥有了完整的二次核打击能力。这一型号的固体潜地战略导弹获得了国家科学技术进步特等奖。

固体潜地战略导弹特等奖证书

成功和荣誉的背后是无数人巨大的付出和奉献。而最后发射阶段的一波三折，却全靠黄纬禄大胆决断的惊人魄力才能安稳度过。他将个人得失置之度外，一切以国家和事业为重，无畏中饱含着无私的高尚品质。

10 上岸爬高，一弹两用

早在固体潜地战略导弹研制初期，就有人曾经提出过将潜地导弹搬上岸发展成地地导弹的设想，后来这种设想被不断酝酿发展。到1975年经过广大科技人员艰苦努力，潜地战略导弹的各项技术攻关终于取得了突破性进展。黄纬禄主持潜地战略导弹研制工作后，感到固体发动机用于武器比液体发动机有很多优点。因为液体型号体积大，射前要临时加注推进剂，地面设备极其庞大，机动性和灵活性都很受限制；在侦察卫星分辨率不断提高的威胁下，很难有效地伪装和隐蔽，导弹武器系统的生存能力受到很大的挑战。

黄纬禄（中）和张健志（左）、陈德仁（右）在试验基地

黄纬禄早在研究和论证潜地导弹“台、筒、艇”三步试验程序时，就发现固体潜地导弹的陆上筒射状态很接近陆上机动发射状态。他设想：“能否将已设计的潜地导弹搬上岸？按同一种导弹既可以潜艇水下发射，又可以陆上机动发射的原则，进行必要的修改，再重新研制一套地面测试发射车辆，对陆基导弹进行测试和发射，即可将潜地导弹转换成陆基机动导弹。这样做，可利用原来的研制基础和成果，大大节约研制经费、缩短研制时间，尽早为国家增加一种杀手锏。”为此，他和同事们极力倡导“一弹两用”，他们把这个设想具体化后向张爱萍主任和其他几位副主任做了汇报，得到了国防科委领导、七机部领导和使用部队的普遍赞同。

1979 年，黄纬禄同时被任命为固体潜地战略导弹和固体陆基机动战略导弹的总设计师。这年黄纬禄 63 岁，他在心里盘算，还有时间，还能为遭受了十年浩劫的祖国做点什么。于是，没有多少犹豫，他承担起主持研制我国第一代固体潜地战略导弹和固体陆基机动战略导弹的重任。陆基机动战略导弹的正式研制工作从 1980 年开始，原计划 1985 年完成定型。按照导弹新型号研制过程的标准进度要求，陆基型号只能进行一个回合、一个批次的研制，换句话说，就是要求一次成功。这正符合黄纬禄“充分做好地面试验，争取一次成功”的一贯思想。但是在尖端技术工程的研制中，未知因素和关键技术较多，一次成功的难度是可想而知的。

黄纬禄（右一）和试验队队员顶着烈日工作在试验基地

在基地观看发射（左起：徐乃明、黄纬禄、栾恩杰、陈定昌、王文超）

潜地导弹飞行试验成功后，按照型号研制规定经飞行试验成功的技术状态在定型试验中不能改动。定型后的技术状态就相当于标准、模板，这是经过反复试验成功之后定下来的技术指标。然而“潜地上岸”是需要“进化”的，很多原有的技术指标都是需要重新修改和试验的，而修改定型的指标则既要增加很多工作量，又要承担技术上和责任上的风险。但是，黄纬禄从来都不缺少大胆和魄力，他又将重担和风险一肩扛起了。

黄纬禄（左二）在试验基地与科研人员一起分析技术问题

下基地，入现场，熬夜研究讨论……黄纬禄集中了他全部精力，终于用了不到五年的时间带领他的团队突破了陆基机动发射技术，研制成功了中国第一代陆基机动战略导弹，填补了我国战略武器的一项空白。

由黄纬禄和他的同事们研制成功的我国第一代固体潜地导弹和陆基机动导弹是个创举。在没有任何国外实物和资料可借鉴的情况下，他们突破了潜艇水下发射技术及动基座上三轴稳定平台的调平和导弹的瞄准技术、导弹射击诸元的适时计算技术、陆上多功能发射车的研制及冷发射技术、固体发动机的研制技术、高海情下导弹出水大姿态的控制技术、耐压全密封弹体结构和切割式级间分离技术、弹上设备小型化和高密度的安装技术、先储存后发送水下参数的遥测技术等。同时，通过这种导弹的研制为国家培养了一支固体战略导弹的研制队伍，使他们掌握了研制的理论依据和若干重要技术，探索出了研制的基本规律，为后续大型固体导弹的研制提供了借鉴，为我国固体导弹的进一步发展奠定了基础。

建国 35 周年庆典中，战略导弹经过天安门广场接受祖国和人民的检阅

第六章 品德比技术更重要

1 妙手回春的“导弹医生”

黄纬禄有个绰号，叫“导弹医生”。因为他分析问题细致，发现问题快，解决问题也毫不含糊，所以导弹出现疑难杂症的时候大家都愿意找黄纬禄去“诊治”。

黄纬禄对导弹的了解是建立在细致认真的工作态度之上的，只有对导弹进行细致入微的“望、闻、问、切”，才能真正做到“药到病除”。有一次，工厂的技术人员偶然发现在导弹发动机喷嘴上，原本应该是不锈钢的堵盖却混进了铁质堵盖。按照生产的技术要求这是决不允许出厂的，必须将混进去的铁质堵盖找出来更换为不锈钢堵盖。然而一个发动机里通常有上百个喷嘴，每个喷嘴上都有一个这样的堵盖，这些堵盖又都是分批生产的，如果这时再把已经安装到发动机上的堵盖逐个拆卸下来检查、更换，将会是一项庞大的工程。怎样才能快捷地找出不合格的堵盖呢？大伙儿思来想去，都找不到好的办法。有人想起了黄纬禄这个“医生”来，赶忙趁他在北京的短暂空当把他请到了工厂。

黄纬禄到了工厂，听了技术人员的描述，仔细地查看了一遍发动机上的喷嘴和堵盖，说："请你帮我设计一个电磁铁。你们把这个电磁铁放在堵盖上，然后通上电。如果堵盖是铁质的就会产生吸力，把电磁铁向上提，感受到的重力和不锈钢堵盖是不一样的。"在场的人恍然大悟："真是好办法啊！黄总不愧是导弹医生。"照着黄纬禄想出来的办法，技术人员很快就把用铁片做的堵盖全部找了出来。倘若把所有的堵盖拆下重换，那样损失将非常大；而以医生救死扶伤的精神来工作，仅更换少量的堵盖就解决了问题。

黄纬禄当"医生"的事情在他与导弹打交道的几十年时间内还有很多。一次，技术人员在生产过程中发现与发动机配套的工艺环出现了裂痕，造成裂痕的主要原因是金属材料夹渣。工艺环有问题也就意味着使用同一炉钢材生产出来的发动机也有可能因为金属材料夹渣存在故障隐患。由于导弹都是陆续生产，陆续交付部队装备的，这些有问题的发动机很有可能已经投入使用，严重的质量问题关乎国防安全，必须尽快找到有问题的发动机！过去金属材料生产好后都会把炉号挂在成品上，就像检疫盖戳一样，只要发现质量问题立即就能顺藤摸瓜找到生产出现夹渣的炉号及其他问题产品。但是这个制度在"文革"中遭到了破坏，金属材料成品和炉号全都对不上号。要把交付给部队的发动机全部拿回来重新生产是完全不可能的事情。更何况这样一来，损失将是不可估量的。

黄纬禄（左三）在试验现场解决问题

正当大伙儿愁眉不展时，黄纬禄想出来一个办法：既然每台发动机与其配套的工艺环使用的都是同一炉钢材，同一炉钢材的配方肯定相差无几，如果要从主要成分的百分比区分炉号是很困难的，但是每炉钢材所含的杂质肯定是大不相同的，那么在杂质上“做文章”就比较容易了。技术人员照着他开出的处方“下药”，从有裂痕的工艺环上钻取一定量的材料进行化验，得出其中的杂质成分量比，然后再与所有发动机工艺环的材料进行比较，很快就找到了 4 台有隐患的发动机。

黄纬禄说：“处理工作问题要当‘医生’而不要当‘法官’。这个意思是当一个仪器出了问题，不管是设计问题还是生产问题，或是生产超差，对设计人员来讲最简单的处理方式就是认定为生产超差，要求重新生产，这就是当‘法官’，是最容易的。但是，我们应当当‘医生’。当一个产品有缺陷的时候，尽量想办法加以改动，而不是轻易报废。当然，当医生也不是那么简单，你要对产品比较了解。”

一般情况下但凡名医，大都深谙养生之道，爱惜身体，规律生活。可是“导弹医生”黄纬禄却并非如此一位名医，他剜下自己的血肉，补在了导弹和火箭上……

1970 年开始，54 岁的黄纬禄被调到离家 22 公里外的七机部一院工作。肩上的担子越挑越重，一年到头在家里待的日子屈指可数，每次回家也是来去匆匆，有时进门刚一坐下，新的命令又到了，刚撂下的行李还没来得及打开整理又得立刻拎起来走人。长期的忘我工作，使黄纬禄积劳成疾……

有段日子，研制的型号多、任务紧，压力很大，黄纬禄却没法像往常一样一头扎到研制工作中了，他“分心”了——忙碌之中，他经常会忽然感到体力不支，而且下腹的剧烈疼痛折磨得他坐卧不安，常常不得不按着腹部和同事们讨论工作。

黄纬禄终于挺不住了，到医院一检查，医生说黄纬禄这是长年累月疾病得不到及时治疗的结果。长长的诊断单让医生也感到十分诧异，眼前这个消瘦的人到底做的什么工作，会落得这一身的病——十二指肠球部溃疡、输尿管结石、心脏病等。医生给他开了一种中药排石汤让他回去好好调理身体。别人只要吃一剂便可以把结石排出来了，可是黄纬禄吃了几十剂都毫无起色，腹部还经常抽搐，疼痛不已。最后，医生不得不给他动手术。

手术后，医生拿着取出的结石说：“你看，这结石卡在输尿管最狭窄的部位，结石周围还有几个爪，抓在粘膜上，当然没法排出来啦！”看着手指盖大小的石子和它周围毛刺一样的爪子，妻子刘汉菊心里泛起了阵阵的酸楚：“他是疼得实在忍不住了，但凡能稍微轻一点，他还会一直忙着工作，顾不上看病吃药。”

还有一次，黄纬禄带队去某基地进行飞行试验，由于北京和基地两地温差很大，他一到基地就患了重感冒，发高烧。晚上试验队加班，同志们再三叮嘱他好好在宿舍休息，黄纬禄一口答应下来。可等大家走后他一个人摸黑步行一公里的路又赶到了加班现场。

“黄总，您怎么又来了？不是答应了留在宿舍好好睡一觉吗？”

“留在宿舍我也是睡不着，还不如来看看，心里还踏实些！”

“黄总您回去吧，您是不是对我们不放心啊，您放心吧，我们肯定不偷懒！”

“这么黑的路，我再一个人回去你们也不会放心啊，行了，就让我和你们在一块儿吧。”

……

软磨也好，硬泡也好，总之无论同志们怎么劝，他也不回去，和大家一起干到第二天天明。试验队另一位领导同志也无奈地摇着头说：“黄总呐，我们可真拿你没办法！”

别人拿黄纬禄没办法，但是他自己却总是“有办法”。

1982 年，是黄纬禄主持研制的新型潜地导弹首次进行潜艇水下发射试验的关键一年。作为总设计师，他像百米运动员进入“冲刺”阶段一样拼了。这年 2 月初，黄纬禄在北京主持召开了固体潜地战略导弹和陆基机动战略导弹第四次总师扩大会议。会议开始的那天晚上，他开始发烧，并且出现便血。他估计是长期胃溃疡引起的胃出血，并清楚地意识到可能会产生的后果（如出血量大，往往会发生失血性休克，若抢救不及时可危及生命。个别老年患者可因出血较多、血压急剧下降而诱发脑血栓和心肌梗塞）。但他想到，自己作为总设计师如果不参加会议，许多问题定不下来，下一步工作就不好做了。于是，他自己想出了解决的“办法”。他悄悄找到秘书，让秘书到医院给他要点止血药，并再三叮嘱秘书为他“保密”。

于是“有办法”的黄纬禄，靠着止血药强忍病痛主持会议，直到五天的会议开完，他才去医院检查治疗。

“冲刺”阶段终于进入最后几米。

1982 年的那次水下发射导弹获得成功，标志着中国导弹技术达到了一个新的水平，大大提高了人民解放军未来反侵略战争的作战能力。喜讯传遍全国，飞向世界……可是，人们哪里知道，为着这成功的一天，我们的科研、生产和试验人员曾经付出了怎样的代价！

在这两个多月间，66岁的黄纬禄由于过度操劳而使体重降低了11公斤。从64到53，这是一个简单的数字变化，这体重变化的背后蕴含着一个平凡老人多么非凡的人生奉献和精神境界！11公斤相对于动辄以吨为计的导弹来说实在不值一提，但是将这11公斤血肉添加在导弹上，成就的却是一个民族的希望和骄傲！

那次海上试验以后，黄纬禄感觉身体有些力不从心了。但是他并没有因此选择停下脚步容自己平缓地喘息一下，而是为了在有生之年为祖国的航天事业多作一点贡献，加快了工作和生活的节奏。

1983年下半年，他刚刚从医院出来，就又拖着多病之躯远行千里，四处奔波，到各有关单位了解情况，指导工作。不到5个月，他跑了6个省，直到大年除夕才回到家中。

随着年龄的增长，黄纬禄退居二线担任二院技术总顾问的工作，可是黄纬禄的心却依然和第一线的科研、生产、试验在一起。1988年，当我国核潜艇水下发射导弹的试验工作开始后，72岁高龄的黄纬禄又风尘仆仆赶到试验现场。试验结束后，他回到北京还没来得及休息，就又冒着严寒赶赴西北戈壁滩，参加另一枚型号导弹的飞行试验工作……

其实，黄纬禄并不是不爱惜身体的人，无论是年轻时还是中年之后，只要有时间他就一定会给自己安排一些体育锻炼，爬山、骑车、打太极拳、跑步……“生命在于运动，活动，活动，活着就是要动！”黄纬禄曾对采访的记者认真地说。

可是作为总师，属于自己的时间实在太少了，肩上的担子又实在太重了。航天系统的工作人员常常半开玩笑地将那些有心脏病和高血压的老总们称为“定时炸弹”，因为他们压力大，在试验发射前血压达到190左右都是很常见的，所以经常是导弹发射成功了，“定时炸弹”引爆了——从极度紧张到骤然放松的瞬间会让他们身心难以承受而倒下。因此发射现场往往都安排了医护人员和守候的救护车，发射一结束，医护人员顾不上为发射成功而高兴，得赶快关注“定时炸弹”起爆的险情。

有人问黄纬禄的秘书：“黄老总是不是‘定时炸弹’啊？”

“还好，黄老总不是！”秘书笑着说。

工休时间黄纬禄和同事们一同打太极拳

人们常用“胸怀天下”来形容那些为国为民鞠躬尽瘁的长者，但是很显然“天下”不足以形容“导弹医生”黄纬禄，因为他的心是随着导弹和火箭下地入海、高飞纵天的。

2 不让“偶然”悄悄溜走

生活中有着这样那样的偶然，无论好坏，一不留神我们就会错过。有一些人善于抓住那些在常人看来甚为普通的偶然，于是他就抓住了问题的关键，掌握了成功之门的钥匙。

生活中的“偶然”我们可以不留意，但是航天科研工作中却不一样，任何一个偶然的遗漏都有可能造成难以挽回的损失。例如美国的挑战者号航天飞机，仅仅因为火箭推进器上面的一个O形密闭环失效，就导致了航天飞机凌空炸毁、七名航天员丧生的悲惨事故。航天技术人员需要时刻保持一种严谨的工作态度，就像黄纬禄在他的工作中所做的那样。

在一次导弹测试过程中，技术人员不分昼夜地泡在机房，测试开始后的10多个小时内一切正常。每个操作员都紧紧盯着眼前的仪器，时间一点点过去，很多技术难关安然度过。但是仪表上突然出现了一个异常信号，所有人立刻捕捉到了这一稍纵即逝的异常。大家迅速排查，发现有一个继电器偶尔出现了一次该吸合而不吸合的现象。大家全都停了下来，又反复测试了几十次，但这种现象却没有再出现了。大家甚至怀疑前面的不吸合现象是不是看错了。

“查了这么多次了，是不是已经排除了?”有的同志商量着问站在身边的黄纬禄。谁都知道，万一没有问题，就这么测试下去，将有无数人、无数台设备白白“折腾”。可万一真的有问题，怎么办!

“不行，一定要抓住这个‘偶然’不放，查它个水落石出。”黄纬禄坚持着。他们知道，平时温和的黄总一旦严格起来，也是相当严厉的。他不能放过这个小问题，如果放过，导弹就会带病起飞，就可能意味着失败，而这是他绝对不允许的!

以后的几个小时里，他和大家一起继续测试观测，果然不出所料，经过采取一定措施后，发现继电器衔铁上有一片微小的铁屑。当小铁屑竖起来时，继电器就不能吸合；当小铁屑倒下时，就能吸合。

问题终于找到了！所有人都倒吸了一口冷气，黄纬禄指着小铁屑对大家说：“可不能小看这个小东西，如果在导弹飞行过程中它突然竖起来，就会使整个试验失败。”

一个极可能被忽略的重大隐患消除了，大家总算松了一口气。以后一遇到问题大家就说：一定要抓住“偶然”不放。就算没有黄纬禄在身边，他们也会自觉地一遍遍检查，直到查出原因为止。

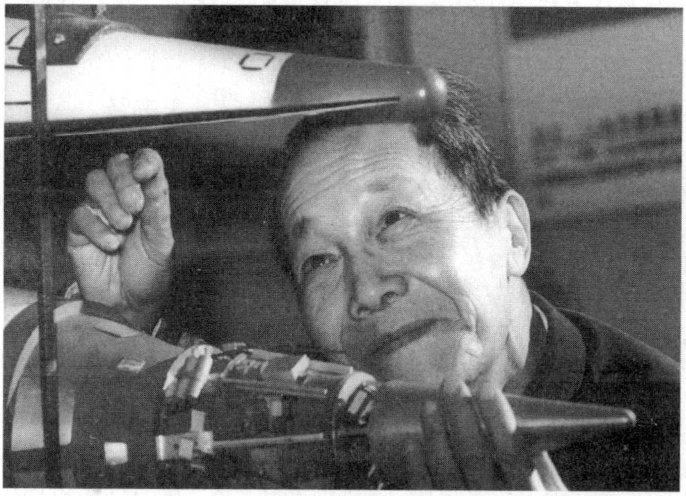

黄纬禄在观看弹上设备

在型号研制中，黄纬禄始终坚持要过细地做工作。特别在导弹飞行试验前，他总是要求大家，对每一个疑点都要打破沙锅问到底，不能把疑点带到天上去，对自己负责的工作要敢于讲真话，报实情，不能隐瞒，不要因为怕负责任而铸成大错。

黄纬禄严谨的作风和科学方法，与他一起工作过的人都有深刻的感受。他曾经这么说，“导弹研制工作是一项十分复杂的系统工程。一枚导弹有数以万计的零件，每个零件又经过很多道工序才能制成，从产品的研究、设计、生产到飞行试验的全过程，且不说决策上的问题，就是一个零件、一个螺丝钉、一根导线、一个焊点出现一点毛病，都可能造成整个试验的失败。这是成千上万人的心血啊，我们可不能有一丝一毫的马虎大意，必须严格认真，做到万无一失。”

只要有一点异常，黄纬禄就会敏感地察觉到。对于在试验中的导弹如此，就算导弹总装完成，他也绝不会放过！

在一次导弹审定会上有人汇报，已总装完毕的导弹伺服机构有异常声音。异常声音也许只是偶尔的小问题吧，但这个别人看似“小”的问题却让黄纬禄难以安心。

在黄纬禄看来，就算有一点异常声音，导弹也不能发射！这绝不是一个偶然的问题，必须抓住这个声音不放。他仔细询问了出现异常声音的来龙去脉，责成研制单位会后对未装弹的合格品进行测试并与已装弹的伺服机构进行比较，并对异常声音做出解释。

黄纬禄在讨论会上发言

研制单位连夜对已合格的几台伺服机构进行了试验，写出了试验报告，并将重要项目和数据有条有理地写在黑板上，向黄纬禄做了详细汇报。他们从音调的高低、音质的好坏与伺服机构质量的关系进行分析，确认了已装弹的四台伺服机构没有质量问题。看完长长的报告后，黄纬禄才放了心，随即通知他们，导弹能够按时出厂。

之所以这样细心关注质量问题，是因为黄纬禄和很多航天人一样，牢记着周总理提出的“严肃认真，周到细致，稳妥可靠，万无一失”的16字方针。这是他的工作准则。他一贯主张：要确保产品质量，必须做好充分的地面试验，尽量把问题解决在地面，争取飞行试验一次成功，以避免由于人的疏忽大意造成遗憾。作为总设计师，他经常告诫大家的一句话就是“军工产品质量第一。”他还特地写了一篇《浅议质量问题》的文章，谈应该如何抓好型号任务中的质量问题。要保证产品质量，就得人人、事事、时时、处处重视质量。1989年，他又总结以往工作的经验，写了论文《质量是航天产品的生命》，阐述了“质量是航天产品的生命”这一重要论点。他曾经说过“保证产品质量，决不是一句空洞的口号，而是要靠广大的科技人员认认真真做出来的。”

带着这样的思想和精神，黄纬禄投入了我国第一代固体潜地战略导弹的研制工作。在那些紧张的日子里，他更谨慎，更细心，不但要求自己，还让团队里的每一个人不要放过细节，不要放过任何情况下出现的“偶然”。因为他清楚地知道，一旦失败，将会造成时间、经济和人力的巨大损失，甚至还会导致弹毁、艇亡，并危及人员的生命。

黄纬禄作为一名技术指挥员，深深知道自己肩负的责任。从产品的设计、生产到飞行试验，每一步、每一次他都一丝不苟，严格把关。有一次，某导弹进行飞行试验，在进入发射前“5分钟准备”的关键时刻，突然出现了一个意外情况——一级伺服机构反馈电压表指针摆动！这一下，现场指挥所的同志们可有点儿慌了。广播里传出急切的呼叫：“请黄总马上到指挥所！马上到指挥所!!”正在山上观察的黄纬禄听到呼叫急速飞奔下山，穿过隧道来到指挥所。此时，离发射时间只有2分钟了！黄总上气不接下气地听了简短汇报后，通过话筒向一位负责平台测试的同志询问：

“平台怎么样?”

“平台没有问题!”

黄纬禄略思片刻，果断地说：“按时发射!”

指挥所里的每一个人都为黄纬禄的这一决定捏了一把汗。顷刻间，随着一声巨响，导弹腾空而起，飞行正常，试验取得圆满成功。

事后，有人问黄纬禄：“那次发射，你为什么敢那样果断决定?”黄纬禄谦逊地笑着说："你是不是感到我的决定有点冒险？其实，我的决定并不是毫无把握的。平时，我比较注意深入实际了解情况，对导弹各部分的质量、性能和工作状态心里是有数的。当我得知平台本身没有问题时，我即断定：电压表指针摆动一定是外部原因造成的。你知道，我们这种导弹是十分灵敏的，外部一点轻微的震动，如微小地震、阵风等，它都会反映出来，而这些外部干扰在导弹起飞后是不会发生作用的。因此，我才敢做出决断。"

不仅是对黄纬禄，对每个科学研究的人来说，这样的"偶然"怎么能忽略呢？它看似简单，甚至平凡，但在它的背后，往往蕴藏着危险和机遇。也许，它就是你成功的开始。

3 登报求贤，注重技术民主

在20世纪80年代，二院院报《新宇报》上的一条征集方案的广告，引起了人们的关注。在报纸上为研制出现的问题征集解决方案，在二院还是第一次。这条广告来自黄纬禄的研究团队。在固体导弹的陆上发射筒试验成功后，他们考虑将发射筒装在发射导弹的三用车上。但用三用车发射导弹时，因车体受力关系，发射筒不允许倾斜，因此发射后重达20公斤的适配器若坠落到发射场上，将会造成对车辆的危害。黄纬禄等人苦于无法解决，就想到了登报求贤的办法。

广告登出后，一星期之内就收到70多份不同的方案。黄纬禄没想到竟然收到这么多的答复，真是喜出望外。他们筛选出3份较好的方案再经答辩后，确定了一个轻质适配器的最佳方案。按照这个方案，他们减小了适配器的质量和落地速度，最终解除了适配器落地对车辆的威胁问题。这是黄纬禄领导的团队在征求意见、集思广益方面的一项创新。黄纬禄后来回忆说："这次尝试证明，登报求贤是个好办法。"

这只是黄纬禄在发扬技术民主方面的一则例子，他还专门写过一篇文章论述技术民主问题。他在文章中写道："无论制定一个技术方案，或解决一个技术问题，必须发扬技术民主，就是要让技术人员、行政干部、技术工人，总之与讨论问题有关的同志，从各自不同的角度，充分发表自己的意见和看法，这样就可以集思广益，以便从各种不同的意见中取其所长，避其所短，把方案定得比较正确，问题解决得比较合理。"

他认为，发扬技术民主是解决问题的有效方法。“其实，要发扬技术民主就是要倾听不同的意见，才能取长补短，一边倒的意见是不常见的，真的出现了，问题也就迎刃而解了”。而且只要用民主的方式做出决定，无论原来是同意的还是反对的人，都能心悦诚服地去干，直至获得成功。

黄纬禄认为，“工作过程中，有时需要定方案或决定采用什么样的措施，作为总师最好不要自己拍脑瓜一想就决定怎么解决”。他认为人生在世几十年，作为一个人，他的精力、能力和智慧都是有限的。如何把这个有限变得相对多一点，就得靠发扬技术民主。

有一次，地面设备研究所和总体设计部在模型弹发射程序上发生矛盾，双方争论不下。作为总设计师的黄纬禄也提出了自己的意见，但是他的意见并没有说服大家，反而被指出了错误。经过一番争论后，他迅速认识到自己的错误，并在综合双方意见的基础上提出了一套合理的方案。黄纬禄说：“由于情况了解得不够全面，我原来的决定是错误的，现在作一些调整，请大家谅解。这样做更符合全局需要，又节省时间和经费，希望双方密切配合做好这项工作。”矛盾的双方听后都很赞同，并表示一定按他的决定去做，密切配合做好这项工作。

既要广开言路，又要保证工作进度，这似乎是一件很难办到的事情，决策者常常不能兼顾两者。黄纬禄在这个问题上有着自己的一套办法。后来他把这个办法总结为三个步骤。“首先要有一个意见，预备怎么解决，把自己的想法提出来讨论。讨论时一定要讲明这个意见只供讨论参考，而不是作为定案。第二步要求大家有意见或建议尽量提出来。如果有人提出来的意见比你的好，一定要虚心接受并采纳。只要有一次，别人提出好的意见被你否定了，以后别人再有好的意见也不一定愿意提。最后，解决存在的问题要做出决定。决定要尽量正确，万一有不正确的地方也要定下来。这个时候就不能怕担责任而不敢决定了，因为这样拖延下去，下次再讨论还是定不下来。讲技术民主，同时也要及时地集中，是搞好工作的一个重要方面。”

“一个人的知识和能力总是有限的，在第一线工作的同志比我更有发言权。”在处理技术问题时，黄纬禄总是深入实际，调查研究，耐心倾听各方面的意见。有一次，他在确定导弹安全自毁系统方案前，决定先听取有关的汇报。时间安排在上午八点，主汇报人是一位大学毕业不久的年轻人，尽管事先做了充分准备，这位年轻人在许多听众面前仍显得紧张。会议还未开始，

会场上的黄纬禄正在认真倾听大家的意见

黄纬禄就细心地发现，天气虽然不热，但这位坐在身边的年轻人的额头上却开始冒汗，呼吸也有几分急促。黄纬禄察觉到这位年轻人的紧张情绪后，亲切地对那个年轻人说：

“你不要着急，慢慢讲，今天我们一起座谈、讨论，你就是第一个发言……”

“我有点儿紧张，怕说错了话……”汇报人说。

“没关系，说错了重说，今天有的是时间。”

这位同志很快就平静下来……

事后，这位年轻人对周围的同志说：“黄总真的是很平易近人，开始我有点儿紧张，后来就像和亲人聊天一样，把要汇报的问题全都说了，在黄总的启发下，原来没准备好的几个技术问题，也都讲清楚了。”

对于一个领导者来说，自身的人格魅力非常重要，一个发扬民主、处事有方的领导，应能够启发别人敢于讲出不同的意见，包括反对自己的意见。黄纬禄在真理面前讲求民主，这也使得他的想法更加接近真理。

4 给他一个改过的机会

人非圣贤，孰能无过？没有一个人是完人，每一个人都是在犯错误和改正错误的过程中成长和坚强起来的。但是有些错误一旦犯下，所付出的代价也许是沉重的。并不是每个人都足够幸运，并不是每个错误都会被原谅。得到别人的宽容和原谅是一件值得感激的事情，宽容是一种美德，有些时候甚至是一种救赎。

在女儿黄道群记忆中父亲几乎没有与人争执的记录，但有一次与人的争执却印象深刻……

只记得那是20世纪60年代的一天傍晚，门外一阵凌乱的敲门声，似乎敲门人有些迟疑，开门一看，门外的人看起来40岁左右的样子，眼神不自觉地避开与人对视，头发有些乱，衣服很破也不太干净，好像是个流浪汉。

“你是?”黄纬禄一边打量，一边问。仔细一看，这人好像有些面熟。

“我是12所的……原来是12所的……后来我……”来人有些吞吞吐吐地报出了自己的身份。

于是黄纬禄想起来了，原来是他，他曾经很有“名”，但是这个“名”是臭名。20世纪50年代后期，12所有个年轻的小伙子在电影院散场的时候，伸手摸了走在前面的一个女同志一把……

在那个年代，这可是一件非同小可的大事。那一把其实并没有摸在那位女同志的身上，而是摸在了他自己的命运上，命运在那一刹那被改写了。于是他被开除了公职。在当时被开除公职的人难以找到工作，生活就难以维持，但他不得不承受这种处罚去面对自己年轻却不再光鲜的人生了。

这耻辱的一页被装进了年轻人的档案中，曾经让他无比自豪的大学生学历被这一页压在了下面，从此这份档案变得沉重无比。

处于青春期的年轻人一次失控的冲动酿成了人生中的大错，这种事例在改革开放前的中国并不罕见。这种行为无疑是不道德的，即使是今天也不会被轻易原谅；但为此而付出跌入命运深渊的代价，又未免过于沉重了。

而现在，站在黄家人面前的正是那个一手将自己推下深渊的不再年轻的小伙子，只是没有人再叫他小伙子。当时档案中有污点的人是找不到工作的，经过了几年的人间沧桑，来自内心和外界的压力使他看起来是那么苍老，明明才40出头的人啊……

他对当时任12所所长的黄纬禄说：“我已经没有活下去的勇气了，我为当时的错误付出了太多的代价，当时处理我这件事情的人谁都不愿意理我，没有人愿意为我说句话，我并没有做出什么伤天害理的事情啊……”

在那个人人自危的年代里，黄纬禄并没有把他推开，而是选择了理解和宽容。而且这种宽容并没有仅仅停留在言语的安慰上，黄纬禄开始为这个被时代“流放”了多年的人奔走。

黄纬禄先后找到了几个当时处理这个案件的相关人员和领导，他们很客气，但是却没有人真正地理会这件事，而且他们也不觉得当时这么处理有什么错。“这种情况多了，毕竟他也是有错嘛，虽然重了一点，但是处理得没错啊……”

其实这种判罚并不是冤假错案，在当时的部队和科研部门对待类似的情形做出这种裁决是很正常的。于是黄纬禄找到负责处理相关案件的小组，看看能否给这个犯了错误的人改过自新的机会。可是负责该项工作的人对于几次上门的黄纬禄却不以为然："您是搞技术的，又不是搞行政的，您就别操心行政方面的事情了……"

"当时的处罚确实没错，但是有些重了，他已经为自己犯过的错误付出代价了，给他一个改过的机会吧！……"

多次遭到搪塞的黄纬禄有些生气了，他用一种平静但听起来很有分量的口气说："你们的工作目的不就是替人平反吗？我是搞技术的就没有说句公道话的权利吗？……"

或许命运不忍心再继续同这个不再年轻的"小伙子"开玩笑了，或许是黄纬禄难得一现的脾气镇了场。最后，年轻人被开除公职的那一笔从他的档案中被勾去了，在那个年代，只有在档案中取消了"开除公职"的处罚，他才有可能再找一个工作。尽管光阴不再，当年的意气书生早已不复往日神采，但黄纬禄的这次帮助使他得到了一个改过自新的机会，重新开始了新的人生旅途。

5 在成绩面前，尽量考虑别人的贡献

2004年，在北京电视台《世纪之约》采访老科学家的节目中，记者问黄纬禄："在做专业技术工作方面和做一个总设计师的为人方面，您自己是怎么样来平衡的？"

黄纬禄回答："一个人的品德好，即使技术稍微差一点，接受到一个任务，就一定会千方百计地完成这个任务，那这个任务就可能完成；假设你技术很好，品德不好，你的技术就用偏了，任务也完不成，所以在技术和为人品德方面，为人品德应该比技术还要更重要一点！"

在黄纬禄研制导弹的生涯中，他的高尚品德是人们所熟知的，堪称楷模。他经常用爱因斯坦在悼念居里夫人时说的一句话勉励自己，即"一个人对时代和历史进程的意义，在道德品质方面，也许比单纯的才智成就方面更为重要"。这段话给予他深刻的启迪。他认为，一个好的科学工作者的道德品质绝不亚于他的科学成果，因此他平时非常注意加强自己的道德品质的修养。

黄纬禄常讲："在成绩的面前，尽量考虑别人的贡献；失败了，尽量考虑

自己的责任。”这正是黄纬禄做人的一个原则。

早在新中国成立不久的一次政治协商会议上，为保毛主席讲话不受干扰，黄纬禄和他负责的保密机小组，花了120小时抢排话筒干扰，成功完成了这项任务。由于这次任务完成得非常出色，上级对参与完成任务的同志进行嘉奖。作为组长的黄纬禄被授予一等奖，但他却马上要求把获得的一等奖给别人。为什么这样做呢？黄纬禄是这样讲的：“当时我和另一位对这类电路比较熟悉的同志都出了一些主意，相比较之下那位同志的建议更好。我们就采用了那位同志的电路，很好地完成了任务。上级对此成绩非常满意并给予奖励。我是该组组长，被授予一等奖，其他同志为二等奖。我当时就立即向领导反映，这个电路的方案主要是由那位同志提出并试验成功的，他应该得一等奖。我在里面做了一些组织工作，如果获奖也应该是二等奖。领导了解情况后，把一等奖授予那位同志，我是二等奖。这样，那位同志就会心情比较舒畅。当然，如果我拿一等奖，那位同志也不会说什么，但我相信他心里不会感到很愉快。因此，成功的时候，应当首先想到别人的贡献。但是，如果这个任务完成得不好，我就需要考虑自己的责任了。”

1994年，“航天四老”——任新民、屠守锷、黄纬禄、梁守槃获得了“杰出科学家奖”，他们四人在北京钓鱼台芳菲园共同领取了李鹏总理为他们颁发的“杰出科学家奖”。

“航天四老”接受“杰出科学家奖”时合影
（左起：屠守锷、梁守槃、任新民、黄纬禄）

“杰出科学家奖”证书

“杰出科学家奖”由香港求是科技基金会创设，这一基金会由查济民及其家族于1994年捐资2000万美元设立。该基金会奖项每年评选颁发一次，致力于奖励科技领域有成就的中国科技人才，努力推动国家科技进步，已累计奖励了包括“两弹元勋”和“神舟五号”功臣在内的数百位杰出科学家和青年科技英才。

黄纬禄一直对自己获得的荣誉感到不安：“我虽做了一些工作，取得一些成绩，但不是我个人的，航天工程不是一个人或少数几个人可以完成的，需要大家共同努力才能完成。”因此，他总是对各种奖励“退避三舍”。

1999年9月18日，在中华人民共和国成立50周年之际，党中央、国务院、中央军委隆重表彰为我国“两弹一星”事业做出突出贡献的23位科技专家，并授予他们“两弹一星”功勋奖章。毫不夸张地说，我国的“两弹一星”功勋奖章是对科学家最高级别、最有分量的奖励。大家都知道黄纬禄是其中之一，但在当时，面对这一荣誉的时候，黄纬禄不是沾沾自喜和骄傲，而是再三推辞。

航天系统获得“两弹一星”功勋奖章的老专家
（左起：屠守锷、杨嘉墀、黄纬禄、任新民、王希季、孙家栋）在人民大会堂前合影

在二院推选“两弹一星”功勋候选人时，黄纬禄主动提出把对自己的提名撤下来，他说：“功劳是大家的，不能因为我是总师就总把荣誉归到我的头上。”由于黄纬禄态度坚决，所以二院就把另外一位同志推选上去，但是由于该奖项的至高性，只有那些站在“两弹一星”研制最高技术指挥管理线上的专家们才有资格获得，最后黄纬禄再次不安地接受了这一奖项。

“两弹一星”功勋奖奖章

黄纬禄认为：“航天是一个大的系统工程，集我国科学技术之大成。像我国航天事业所取得的其他成就一样，离开党中央、国务院的正确领导，离开众多科技单位、工厂、部队的密切合作，离开全国十几个省市的支援和广大航天职工的艰苦奋斗，谁也没本事搞成功。”

黄纬禄在航天事业中能够创造出一流的成绩，难道不正是由于他具有的这种高尚道德品质吗！

6 尊重他人的美德

有问题冲上去，有好处退下来，这是一种品德，更是一种大智慧和大勇敢。但若说起黄纬禄，他的为人不仅写在大写的“人”上，还有很多是表现在不为人知的小细节上。

有一次在试验基地，导弹已经伫立在靶场的发射架上，在发射前的测试中却发现仪器有故障，必须更换。当天的天气十分寒冷，低至零下20多摄氏度。仪器舱内已经装上了安全自毁系统等火工品，稍有不慎发生爆炸，周围几百米都将成为一片火海。试验队找来了抢险经验丰富的陆茂清师傅。陆师傅到了现场便脱下大衣，只穿着一件毛衣就爬上了发射架顶端，准备开始更换仪器。为了安全起见，发射架周围已经不允许留人，但当陆师傅打算动手干活儿时，不经意向下看了看，他发现一个熟悉的身影正一动不动地站立在寒风中。

陆师傅着急地喊道："黄总，这儿危险，你快走吧！"

黄纬禄仰着头，目不转睛地看着陆师傅，说："我相信你能完成这个工作，我在这里陪着你。"

加注在导弹体内的有毒燃料，冒着黄烟直往鼻子里钻，呛得陆师傅和黄纬禄不停地咳嗽。但是，无论陆师傅怎么劝黄纬禄离开，黄纬禄只有一句话："不，我陪着你"。

就这样，直到顺利地更换完了仪器，陆师傅下了发射架，黄纬禄都一直站在发射架下。陆师傅在高空干了两个多小时，黄纬禄就站在那里陪了他两个多小时。

黄纬禄后来回忆说："他希望我离开现场，是对我的尊重与关心。但是我留下来，会让陆师傅觉得我对他很信任，很尊重。"

黄纬禄作为总设计师，在协调矛盾时也处处考虑到对别人的尊重。当年，黄纬禄刚被任命为第一代潜地战略导弹总设计师时，面临着很多困难。黄纬禄回忆说，"当时所面临的最大问题就是系统间的协调"。有记者问遇到这种问题和矛盾如何解决时，黄纬禄说："有的时候技术层面的矛盾，事实上是思想层面的矛盾，往往有一些技术工作并不是太重要，而是个人的思想不同，我就说我的方案怎么怎么好，你的方案怎么怎么不行。在这种情况下，你单从技术角度来考虑，有的时候解决不了这个问题。一碰到这样的情况我就开一个协调会，我就讲这次会对这个方案肯定要定下来，有可能定在你那里，也可能会定在他那里，如果定不下来，我们这个工作就进行不下去。但是在定这个方案以前我一定要私下跟被否定的一方讲一讲，告诉他根据我个人的意见，别人的那个方案优点在哪个地方，你的方案也有优点，但是同他那个一比，你比他那个稍微还欠缺一点，所以我现在要确定他那个方案，你有什么意见，有什么看法？他听到这样一说，认为领导对他还是很尊重的，虽然方案被否定了，但是他的心情还是比较舒畅的，领导并没有想一棍子打死自己的方案。”

黄纬禄在协调矛盾时采用这种尊重他人的做法，使得矛盾能够相对顺利地解决。

针对如何尊重别人这个问题黄纬禄还曾写过文章，通过举例模仿一些人说话时的口气说明怎样才能做到尊重他人。他写道：“有一件事很有教育意义。在一次会议上，某甲向某乙解说一个问题，自己没有说清楚，反问别人听懂了没有，对方讥讽地说，你解说得很清楚，可是我一点也听不懂。弄得某甲大窘。一般来说问人听懂没有，就是一种不够礼貌的语言，应该问人家我讲清楚了没有，就比较合适。对此举一反三，在听取别人意见时，首先应肯定其正确的部分，对不足之处和不正确的部分应婉言加以说明。当自己发表看法时应加上些‘不成熟、对此缺乏经验可能有错误、仅供参考’等词句。因为每个人的知识和经验是有限的，即使有较大把握，也难免会出现失误。所以先加上这些词句，也可留有余地。说过头话是没有好处的。例如“我的意见是没有问题的，这是绝对正确的”等，万一事后出了差错就有点儿不好收场了。多说些谦虚之词，并不会贬低你的正确意见。过高表现自己，也是对别人的不尊重，因而也很难得到别人的尊重。这里应该强调一下，谦虚的表现一定要出自诚意，而不能作为获取别人尊重的诱饵，否则岂不成为沽名钓誉之辈；事实上虚假的谦虚，往往掩盖不了内心的傲气，别人一看就穿。”

把大事做好很难，因为并不是每个人都有机会做大事；把小事做好更难，因为正是这一件件小事串起了一桩桩大事，成就了整个人生。很多人想知道黄纬禄成功的经验，那么，或许在这一件件小事中会找到答案。

7 严于律己的人生格言

在中国科学院成立50周年之际，青少年朋友对科学院这些著名的科学家们提出了不少问题，其中他们对黄纬禄院士提出的一个问题是“您的人生格言是什么?”黄纬禄的回答是：“严于律己，宽以待人”。

“严于律己，宽以待人”是遵循一定的道德准则和行为规范严格要求自己，约束自己，修养情操，完善品德，用宽宏大量的胸怀对待他人。当然在现实生活中要真正做到这一点则不是一件容易的事，它体现的是一种豁达，一种情怀，一种境界。

黄纬禄一直记着入党介绍人跟他说的一段话："你是搞航天的，你知道天上的太阳和月亮虽然都是明亮的，但它们有区别，太阳是主动发光发热的，而月亮是被动地反射太阳的光辉。我们共产党人就应该像太阳那样，不论在哪里都要主动地发出自己的光和热，时时处处以一个普通党员的身份严格要求自己。"

黄纬禄虽是一位长期担任重要领导职务的老专家，但却时时处处以普通党员的身份严格要求自己，做到身正为范。黄纬禄认为"其身正，不令而行；其身不正，虽令不从"。领导者的"身正"就像是一种无声的命令，对下属、对群众能产生很强的自然征服力。凡是要求下属做到的，自己首先做好；凡是要求下属不做的，自己绝不能做。严于律己、宽以待人的要求体现于工作是一种作风，体现于生活是一种道德修养。

在对待工作上，"一起下现场，一起讨论，一起研究"是黄纬禄对自己默默提出的要求。他在担任研究所所长和副院长时，到基地出差，同大家一起坐硬座，一起啃馒头、咸菜；在基地，他和大家一样排长队买饭，一样搞卫生，扫厕所。人们还记得黄纬禄的"出差三条"，即只要能走出去就行；只要有饭吃就行；只要有地方睡觉就行。至于条件怎么样，他从不考虑。有一次，他去陕西某单位出差，该单位地处偏远的山沟，为照顾老专家，接待单位为他在西安市的一家宾馆安排了食宿，他说什么也不去，宁肯住在该单位的一间办公室里。为此，对方深感过意不去，他却说："就这样，挺好，挺好！"

神情愉悦的黄纬禄

有一年，黄纬禄带总师室的同事去杭州的一个接插件厂考察工作。该厂的领导非常高兴，将他们接来后直接就安排在杭州西湖边花港观鱼景点附近的一家高档宾馆，想让他们休息的时候在景区可以尽情浏览杭州西湖的美景。由于天色已晚，黄纬禄只好先听从厂里的安排住下。可第二天一早，黄纬禄看到宾馆前台昂贵的房价就坚决把房间退掉，带着行李来到工厂，住到厂里比较简陋的小招待所里，厂长极力劝说也无济于事。之后几天，黄纬禄在厂长的陪同下一直在接插件厂忙碌着。忙完工作后准备回京，由于车票不好买滞留在杭州。一同来的同事以前没有来过杭州，非常想看看杭州的美景，黄纬禄就利用滞留的时间带他们游西湖，并自掏腰包请大家吃午饭。虽然没有山珍海味，吃得简简单单，但大家跟着风趣幽默的黄老总一起去欣赏杭州的美景，都非常开心。

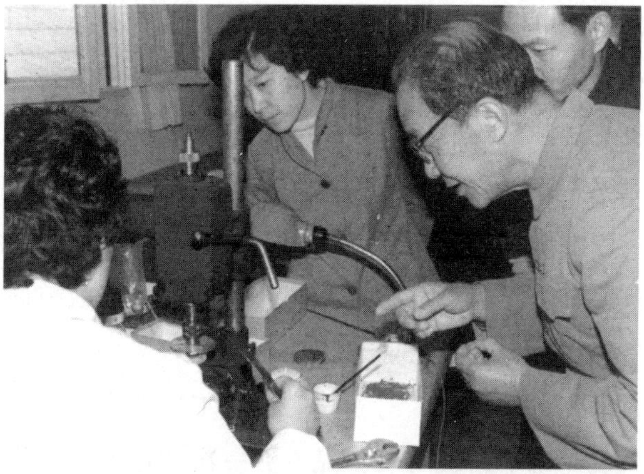

黄纬禄（右一）到接插件厂考察工作

20世纪80年代中期，黄纬禄已年过7旬，工作依然十分繁忙。组织上考虑到他在研制固体战略导弹中发挥的重要作用，为了便于他工作和照顾老人的身体，为他配备了一部小车。然而黄纬禄却用科学家的严谨和固执始终遵循着一条铁的法则“非公外出，不用公车；特殊情况下私人用车，一概交费”。有人说黄纬禄不应这样苛求自己，但黄纬禄却说：“我总认为自己与大家除了工作分工不同之外，不应该有什么特殊。我在外出用车问题上，过去一直坚持同大家一起坐大车，不坐小车，能自己骑自行车，就不坐车。这几年，我年纪大了一些，领导和同志们千方百计照顾我，但我不能放松对自己的要求。”

黄纬禄不仅对自己严格要求，对自己的家属也同样严格要求。他在用公车问题上就给自己家里也规定了“三不用车”，即私人外出不用车，接送亲友不用车，家人有事不搭车。一次，他的哥哥从外地来看他，走时秘书要派车送一下，他坚决不让派。结果年过花甲的黄纬禄帮着哥哥提着大包小包的行李，和老哥哥一同乘地铁去了北京站。还有一次，老伴刘汉菊病愈出院，黄纬禄当时不在，秘书就派车把她接了回来。黄纬禄知道后，埋怨秘书不该用单位的车，并让秘书马上去车队补交了车费。有时周末或节假日，年迈的黄纬禄想去公园散散步，都是女儿叫出租车陪他去。

黄纬禄对自己要求很严格，对于自己身边工作的人员，不论是秘书、司机，还是公务人员，都非常关心和体贴。有一次，总师办一位同志的孩子得病住院，他亲自前去探视；他的一位秘书生病，72岁高龄的黄纬禄不顾自己年高体弱，亲自走上16层高楼（那天电梯不巧出了故障）登门探望；他出差回来，不是先回家，而是先到办公室看看大家；过年过节，必抽时间到周围同志家串串门；有的同事受到不公正的待遇，他就几次三番找领导，找组织，帮助说情。

严于律己、宽以待人的态度，是人际交往中的“润滑剂”，做事必先学会做人，做人先要做到严于律己，这样才是成就事业的开始。严于律己，宽以待人，是中华民族之古训，是做人的良好素质的体现，也是为人处事的一条基本准则。黄纬禄将这一古训作为自己的人生格言，无疑对我们也有着深刻的启迪作用。

8 谁说造导弹的不如卖茶蛋的

“造导弹的不如卖茶鸡蛋的”，“拿手术刀的不如拿剃头刀的”。这是改革开放初期的一句流行语。

那时小商品经营的开放，使小商品市场开始繁荣起来，而国有单位包括军工企业的职工和医生等都只能拿到国家规定的工资，基本上没有奖金，就算有奖金也只是象征性地给一点点。几年的时间，国有单位职工和一些非国有单位的人收入的差距就显现出来了。部分国有单位的职工相继跳下“海”去。

当时航天工业部的一些年轻科研工作者面对这种“落差”，也开始迷茫、动摇了。但是，物质待遇低并非航天人才流失的首要因素，更为重要的原因是空有一身才干却感觉无处施展，他们原本是准备在航天战线上建功立业的。在计划经济向社会主义市场经济体制转型的过程中，原来适应计划经济的航天产业在市场化程度越来越高的形势下面临巨大的压力。到了20世纪90年代，航天人才流失达到了惊人的程度。

据二院人事部门的一项调查统计，自1982年以来，调入二院本科以上学历的人员已流失30.6%。其中1993年至1997年这5年间，流失人数接近前11年流失人数的总和。在流失的人才中，95.8%是专业人才，92.4%年龄在35岁以下。平均每年以约20%的速度流失。81至82届的大学毕业生成为解决航天科技队伍“青黄不接”问题的主要骨干后，已流失约90%以上，有的单位这部分人已流失为零。

在二院的几幢宿舍楼中住着许多新分配来的大学生。他们有朝气，有技术，心中装着对航天事业的炽热激情，他们渴望着有朝一日也能亲手将导弹送上云霄……但是，渐渐地，他们心中的梦想仿佛破灭了，曾经的荣耀似乎连“卖茶蛋的”都不如了，“造导弹的”好像失去了用武之地。于是，昨天还穿着工作服不修边幅的人，今天就西装革履地离开宿舍楼去外企工作了……穿着二院工作服的人越来越少，离开的身影步履匆匆，宿舍楼变得冷冷清清了。

20世纪90年代的人才流失给当时的航天系统造成很大损失。有的研究所曾因国家重点航天型号关键岗位人才流失使该项任务严重拖期；有的正处于技术攻关阶段的在研型号，因掌握软件的重点技术岗位人才流失，使软件技术也随之流失，迫使当时的型号总设计师放下手中应解决的技术工作，去找人事部门解决人员问题，不仅给型号任务的完成造成了被动局面，而且还留下失泄密的潜在隐患。

面对这种严峻的局面，为了“稳定军心”，很多研究所都纷纷邀请老一辈科研工作者给年轻的科技人员谈学习，谈工作，谈人生。

黄纬禄就是受邀者之一。他在报告会上语重心长地说：在旧中国，可以说没有国防，国土任人宰割，人民被肆意屠杀，丧权辱国的条约不知订了多少。仅就八年抗战而言，我们就牺牲了 2000 万人命。旧中国港口任人进出，内河任人航行，国家毫无主权可言。在外华人也备受歧视。我在英国留学时饱尝了中国人被人歧视的滋味。他们不租给华人房子，凭衣着判断你是中国人还是日本人，真是让你抬不起头来。这是为什么？就是因为我们没有强大的国防。新中国成立后，中国人民站起来了，情况大有好转，但我们的国力不强，仍然常受外国人的欺负。老一辈无产阶级革命家毛泽东、周恩来、陈毅、聂荣臻有远见卓识，在国家人力、物力、财力、生产条件极端困难的情况下，早在 1956 年就决定研制“两弹”，并纳入国家重点发展规划。陈老总当时站在外交部长的立场上说：“你们‘两弹’研制成功，我外交部长在国际

黄纬禄应邀给航天系统青年人作报告

上说话腰杆子就硬。没有钱，我当了裤子也要干!”同年，国防部第五研究院成立。当时只有数十名科研人员，专业都不对口。既没有像样的办公场所，也没有资料和仪器、设备，真是白手起家。就这样，我们的科研人员艰苦奋战了30多年，不讲条件，不计报酬，努力拼搏，才取得了今天的成绩，使我们的国家在世界上取得了一席之地。这一成果确实来之不易，是多少人“献了幸福献青春，献了青春献终身”才取得的。现在世界上有很多第三世界国家正在努力发展，如果我们的事业停滞不前，我们的国家就会落后。为了继续、快速地开展我们这项事业，就需要更多、更好的接班人。在座的同志就是我们理想的接班人，希望寄托在你们身上。希望你们献身于这一崇高的事业，使它蓬勃发展，使我们的祖国立于世界民族之林，这是何等光荣的任务啊!

黄纬禄的这段话今天读起来仍然让人涌起澎湃之情，可想而知，当时那些心生动摇的年轻科研工作者们是怀着怎样一种愧疚、顿悟和坚定奉献的复杂心情听完这段话的。

如今，当年坚定信心留在航天系统的年轻一代已经成长起来，目前许多人已是型号科研的中坚力量，他们有的是重大在研型号的专业带头人，有的已经成为总师、总指挥。理想得以实现，再回头想想当年宿舍楼的冷清，他们会庆幸自己曾经的坚持吧!

黄纬禄（前排左六）作报告后与大家合影留念

特别是进入21世纪，航天系统的一些单位进一步加强了对年轻一代的思想教育。2005年“五四”青年节的前夕，中国航天科工集团二院203所团委组织全所青年推选了11名代表，在所党委书记的带领下来看望为中国航天事业做出了杰出贡献的老专家黄纬禄院士。在得知203所的年轻人要来的消息后，已经89岁高龄的黄纬禄十分高兴。他怕自己年龄大了忘事儿，特意做了认真的准备，把他对新一代航天人的叮嘱列了提纲，写了整整两页纸，要将自己一生的航天工作经验传授给航天新人。经过一个多小时的谈话，黄纬禄院士为年轻人上了意义深远的一堂课。他风趣幽默，平易近人，和蔼可亲，将深刻的人生领悟用浅显的话语传递给大家，让大家学到了很多为人处事的道理。

2006年7月，中国航天科工集团四院17所团委组织团干部探望航天老专家黄纬禄院士。黄老和团干部们谈起如何工作和为人，还讲了几个亲身经历的小故事。最后黄纬禄语重心长地说：“创业难，守业更难。中国的航天已经在国际上占据了一定的位置，载人飞船上天后，全世界华人都非常振奋。要继续发展航天事业，将中国航天推向新的高度，需要年轻同志的努力，你们要不断提高自己的业务水平，才能实现这个宏伟目标！”

9 让青年人自己去做！

黄纬禄对青年人寄予厚望，但是他并不是一个板起面孔教育别人的“老夫子”，在实践中他更倾向于放开手，给青年人机会让他们自己去做。

有一次黄纬禄和领导一起去看三线的建设情况。当时三线配置的镗床精度比较高，价格昂贵。操作镗床的师傅们非常珍惜这种设备，生怕稍有不慎损坏了机器。有一个镗工老师傅带的徒弟在师傅身边已经三年了，师傅却始终没敢放心让徒弟上过镗床。哪怕再忙，只要是上镗床，师傅就亲自动手，徒弟只能在旁边眼巴巴地看着。黄纬禄说：“我跟他讲，你这样带徒弟就是带五年也带不出来呀。他说让徒弟干，要是把镗床搞坏了怎么办？我说，你应该让他上镗床。他已经看了这么久，应当知道怎么操作。只是他上镗床的时候，不要一下就丢手让他操作，他要做一个动作之前，要先和你讲，‘我这样做行不行？’然后在你的指导下做。在做第二个动作时，还是要问你这样行不行。只有让你的徒弟亲自操作，他才能熟练起来。如果一直是他看着你做，这个徒弟永远培养不起来。压担子给他，要让他亲自来实践……培养青年同志一定要放手让他亲自干事情，在放手的同时一定要帮助和指导，效果就会比较好。当然与此同时，徒弟也要认真学习，细心操作，一方面师傅敢于放手，一方面徒弟勇于进取，就会事半功倍。”

黄纬禄对青年人的影响不仅在于他有很多很好的理念和经验可以提供给青年人学习，还在于他思考问题的角度往往也是让人耳目一新，给人启发。

在航天系统工作过的年轻人最担心的事情之一就是上级领导的检查，一旦检查出问题就更让人倍感压力和难堪了，二院的年轻人也不例外。有一次院里领导要下来检查工作，大家接到通知之后都很紧张——彻底清扫卫生，整理工作记录，准备汇报材料……一时间忙得不亦乐乎，生怕出现差错被检查出来。

黄纬禄看到同志们紧张地忙碌着，笑眯眯地对大家说：“别紧张，平时怎样就怎样，不用特意准备。”

大家以为黄纬禄只是为了缓和一下紧张的气氛，于是问他：“您不紧张啊？万一检查出问题了可咋办？最好领导不来检查了……”

笑容可掬的黄老总

黄纬禄不紧不慢地继续说：“检查工作是好事情，不是为了为难大家，平时工作是什么样就是什么样，不用特意掩饰，如果领导检查出了问题，说明平时的工作确实存在问题，检查出来了以后就能不再犯这个错误，这不是比一直犯错误强多了嘛！”

用心工作的人会把领导检查当成对自己工作的检验和找到错误并改进的机会。黄纬禄所想所做再一次让同事们感到折服。

他还教育年轻人，在成功面前多考虑别人的贡献，在失败面前多考虑自己的责任。要拿自己的缺点比别人的优点，找出差距，努力赶上，这就是虚心使人进步；不要拿自己的优点比别人的缺点，而洋洋自得不思进步，这就是骄傲使人落后。在学习问题上他告诫年轻人，不要不懂装懂自欺欺人，要有不耻下问的精神，三人行必有我师，不懂就请教别人，下次就懂了，即所谓“知之为知之，不知为不知，是知也”。他说：人们在工作中，首先要有严肃认真的态度，就会有周到细致的作风，必然有稳妥可靠的成果，最后就能得到万无一失的结论。

第七章 难舍导弹情结

1 黄总，您可算来了

冬天过去了，从西北方向吹来的暖风，夹着金黄色的沙粒，给寒冷的导弹试验基地带来了春天的气息。20 世纪 80 年代末一个初春的晚上，几个人坐着汽车在夜色中前进，坐在靠窗位置的黄纬禄看了看窗外，一轮新月被淡淡的云雾遮住。“前面就到基地了！”随行的同志告诉他。不远处的点点灯光告诉他们，入夜了，导弹基地里的工作人员还在紧张地工作着。今天又将是他们的一个不眠之夜。

对基地的所有人来说，这段时间异常难熬。几个月前，他们根据国家的需要接受了一项重要任务——应急研究一种近程地地导弹，这个任务要求完成的时间很紧迫，何时进行飞行试验、何时交付产品，在接受任务的时候就作为前提条件决定下来。

这是冷战时代的末期。世界形势的巨大变化、新的军事技术与工业技术成就，给导弹发展带来一个新的挑战：导弹要造得更加隐形、智能。为了加快研制速度和质量，研究单位按新的技术指标要求，决定把原有的一种地空导弹改成地地导弹，并且采用全程制导来提高导弹的射击精度。

随着研制工作的不断深入，大批人马连同导弹进入了试验基地准备进行飞行试验。但是，在飞行试验前的测试中出现了干扰，使整个试验停滞不前。已经有很多天了，基地相关部门全员出动，一起查找问题，然而，时间一分一秒地过去了，情况毫无进展。很多试验人员情绪低落，因为再拖下去，整个研制进度就要受到严重影响。在这个紧要关头，试验队把黄纬禄请到了现场。

那个晚上，黄纬禄即将到达的消息使得在场的所有同志倍感兴奋：黄总要来帮我们检查问题了！汽车停在试验指挥部的门口，所有忙着检查数据的同志甚至没有注意到，黄纬禄已经悄然走进了指挥部的小楼。

指挥部的所有人员此刻都难以掩饰内心的喜悦，大家异口同声地说：“黄总来了，黄总来了！”试验队的领导更是疾步走向前去，他紧紧握着黄纬禄的手说：“黄总，您可算来了！”

黄纬禄和同事们在去基地的列车前合影留念
（左起：彭冠一、刘从军、黄纬禄、沈忠芳、徐乃明、方辉煜、吴北生）

黄纬禄（左）与基地人员亲切交流

黄纬禄（右三）在基地与同事们合影留念

忘掉了旅途辛劳的黄纬禄立刻进入出现问题的计算机部门。他仔细听取了现场技术人员的介绍，了解到计算机里有继电器，但没有采取消除干扰脉冲的措施。听完汇报，黄纬禄沉默了。据他的经验，继电器释放时，会产生较强的电磁脉冲，对数字电路的影响很大。如果能把一个电容器跨接在继电器的控制线包两端，消除这个电磁脉冲，也许就能排除对计算机的干扰了。

“马上开始工作!”听了黄总的建议，负责计算机工作的领导立即下令。接着，他向上级报告情况，通知控制部门最新的改动和问题所在，并让他们提前做好准备……一时间，基地中10多个小组全部被调动了起来。

电容器安装好后，困扰了基地所有部门若干天的干扰终于被排除了！黄纬禄的方案完全可行。导弹终于能够如期试验了。大家也终于松了一口气。试验队负责计算机工作的领导随即走到黄纬禄面前，激动地握着黄纬禄的手表示感谢。

很多人说，几乎每次重要试验，只要有黄纬禄亲临试验现场，就没有大家排除不了的技术上的难题。基地的参试人员离不开他，只要有他在，大家就踏实了。

黄纬禄（右三）与谢光选（左三）、黄旭华（左四）等几位专家
在远望号测量船上

其实，这时候黄纬禄已过了古稀之年，按说他早就应离开工作岗位，可以在家养花作画，安享晚年。而他却经常拖着多病之躯，不辞辛苦，奔走于导弹与火箭的试验现场。他接受的每一次处置方案都处在关键时刻，他必须既要考虑人员安全，又要考虑到国家的利益；既要考虑到节省国家资源，又要考虑导弹的技术要求；既需要科学和缜密，又需要快速和可行。每一次，黄老几乎都能考虑得很周全。他知道，一点点导弹细节的意见和建议，就会关系到国家的花费和决策，关系到几千人持续数月的努力，他不允许自己有半点失误和侥幸。

黄纬禄曾说过："任何一个科学家不可能样样精通，一个技术指挥员，应有扎实的技术基础，更重要的是要不断地调查研究和深入群众，取得符合实际情况的信息，才能形成正确的方案和做出可行的决策，然后再到实践中不断地进行修正和补充，使已形成的方案和决策更加正确，切不可固执己见。"不久后，黄纬禄就在这个基地亲自验证了自己的话。

几天过去了，导弹进入发射准备阶段。计算机的问题被排除后，全基地人员的士气高涨，一项项发射前的综合测试顺利地进行着。一天，黄纬禄发现导弹的遥测控制系统已经改为数字式，通过计算机进行调整，它可以将十位数和个位数在两个通道输出，参数的安排和调整都是通过计算机来实现，改动起来比较方便。考虑到这个问题可能关系到精度，他再一次亲自到达现场，一个人仔细查看数据，持续了很长时间。根据现场查看的情况，黄纬禄建议他们调整一下参数，并在发射前亲自指导操作员调整了参数。很多人心里都在打鼓，这样做到底有没有作用？会不会发生什么意外？

指挥员下令发射，导弹按指令命中目标，试验获得了圆满成功。根据显示出来的数据，按照黄纬禄指点调整过的参数运作，使得遥测精度提高了三分之一。这对飞行后的故障判断和结果分析大有好处。在所有人的欢呼声和鼓掌声中，黄纬禄长舒了一口气。

如果没有抢在发射前认真检查，及时发现问题，导弹就可能发射不了，造成的损失就不止是经济上的了；如果不是当初果断处置，大胆决断，各个部门就可能不会做出相应的应急处置，发射时就很可能出现问题……

对基地和试验队来说，哪一个“如果”都是难以承受之重！而黄纬禄，绝对不会让任何一个“如果”发生。

2 一心保试验，力战“火焰山”

试验站和工房星罗棋布地伫立在茫茫戈壁滩上。这里没有人烟，鲜见飞鸟，只有骆驼草在顽强地生长。在戈壁的暗夜中，基地里很多房间还透着微弱的灯光，仿佛射出了一道道细小的光芒。远处的地平线上，正泛起了鱼肚白。接着，一道白色的光，快速照亮了远方的大地。好像受到了这道微光的鼓励，上千套大型测量和数据处理设备被打开，千骑竞发、协调运转的机器声轰响在广阔的无人地带。

年逾古稀的黄纬禄在发射场

1989年的9月，一种新型导弹将要在这里进行发射试验。可就在进入戈壁的基地后，技术问题出现了，而且一个接一个，现场搞技术的同志急得说不出话来。离发射的时间还有一段时间，为了不使导弹发射推迟，只能在45天内解决所有的问题。

黄纬禄接到任务，问清基地的基本情况之后，做了周密的计划。他把可能遇到的问题都想到了，并将解决问题的时间分成几大块，每大块怎么操作……种种意外的细节都经过了仔细的考虑。45天，排除技术问题应该来得及。几天后，驶向基地的火车从北京隆隆地开动，黄纬禄向戈壁滩出发了。

夏天，从清晨到黄昏，戈壁滩湛蓝的天空上找不到一丝来打扰的云。等夕阳隐藏在地平线后，云朵才在黄昏和夜晚的星空里，悠闲地出来走一走。云偶尔沉下脸来，风就跟着凑过来，卷起灰沙黄尘，一场暴雨就逃不掉了。

黄纬禄原先的想法被戈壁的天气全部打乱。如果按照既定计划，只要深入现场，问题就会很快被发现。到了这里的第一天，看着荒无人烟的戈壁，黄纬禄还是信心十足。而一开工，令人忧虑的事情也就出现了。

先是酷热。阵阵热流阻挡了大家前往现场的计划！八月的戈壁天气比南方的桑拿天还要吓人，地表温度超过50摄氏度。烈日下，赤褐色砂岩闪着光，好像有烈焰在上面燃烧。太阳像一个大火球，照射到的所有物品，人们都不敢直接用手触摸。可能由于天气太热了，在那里工作的同志们开玩笑地说，那里就像是孙悟空到西天取经路过的火焰山啊！而且这年夏天基地特别热！坚持了几天，不少同志说，这是自己有生以来流汗最多的一次。黄纬禄也真正体会到什么是汗如雨下，酷暑难耐！

“又过了一天，已经过了10天了。”

黄纬禄走到控制室的窗户前，一道阳光洒在他疲惫的脸上。他抬头向外看了看，天空还没有完全大亮，但没有一丝云彩：“今天又将是炎热的一天。”

这时黄纬禄和一群技术人员在位于戈壁滩上的导弹基地驻扎已经有10天之久。经过200多个小时的努力，最初的技术症结终于被发现。尽管不久之后，新的问题又出现了，但第一个堡垒的突破，代表了他们离胜利的日子近了一些。

然而，问题还没有完全解决。此时此刻，黄纬禄要亲自上阵勘查数据了。一天现场跑下来，黄纬禄亲身体会到一线技术人员的艰辛。顶着40多摄氏度的高温，他的嘴唇干裂出血，肩膀脖子都晒得黑红，耳朵鼻孔里都是细沙。

"黄总，回去歇歇吧！"身边的工作人员小声劝着，他摇摇手，没有说话。了解他脾气的人都知道，黄总宁肯委屈自己，也不会离开现场的。

时间一天天过去，到了 9 月，凉风已经开始光顾北京，而戈壁滩仍旧热浪滚滚。异常干燥的天气让人一旦上火了，就经常流鼻血；每个技术人员都感觉喉咙发干，鼻子里面全是血块；黄纬禄的身体也出现了不适。可这时，试验进入了最后的关键时期，还有几个技术问题亟待解决！

为及早解决最后的几个问题，黄纬禄还是坚持天天亲自去现场，火一样的骄阳烤着他的头顶，本已头发稀疏的头顶细密的小汗珠很快就汇聚成大粒的汗珠不断向脸颊滚动，汗水与沾在脸上的细沙混在一起，使人在擦汗时倍感难受，而他却全然不顾。就这样，整整 45 个日日夜夜，他在大戈壁滩的试验场和同志们一起排除了一个又一个难题，使这种新型导弹试验取得了成功。人们欢呼雀跃着，许多人都激动地哭了。某研究所的党委书记深深地向黄总鞠了一个大躬，所长更是激动地握着黄总的手说："黄总，幸亏有您老坐镇啊！"

以前认为，老年人很难在戈壁的环境中工作，因为在这里，只有健壮的身体，才能顶住狂暴的风沙。但黄纬禄和很多年逾古稀的老专家却做到了。他们丝毫不减当年之勇，仍和青年同志共赴艰苦的工作现场，他们在极目不见人烟的戈壁上，安营扎寨，孜孜以求。不仅是戈壁，在倾盆的暴雨里、在鹅毛的大雪中，他们总是身先士卒，无论在什么困难的环境里，他们瘦弱的身影让矫健的年轻人不得不佩服。

年逾古稀的黄纬禄仍亲临发射现场

不少年轻人发现，黄纬禄那一代的知识分子和现在年轻的知识分子最大的不同，不在于书念得多少、英语学得多好，而在于对于生活和工作的态度。很多老科学家从不抱怨条件的艰苦，还总能在年轻人认为悲观的事情中找到积极的东西。

对生活的乐观态度，就是黄纬禄带领技术人员坚持45天解决所有技术问题的原动力。他从不抱怨，还经常用幽默的语言鼓励激发着大家的情绪，使每个人都感觉到：跟黄老总一起工作很轻松，很享受。在这45天里，在“火焰山”似的基地，也许真的没有比他的技术、坚持和幽默更好的“芭蕉扇”了。

3 身在家中，心系航天

2003年10月15日，一个特殊的日子。早上八点刚过，黄纬禄就早早地端坐在了电视机前。这次他并没有打开最喜欢的体育频道，而是着装整齐地端坐着，眼睛也是紧盯着电视屏幕上新闻节目——神舟五号飞船发射现场直播。

电视画面上出现了长征二号F运载火箭，它巍然挺立在发射架前，箭体上的五星红旗和“中国航天”四个大字格外醒目。黄纬禄的眼睛一直盯在电视画面上，当航天员杨利伟上飞船的那刻，黄纬禄刚才还放松的表情开始紧张起来，身边的人都不再说话了。他们一起仔细地观看着画面，生怕漏过一个细节。

黄纬禄在神舟五号飞船返回舱前留影

20秒点火倒计时开始时，随着指挥员一起数着10、9、8、7……最后一声读秒结束，长征二号F运载火箭喷出闪亮的火光。在震天的轰鸣中，火箭腾空而起飞向天空，消失在云端。电视镜头里，兴奋的人群顿时响起了热烈的掌声。

电视机前，黄纬禄脸上的表情仍然没有放松。是的，对经验丰富的老专家来说，火箭上天只是个开始，飞船要进入预定轨道才算发射成功。9 时 42 分，电视上传来载人航天工程总指挥李继耐激动的声音“飞船已进入预定轨道，发射取得成功！”时，笑容慢慢出现在黄纬禄因为兴奋和紧张而紧绷了一个多小时的脸上。

这一天是黄纬禄终生难忘的一天。

看完电视，黄纬禄坐在沙发上，眼前闪过了自己曾经历的一幕幕往事。1956 年，聂荣臻元帅对他们讲话，要“老五院”的人以自力更生为主。这句话成了现实，中国人终于凭着自己的技术实力制造出了自己的载人飞船。

过去的一幕幕场景闪现在眼前，曾几何时，在戈壁的基地上由于缺乏实践经验，亲眼看到导弹在眼前爆炸。在自责后，他冷静地告诉自己，下一次试验一定要更小心，一定要确保安全。神舟五号飞船发射前，专家组都对它的成功有 97% 以上的把握。“安全发射”这个曾经让他寝食难安的梦想，在今天也实现了。

这一年，黄纬禄已经 86 岁了。虽然很少去基地指导工作，但仍受聘担任中国航天科工集团公司和中国航天科技集团公司的高级技术顾问及中国人民解放军总装备部科学技术委员会顾问等职务。从 20 世纪 90 年代初开始，他就经常应邀参加重大课题的技术评审、鉴定和一些重要试验的把关指导。尽管黄纬禄身在家中，他也始终关心着导弹的研制和航天事业的发展，关注着中国航天领域的每一件大事，特别是载人航天工程的发展。

在家中伏案工作的黄纬禄

黄纬禄（左三）和同事们在载人飞船逃逸塔前留影

我国载人飞船是在大推力运载火箭和人造地球卫星的基础上进行研制的，为了确保航天员的安全，研制单位设计了逃逸塔。万一运载火箭在地面出现故障，可使航天员应急撤离险境。戈壁滩的试验基地专门组织了零高度逃逸塔弹射试验。黄纬禄作为老专家应邀参加了试验。

慕名邀请黄纬禄当顾问的单位有很多。海军为平时训练部队组织研制了一套模拟导弹在潜艇上真实发射状态的试验设备。利用这套设备训练，可使部队始终具有熟练的实战操作能力，战时即可投入战斗。为确保这套设备在操作上的安全有效，海军在某试验基地召开会议，特地邀请了我国第一代潜地导弹的总设计师黄纬禄。

还有一次，我国某远程导弹的射程满足不了发展的需要，为此研制单位进行了增程修改设计。改进后的导弹被运往试验基地进行试验。一般情况下，导弹在基地技术阵地进行详细检查后要运往发射阵地实施发射。这是一次非常重要的试验。为确保万无一失，研制单位专门邀请黄纬禄和一些老专家对实际检查结果和整个试验过程进行审查。先后两次，黄纬禄和部队领导乘专机赴大戈壁滩的试验基地，为导弹增程飞行试验进行把关。

黄纬禄每次从基地回来，都非常重视总结试验过程。对于试验中任何一个质量与可靠性不明确的问题，他总要查个水落石出，使问题得以彻底解决。在家里的日子，深知处理、解决这些问题的经验和教训异常宝贵的他，根据了解和掌握的第一手资料，倡导并审编了有关水下发射导弹和陆基固体导弹的《故障汇编》。这本书成了航天科技人员手中重要的参阅资料之一。

为庆贺我国首次载人航天的伟大成功，黄纬禄参加了为神舟五号飞船发射成功举行的庆祝活动，见到了杨利伟、聂海胜和翟志刚等航天员。看到这些年轻而充满朝气的面孔，黄纬禄脸上露出灿烂的笑容。

航天事业对黄纬禄来说既是曾经的记忆，也是未来的希望。他衷心地期望这个辉煌的事业在年轻的航天人中继续发扬光大。黄纬禄很欣慰并充满信心。他明白，这次所取得的成就是历史性的，肯定会有更伟大的成果在后面不断出现。作为中国第一代航天人的黄纬禄现在虽然常在家里，但他的思想依然活跃在航天科技战线上，从未停顿。

黄纬禄（左一）与航天员杨利伟合影留念

黄纬禄（中）与航天员聂海胜和翟志刚合影留念

4 小魔术大精彩

2008 年初夏的一个下午，92 岁的黄纬禄拿起一根绳子和一个封闭的圆环，身边的记者们知道，黄老要表演他的绝活：一个小魔术。

黄纬禄先慢慢地坐稳了身体，上身稍微弯下一点儿。他把那根线绳的两端小心地系在一起，再穿上一个封闭的圆环，将线绳套在一个记者的拇指上。他拉了拉圆环，圆环还在绳子上，证明这个圆环被两个拇指挡住，确实拿不下来。接着，他将线绳在一个拇指上套一次，再将圆环移至该拇指处，又从旁边套了一次线绳，圆环就顺顺当当地从两拇指之间的线绳上脱了下来。

这是怎么弄的？身边的人都有点儿茫然，那位被套上绳子的记者也没有看清，于是所有人都像孩子似的要求他再表演一次。这回，大家更加目不转睛地盯着黄老的手，甚至想从不同的角度去好好看个究竟。再后来，每个人都试着学他的这一串动作，可结果圆环总是怎么也拿不下来。

表演结束，大家要求解密。他笑着摇头："这次先不说，下次你们来，我再告诉你们套绳子的秘密。"

记者们只好暗自感叹：黄老就像专业魔术师一样，动作纯熟，几乎看不到破绽。后来才知道，40 多年前，他就开始给别人表演魔术了。那时，在荒无人烟的沙漠基地上，在劳累了一天的技术员们身边，他用几根捆东西的绳子和不知道哪里找来的小铁环，给年轻的技术员们表演这个魔术。他的表演一结束，大家经常要求："再来一个！再来一个！"

很多在基地工作的同志们说："在基地时，黄老总走到哪儿，哪儿的人就会多，不仅是他技术能力强，是大家的主心骨，还有一个重要的原因，就是黄老的'魔术'吸引人。"

他最拿手的是变硬币。拿出一枚硬币，大拇指和食指捏住硬币的两边，使有国徽的一面向上，很快翻转一下，那一面也是国徽，看上去好像硬币的两面都是国徽，实际上他将硬币翻转了 360 度。

另一次，他用大拇指和食指捏一根火柴棒压在中指指甲上，将另一根火柴棒的一端放在桌边上，另一端架在所捏的火柴棒上，手指并没有动，架在上面的火柴棒忽然跳动起来，大家都感到奇怪。接着他解释说，是靠中指指甲的微小移动使火柴棒跳动。

黄纬禄（右三）在给前来采访的记者们表演小魔术

从基地作完试验后回京的专列上，黄老也没有闲着。为了丰富大家的旅途生活，他又给大家表演了一个新的小魔术。他用一根橡皮筋套在握着拳的无名指和小指上，大家看得清清楚楚，手指突然伸直，橡皮筋缠到了食指和中指上，大家感到奇怪，围看的人都轰动起来，高喊："黄总，再来一次！"

喊声刚落，他又很机敏地重复了一遍，动作之快使人很难看清他是怎么将橡皮筋缠到手上的。和专业的魔术表演相比，他表演的都是简单的手法，可他练这些东西绝不是为了惹人注意，而是有自己深刻的用意。

当黄老还是总设计师的时候，经常和同事们一起去试验基地出差。一旦踏进这些"抬头一片天，低头乱石滩，乌鸦满天叫，风吹石头跑"的试验基地，艰苦单调的工作和生活，使得性格再开朗的技术员也会都变得沉默和焦躁，工作效率也随着气氛的沉闷而有所降低。

黄老知道，自己没有能力改变大的工作条件和环境，可如果没有好的工作气氛也不行啊！于是他就想出用变魔术、讲笑话的方法给大家调节气氛。结果效果出奇的好，一下子把大家的情绪都调动起来了，一些同事变得喜欢交流，在轻松愉悦的氛围中每个人工作起来不再会显得沉闷和单调。

在基地的一次联欢会上，大家欢迎黄老出个节目。谁都知道他既不会唱歌，也不会跳舞，可他表演的内容却比其他的内容都精彩。

他先拿出一张10元钱的人民币，将它装入信封里，又用蜡烛照了照，大家看见10元钱的确装在信封里面了。于是，他拿起蜡烛当众把信封点燃，眼看着信封和里面的钱全都燃成了灰烬。

接着，他拿出一个红苹果，熟练地削着。削着削着。突然，那10元钱从苹果中探出来了！并且号码和被烧毁的钱一样。

大家惊喜得连连叫好鼓掌，几个小伙子还喊着："神了！神了！"

一位搞宣传工作的同志忽然站起来说："这是小事一桩，黄总20世纪50年代能变无线电通信机、60年代能变液体导弹、70年代能变潜地导弹、80年代能变陆基机动战略导弹……以后该变飞船啦。"

说着，全场的人都笑了起来。对于变魔术的人和研究技术的人来说，魔术和研究工作都是非精心而不成。被人看出破绽的魔术和试验过程出错的研究项目，对他们而言都意味着失败。

在几十年的导弹研制之路上，在每一项研究和试验的过程中，黄纬禄都在小心翼翼地进行着每一个数据的检验，就像完美地表演每一个魔术一样，滴水不漏。在每一个精致动作中，在每一丝专著眼神里，总有一个信息传递出来：黄纬禄，用他一生的追求完美演绎着他的非凡人生！

第八章 爱情 亲情 友情

1 拉开半个多世纪的爱情序幕

梳着一丝不乱的背头，穿着剪裁得体的黑西装、白衬衫，打着小巧精致的黑领结，胸前的翻领旁边别着新郎胸花……黄纬禄伴着亲人和朋友的祝福声，挽着身披着洁白婚纱的新娘刘汉菊步入了婚姻的殿堂。这是 1948 年 10 月。距离他们第一次见面的日子，已经过了整整 5 年。

时间回溯到 1940 年的夏天，重庆到了一年中最热的时候，孩子们难耐酷暑，纷纷拿着盆穿着裤衩跑到水池边冲起凉水澡。这年夏天，这座城市完全笼罩在日本飞机轰炸的阴影里，炸弹和燃烧弹不时雨点般地落下。几天之内，位于沙坪坝的中央大学校本部就被炸了三次，学校的房子被炸毁和炸坏的不下二十几所；也是这一年的夏天，中央大学 1940 年应届学生毕业，黄纬禄和他的同学刘宗汉一同出现在那年工学院电机系学生的毕业照中，两个年轻人即将分开，各自走向不同的工作岗位。

黄纬禄与刘汉菊的结婚照

一天，刘宗汉叫住了尚为单身的黄纬禄，决定把自己的妹妹刘汉菊介绍给他。刘汉菊当时在复旦大学学习，住在和沙坪坝遥遥相望的北碚区。

抗战时期，沙坪坝和北碚两个地方都是大专院校的聚集区。1938年，随着大量的文学学术机构和大专院校的迁移，在重庆沙坪坝、成都华西坝、北碚夏坝形成著名的“三坝”教育文化区。直到今天，沙坪坝仍是重庆的教育文化区。如果从这里坐上公共汽车，向北走大概一个小时就可以到达位于重庆市中心西北方向的北碚区。

当时，黄纬禄并没有和刘汉菊马上见面。那时的公共交通远没有今天这样便利，更重要的是当年的大学毕业生面对国难当前、山河破碎的局面，无暇更多地考虑个人婚姻。黄纬禄在工作后不久，就开始考虑出国深造、“科学救国”的计划。不久，他开始全身心投入前往英国实习的复习考试中。见面的事情就这样拖了下来。

直到1943年，黄纬禄出国的事情已经办妥，他决定去北碚和刘汉菊见上一面。

北碚有山有水，风景秀丽，春秋佳日，或濯足嘉陵，听船夫之些许怒吼，或冈峦凭眺，观青山之层林尽染……春天，北碚美得像画，路人都会陶醉在青山绿水中。那天，英俊潇洒的黄纬禄按照约定的时间走进复旦大学幽静的校园。站在新绿的梧桐叶下，他看到了一个年轻苗条的女孩，她也正向他的方向看过来。只这一眼，黄纬禄就知道，她一定是自己听过无数次的刘汉菊。

无论是刘宗汉对妹妹的介绍，还是和刘汉菊有一面之缘的大姐黄纬兰的描述，他们口中的这位复旦大学金融系的女生都是好样的，她有姣好的面容和温顺的性格。眼前的这位姑娘确实是这样，剪一个不长不短的齐肩发，穿

出国前黄纬禄到北碚第一次去见刘汉菊时的留影

一件旗袍，没有进行太多修饰，彬彬有礼又美丽端庄。并肩走在林荫道中，他们的心里都充满了惊喜，两个之前只是从别人耳朵里听说过的人，居然真的和自己有这么多相似的地方，投缘让两个幸福的年轻人几乎忘记了时间。

离开重庆辗转到伦敦实习后，黄纬禄开始和刘汉菊通信。他们聊着自己的学习、生活和每天碰到的有趣故事和工作中的烦恼。在这么长的时间里，两人的感情在一张张跨越大洋的纸片里逐渐融洽。在伦敦学习的艰苦日子里，书信包含了他们彼此的支持和对未来日子的憧憬。

很多人都说爱情的保质期只有三个月，之后，再热烈的爱情都会转化。有些人的爱情变得乏味，然后幻灭；另一些人的爱情转化成了亲情，并且随着岁月的流逝越来越浓，长久持续下来。在黄纬禄和刘汉菊的爱情故事里，他们成为了这个世界上彼此最熟悉的亲人。他们相信，在浓烈的爱情之外，亲情才是两个人相濡以沫的源泉。有什么能比在这个世界上同时和一个是朋友和爱人的人生活一辈子还要幸福的事情呢？

在英国的四年，他们一起所期待的未来生活随着信件的沟通慢慢地实现，甜蜜的笑容终于定格在1948年那张婚纱照中。相恋多年的黄纬禄和刘汉菊在上海狭小的里弄里开始了新生活。

2　六口之家的主心骨

1952年9月的一天，黄纬禄、刘汉菊一家人登上了火车。长长的火车从上海站出发，轰鸣着向北方驶去，繁华的城市迅速被抛在后面，冲上来迎接他们的是辽阔的华北大平原。窗外随处可见黄色的野花和清澈的河水，玉米秆上错落的大叶子连成一片，蔓延至天的尽头。30多个小时后，火车在北京火车站戛然停下。

一辆汽车带着他们向北京西郊方向驶去。夫妻俩领略了北京一年中最美的季节。空气爽朗而干净，天空像面镜子一样晶莹。他们的车子迎着西下的夕阳前行，晚霞把天空染得通红，远处的西山也被勾勒出了一个漂亮的轮廓。车子最后停在万寿路一个安静的院落里，夫妻俩把沉重的行李抬进了新家。这几个大箱子里装着他们俩的书，他们全家人的衣服和他们珍贵的相册，是黄纬禄一家的全部家当。夫妻俩的目的很明确：他们的家以后就要安在这里了！

北京的生活充满新鲜感，也带来种种不便。第一个问题就是工作。刘汉菊从复旦大学金融系毕业后，留在学校当了老师，从事她钟爱的教育工作。而在北京郊区安顿下来后，刘汉菊发现，如果找到一份和以前相当的教育工作，每天都要有很多时间花费在路上，而且自己在北京没有熟悉的人际关系。经过多少个不眠之夜，刘汉菊终于艰难地做出了决定，放弃教育事业！改行做一般事务性工作，全力照顾好家庭和孩子。经过权衡，她和黄纬禄共进了一个单位——电信技术研究所，担任器材管理方面的工作。由于改行，专业不对口，她的工资下调到原来的三分之一。在那个时代，女性能够上到高中已经算是高学历，能以优异的成绩读到大学毕业并留校任教是多么不易！

后来，黄纬禄回忆道："她做出了比较大的牺牲，同时对我、对孩子照顾得很周到细致。我后来在工作上能取得一些成绩，和我老伴的帮助与支持是分不开的。"

1959 年冬天，自然灾害造成的粮食和物品短缺显现出来。当北京大街小巷的居民开始储存大白菜时，食品供应突然开始紧张，鸡、鸭、鱼、肉、蛋糕、罐头的数量骤然减少。很快，以前花钱就能买到的东西开始凭票供应，粮票、油票、肉票、鸡蛋票、糖票……如果没有票，就算攥着大把的钱也买不到吃的。

黄纬禄一家的开销也一下紧张起来。除了自己家的三个孩子和老表姐，他们还要一直帮助黄纬禄的三哥一家。三哥去世较早，留下他的嫂子和三个年幼的孩子，孤儿寡母，生活很困难。黄纬禄当时每月要拿出三分之一的工资来接济他们。这时，三个孩子正在长身体，钱就更重要了。刘汉菊没有犹豫，仍然每个月发工资后亲自把钱给嫂子一家寄去。

可食品供应这么紧张，怎么办！为了搞好一家六口人的生活，刘汉菊着手管理家里的开支。她小心翼翼地计算着每天的开销，从不乱花钱，大人和孩子的内衣，都是补了又补，实在不能穿才添置新的。她多年前学习的金融学知识也派上了用场，两个人不多的工资被她分配得恰如其分，家里的大小事务也被她安排得井井有条。

这段时间，刘汉菊身边还有个忙碌的身影，这便是黄纬禄的老表姐。她帮着刘汉菊一道打理家务，照顾三个孩子。老表姐年长黄纬禄 21 岁，家境很苦，早年一场瘟疫夺去了她丈夫和三个孩子的生命，撇下她一个人，孤苦伶仃，无依无靠，黄纬禄的父母收留了她。老表姐就和黄纬禄父母生活在一起，帮家里做些家务。在黄纬禄小的时候，老表姐照顾过他的生活。黄纬禄结婚后就把老表姐接到家中帮他们照顾孩子，1952 年 9 月，她和黄纬禄一家一起来到北京，并且再也没有离开黄家，并快乐地安度晚年。老表姐 90 多岁时曾不当心摔了一跤，把一侧的股骨头摔裂了。医生看到她已经 90 多岁了，认为不能再手术，只能在家静养，吃饭、解大小便，都需要人照顾。这时的刘汉菊已年近七旬，她不顾自己体弱多病，依然一如既往无微不致地照料着和他们共同生活了几十年的老表姐，直到老人去世。老表姐去世时享年 95 岁。

1957 年，黄纬禄一家和老表姐（中）合影

之前，我们会为刘汉菊这个复旦大学金融系毕业的才女感到遗憾，因为她来到北京后就再也没有接触过自己的专业和教育工作。而在 1960 年这个饥

饿的春天，她的聪明才智和专业知识在另一个空间释放出来，她用为数不多的钱，让丈夫能够全身心地投入工作，把孩子们生活安排得平实得当，为六个人创造着舒适的家。

黄纬禄的脾气好，在二院的领导和工作人员中是出了名的。老伴刘汉菊脾气也温和。黄纬禄说："其实，跟她从来没有真正吵架。她脾气好，吵不起来，她顶多不来理睬你；但我也不乱跟人家吵架。"可有时两个最好脾气的人也会发生一些小争执，而争执的原因却是为了家务。有时，黄纬禄打算插手做一点家务事，也常被她拒绝，夫妻之间常为争着做家务产生一些小小的争执。有一次，黄纬禄下班回来拿起笤帚开始扫地，刘汉菊看见了，担心他累着，就让他放下。黄纬禄心疼刚刚下班回来就忙着做饭的妻子，就没有接话，继续扫着。刘汉菊不高兴了，"怎么这么不听话!"她气得不理丈夫了，黄纬禄也不理她了，由她去。

在刘汉菊眼里，丈夫的工作已经足够让他奔波劳顿、费神耗力了。因此，她几乎承担起了全部家务，照顾孩子仔细周到，关心丈夫体贴入微，使丈夫可以全身心地投入到他的工作中。尤其是在"文革"中，由于雇用保姆成了资产阶级生活方式的象征，因此保姆走了，刘汉菊更是事无巨细，桩桩件件都亲自料理。有了这样的贤内助，黄纬禄在工作中就没有了后顾之忧。

全家福（1963 年）

刘汉菊为人很正直，待人诚恳；对孩子是身教重于言教，从不在孩子面前议论别人的是是非非；一事当先替别人着想，宁愿自己吃亏；对待工作兢兢业业，在平凡的工作岗位上几十年如一日地辛勤耕耘。刘汉菊的优秀品德和黄纬禄的表率作用，对他们子女在人生观的培养方面起了极大的作用，使他们走上工作岗位后，都成为非常敬业的人。正是由于有刘汉菊这样一位贤妻良母作黄纬禄的后盾，黄纬禄才可以无忧无虑地投入到他一生热爱的导弹事业中，并取得了辉煌的成就；而黄纬禄获得的成就中也离不开刘汉菊的默默支持和奉献，就像一首歌中唱的那样："军功章里有你的一半，也有我的一半！"

1975 年 8 月，黄纬禄和夫人刘汉菊与三个儿女合影

3 问不倒的爸爸

20 世纪 60 年代初的一个晚上，微风徐徐，带来刚入九月的清爽。"走吧！看月亮去！"皎洁的月光刚刚挂上树梢，黄纬禄脸上带着工作一天留下的倦意招呼着，三个孩子立刻兴高采烈地带着望远镜与他一起出门了。

这天的天气条件也很适合观测。当孩子们听说爸爸要带他们去看月亮后，早早就做好了出去看月亮的准备。黄纬禄刚把望远镜调好，"我要看看！""让我看一下！"兄妹三个全都往望远镜前面凑，过路人被三个孩子争先恐后的架势逗乐了。看了一会儿，妹妹们先开始向爸爸发问。

“爸爸，长大以后，真想飞到月亮上去，我能飞上去吗?”

“月亮上有好多坑，是不是叫……火山口？是不是呢?”

从孩子们很小开始，黄纬禄就培养他们对自然的兴趣。三个孩子从小就对遥远的月球、浩瀚的宇宙充满好奇。可小孩子的想象力虽然丰富，知识毕竟有限。因此，每当孩子们问出“幼稚”的问题，黄纬禄总是向他们作一番科学合理又妙趣横生的解释。

几乎兄妹三人问出的所有问题，爸爸都给了满意的答案，包括天文知识、机械知识、摄影知识，学识渊博的黄纬禄都能给孩子们解释得头头是道。在他们幼小的心里，父亲就是一位问不倒的先生。可黄纬禄的专业是无线电，钻研的内容几乎都是电子管和线路，这些天文知识全都来自他的好学和博览群书。

学习是最好的老师，黄纬禄虽然每天的工作很忙，但仍然抽出时间看看书报。对他来说，看书看报不是一时一刻的冲动之举，而是常年坚持下来而养成的习惯。因此，对于孩子们的问题，不论是太阳、月亮有多远，还是收音机的修理方法，甚至是做衣服的方法，只要孩子们能够想到，他总能给他们一个满意的答复。

跟在爸爸后面，三个孩子经常观察天象，试着修理收音机，动手缝衣服。这种“科学+生活”式的教育，让他们领略了和他们的同龄人在放学后滚铁环、跳房子、跳皮筋不同的课余生活。每次问完一堆问题后，黄纬禄还会告诉他们，什么什么书里面还有这方面的内容，可以去看看。就这样，他们开始主动地汲取知识，并慢慢享受其中。

耳濡目染中，“自己学，学到老”就成为兄妹三人自觉的行动。

大儿子从小喜欢自然科学，他问爸爸的问题总是涉及面广，内容宽泛并具有一定深度。十几岁的时候，他到处搜集电子管，一有空就捣鼓这些东西，再看着家里几本有关无线电组装的书，不到几个月，他自己就可以琢磨着组装出一个半导体收音机。

大女儿刚接触到与外语相关的工作时，就像黄纬禄刚到扬州中学一样，面对满眼英文生词感觉无从下手，在最初自学的日子里，有时真想放弃了。黄纬禄鼓励自己的女儿说：“英语很难，但慢慢学，总是可以的。”她咬着牙学下来了，并养成了自学的习惯。

和所有的爸爸一样，黄纬禄爱自己的孩子，但他的爱不仅是关心和照顾，而是帮助他们打开求知的大门。20 世纪 80 年代以后，三个孩子都有了自己的事业，但无论后来是打拼在公司、在航天系统工作、还是从医，兄妹三人都保持着当年那种学习的状态，就像爸爸当年一样，忘我地学习看书，让自己的思维严谨，并且吃苦耐劳，踏实肯干，始终对周围的事情有很强的求知欲，不停地去发现自己感兴趣的新的领域，并且去尝试和学习。

一个人上学的时间只有十几年，而求知的时光却能有几十年。对每个人来说，求知的道路都是曲折的，有些人放弃了，而黄家兄妹却在父亲的言传身教之下，当了有心人。每一天，在享受着收获新知的同时，他们也向心中那个问不倒的目标又靠近了一点。

4 老两口津津乐道的小豆豆

“爷爷、奶奶，豆豆回来了！”

这句稚嫩清脆的童音常萦绕在黄纬禄的心头，叫得他心里甜甜的，暖暖的，也引起他对小孙子豆豆的回忆。

豆豆第一次回到爷爷家是在 1993 年，才两岁的他坐在儿童车上，双手紧紧抱着一只比自己还高的绒毛狗。他把脸深深地藏在狗的大耳朵下面，但充满好奇的眼睛一刻也没有停止观察周围陌生的一切。全家人热烈欢迎这位小客人，儿童车不时从一个人手中换到另一人手中，豆豆有点认生，紧搂着玩具狗不撒手，但他始终没有哭。那一天，老两口始终没有听见有点认生的豆豆喊“爷爷，奶奶”。

抱着孙子的黄纬禄喜笑颜开

享受天伦之乐的黄纬禄老两口

在美国的儿子和儿媳由于忙工作、忙学习常常直至午夜，无奈只得将豆豆日托在别人家中。到了晚上，当他们终于可以放下手中的一切来专门陪伴豆豆时，他已进入梦乡。儿子和儿媳不在豆豆左右时，地毯上放着的一台安装了很多幼儿游戏的计算机，会毫无怨言地接受着豆豆小手日复一日的拍打，伴着他慢慢长大。由于无暇给予他最好的启蒙教育，近两岁的豆豆除了喜欢模仿飞机起飞发出的声响和在惊讶、得意时像美国人一样“ho－ho”以外还不大会讲话。

在爷爷奶奶家住了几天后，豆豆的时差倒了过来。大人们都像对待贵客一样周到。姑姑去买点心的时候，总会留意侄子上次喜欢吃什么，这次就特地多买点儿；爷爷仍然经常要看资料和会客，是个地道的“忙人”。爷爷几乎不用做家务，不用管家里的杂事；但豆豆却有爷爷亲自教他认字的“特权”，很快，豆豆就学会说话并可以进行简单的交流了。

豆豆喜欢写写画画，他学认字、写字实际上从学说话时就开始了。家里人为他准备了许多幼儿、少儿读物，但字书的数量远远多于连环画：歌谣、绕口令、小故事、唐诗、宋词、儿童版的十万个为什么等，应有尽有。爷爷把书中出现的字写在小方块的各个面上，做成一个个字块，以便于教他认知每一个独立的中国汉字。

两岁多，聪明的豆豆被爷爷发掘出个绝活：正着看字。

很多亲子书总是这么写认字前的小孩：“我家宝宝正拿着一本薄薄的书，

黄纬禄夫妇在教小孙子识字

看得津津有味，走过去一看，书其实是倒的。”就是说，不识字小孩子通常倒着看字。

但爷爷奶奶很快就惊讶地发现，豆豆拿字块的角度跟大人一样，所有的字都能正着看。每次把很多字块摊在他面前，不管是什么方向的，不到一会儿，他就把所有字摆成正的，既没有倒的，也没有横的。黄纬禄和老伴当时觉得很奇怪，因为豆豆那时基本不认识字，对画面的感觉也只是很低级的，怎么能把每个字都摆成正的！真是不可思议，他是凭着什么调整的呢？

随着认字量的增加，豆豆的阅读水平迅速提高。他开始越来越多地跟读，进而发展到自己念歌谣、谜语、诗词，每次不读完一本书或所有的（50 多个）谜语小卡片就誓不罢休。认的字越多，他也就越喜欢展示他的本领。每当秘书或客人到家里来，豆豆就会让他们看自己认字：“这是电视的电，这是小青蛙的蛙……”对每个字，都会给出与爷爷教他时一样的解释。

在阅读的同时，豆豆的理解力也在一点点地提高，并开始对他的行为产生了影响。

读过狗熊掰玉米的故事，在爷爷奶奶的暗示下，豆豆不再把玩具玩一个丢一个到处乱放；豆豆读了唐诗“锄禾日当午……”，居然把嘴边的牙膏用舌头舔干净咽了下去。当大家惊异地看着他时，豆豆却一本正经地说：“农民伯伯种牙膏很辛苦，豆豆要爱惜！”逗得大家很开心。通过读书和教育，豆豆懂礼貌，见人问好，从不骂人说脏话，很讨人喜欢。豆豆打喷嚏后的一句“Excuse me”让从美国回来看他的妈妈都惊讶了。

随着年龄的增长与知识的积累，豆豆开始以他自己的方式来观察和思考问题。一看见字，他就念出来，并且不停地提出各种各样的问题。

“为什么天上的云会走?”

“为什么汽车能比自行车跑得快?”

“路边上的牌子上有个叉叉，是什么意思?”……

一次跟姑姑坐班车，在约半小时的行程中，豆豆提出的“为什么”有100多个。当然，在他读标语、标识和提出问题的同时，也不乏犯一些可笑的小错误。比如“肉（内）部加油站”、“兔（免）费存放”，等等，常博得一阵善意的笑声和“这孩子真聪明，真可爱”的褒奖。

黄纬禄与孙子豆豆在一起

学会写更多的字后，5岁的豆豆无师自通地学会了以写字为手段与人沟通。一次小家伙真地把姑姑惹恼了，一整天，她没和豆豆讲话。豆豆推了一下姑姑的房门，没有打开，自己就悄悄回去写了一份检讨从门缝中塞进去，姑姑读完笑了。这封让姑姑非常开心的检讨是这样写的：

“姑姑，原谅豆豆吧，豆豆再也不坏了。就是不知道‘坏字’（豆豆那时认为他淘气是由于‘坏’字跑到他的身体里作怪所导致的）会不会再来。”

不到30个字，既有对自己错误诚恳的认识，又不承诺今后不再犯，多聪明多有意思的小孩子。

当五岁半的豆豆离开爷爷奶奶身边返回美国上小学时他已经能认1500个汉字了，会写简单的日记，能自己阅读儿童故事书和《十万个为什么》等一类儿童科普书。另外，他还掌握了四位数以内的加、减、乘法计算。

回到美国至今，豆豆的学习成绩一直名列前茅。老师曾经给他这样的评语“我为拥有你这样的学生而感到骄傲”。黄纬禄说，我也为拥有这样的孙子而感到欣慰。豆豆回美国很多年后，他的故事仍是爷爷、奶奶和家人嘴里最津津乐道的段子，没有比笑谈这些段子再好的方法来唤起那些美好快乐的记忆了。2008年的夏天，豆豆回国来看望爷爷，照片中的豆豆已经长成一个非常帅气的小伙子，亲热地拉着爷爷的手，在镜头前开心地笑着；在黄纬禄的脸上，祖孙情深溢于言表。

5 病魔难拆夫妻情

1998年9月，一辆手术车被护士们推出电梯，手术车上躺着刚动完肺部手术的刘汉菊。她还没有从麻醉中醒过来，人很瘦，颧骨高高地突出来。黄纬禄和家人跟着手术车回到病房，他看着虚弱的刘汉菊，一遍遍在心里默念着：“老伴，你一定要挺过来，我们还要在一起散步、看照片，我还有很多笑话要跟你讲，你一定要挺过来……”

三个月前，刘汉菊在一次例行体检中被发现患有肺癌。医院建议马上住院手术。黄纬禄把大致的情况和她讲了之后，刘汉菊勇敢地接受了手术治疗。她的身体本来就极度虚弱，手术持续了好几个小时，家人守在等待区心急如焚……

难得的闲暇

这次手术很顺利，家人的积极鼓励和精心照料让刘汉菊的生命力开始再度焕发，回家一年后，她逐渐能像正常人一样生活了。直到一天，刘汉菊说腿稍微有点疼。开始谁都没有太在意，持续几天后，黄纬禄忽然意识到：是不是癌细胞转移了？第一次手术后，一位专家曾告诉他，切片检查的结果是低分化腺癌、淋巴癌混合型癌症。这个结果很不妙，病人不会存活较长的时间，癌细胞会转移。

第二次检查的结果证实了黄纬禄的想法。他看着身体刚刚恢复了一些的老伴，心里很是矛盾。本来以为逃过了这一劫，可是……他不忍心让老伴知道真实病情，就告诉她，这是腰椎间盘突出压迫神经造成腿疼。全家人开始想办法找药来控制她的病情。孩子从美国带来了步行器，使她能够尽量延长活动的时间。后来，刘汉菊的病情越来越重，腿疼得不能行走，最后还是卧床不能行动了。

相敬如宾

相濡以沫

医生给她开的止疼药也在逐步升级。大家到处打听治疗癌症的药，只要听说什么药有效就想办法买来给她服用。她刚做完手术的时候，医生告诉过家人，她的身体比较弱，经过这个大手术后，已经经不起化疗和放疗了。如果坚持做化疗，可能没做完人就没有了。随着她的疼痛加剧，最后只能靠吗啡止疼……

2000 年 3 月 2 日，刘汉菊带着疼痛和遗憾永远地闭上了眼睛。此时，回忆、怀念、悲痛，如洪水般冲荡着黄纬禄和孩子们的心。虽然极力克制情绪，黄纬禄却怎么也忍不住夺眶而出的泪水，他说："她是 1920 年 9 月 1 日出生的，去世的时候是 80 岁。对一个人来讲，能活到 80 岁已经是不错了，但是她相伴我 50 多年，突然走了，我非常地伤心。"

据黄纬禄的大女儿黄道群回忆："在我母亲去世的前一天，母亲的脚疼得很难受，我父亲就搬了个凳子坐在母亲床前，用双手为母亲搓脚，他默默地搓了好几个小时……"说到这里，黄道群的眼里满含泪水，可见黄纬禄对家人的爱是那样深沉而含蓄，是发自内心深处的那种深爱！

从1948年到2000年，他们的爱情故事延续了半个多世纪。也许很多人的爱情比他们的爱情更为热烈，但却不一定如此长久感人。他们的爱情之路，可能并不如当初设想的那样完美、那样精致，但在经历了大喜和大悲之后，两人还能手牵着手、互相搀扶着在生活的道路上并肩前行，这才是真正的爱情。“执子之手，与子偕老”这句话和“我爱你”一样，常被年轻人挂在嘴边，而看过黄纬禄与刘汉菊半个世纪的爱情故事，才让人深深理解这八个字的深刻含义。

6 与张爱萍将军的股肱友情

1982年，在潜艇前的码头上，所有负责固体潜地导弹海上试验的操作员都在黄纬禄的带领下，为取得海上试验的成功而不分昼夜地忙碌着。9月初的一天，他们惊奇地发现，平时忙得看不见人的黄总却走到了潜艇前的码头上，正和一位戎装上将握手。这是谁来了？

这将是所有参加试验的工作人员难忘的一天。那天早上，在黄纬禄的陪同下，时任中央军委副秘书长的张爱萍将军决定为导弹发射人员作一次思想动员。他们来到了潜艇前的码头上，同操作手们一一交谈，并提出具体要求。

黄纬禄（左）与张爱萍将军握手

这真的是张爱萍将军吗？很多年轻的操作员都不敢相信，因为当他和他们谈话时，是那样的平易近人，丝毫没有居高临下的架子，让所有人没有感到一点儿紧张。黄纬禄看着兴奋的操作员，也笑了。从“文革”后期认识张爱萍将军开始，黄纬禄记忆中的张爱萍将军一直就是这样的平易近人。

黄纬禄和张爱萍将军的相识源于研制固体潜地导弹。张爱萍将军非常关心固体潜地导弹的研制工作，当初这一型号从一院划归二院就是在他的支持下决定的。由此，这一型号的研制速度重新加快起来。黄纬禄和张爱萍将军在固体潜地导弹从无到有一步一步走向成功的过程当中，也建立了深厚的友谊。

黄纬禄（上图左，下图右）与张爱萍将军亲切交谈

黄纬禄等人研制固体潜地导弹的过程中，张爱萍将军始终都给予了巨大的鼓舞和支持。当初由二院首创的总设计师和行政总指挥“两条指挥线”制度得到了张爱萍将军的大力支持。对黄纬禄在第一次总师扩大会议后总结的“四共同”原则，张爱萍将军也给予了高度评价。

1982 年，在固体潜地导弹的海上飞行试验中，国防科委领导和海军首长都参与指挥。黄纬禄任首区指挥部副总指挥、试验总师组组长，全面负责整个试验的技术工作。飞行试验前，张爱萍将军亲自来到了试验现场。在试验基地，他同老友黄纬禄又站到了一起。

黄纬禄（右）与张爱萍将军在香山饭店合影

看着多年的老友因劳碌而日渐消瘦，张爱萍将军心里很不是滋味，尤其是当他知道黄纬禄在两个月里瘦了十几公斤以后。张爱萍马上劝他去休养一段时间。但在这个最后的冲刺阶段，作为总设计师的黄纬禄怎能放心离开去休养？他谢绝了张爱萍将军的好意，坚持在试验发射的第一线。尽管不能说服黄纬禄，张爱萍却始终记挂着他的身体情况。在试验任务完成后，张爱萍特意把黄纬禄请到大连去休养了一段时间。

尽管担心老友的身体，张爱萍在技术方面并没有放松。这次发射前，他详细询问了发射的准备情况。张爱萍将军对于这个小自己六岁的导弹总设计师非常信任，他相信这次黄纬禄他们一定能成功，因为他们将自己的全部身心都投入到了导弹的研制中，并付出了莫大的心血和努力。黄纬禄还清楚地记得，在固体潜地导弹发射成功之后，张爱萍同大家一样激动不已，为了表示祝贺，题诗“体态天工巧，玲珑一代骄，蓦地冲天起，神力震海魈！”展现了他作为老一代无产阶级革命家战天斗地的豪情与多彩多姿的精神风采！

黄纬禄（右）与张爱萍将军在二院

张爱萍对导弹的研制和发展非常关注。正当黄纬禄准备01批水下发射试验时，张爱萍曾对黄纬禄的助理说：“你告诉黄纬禄同志，01批你们搞水下点火我没同意。科学试验要循序渐进，不要急于求成，否则将适得其反。02 批你们要按部队的使用需要改进，试验成功后即可定型。”可见，在 01 批试验还未进行时，张爱萍将军已经在考虑 02 批的问题了。

张爱萍将军的字写得很好，在书法界很有名气，大家都以拥有他的真迹而感到自豪。他曾亲笔为黄纬禄题词“雷震海天”。固体潜地导弹的发射成功震动了全世界，这幅字也是对黄纬禄的极高评价。而黄纬禄则更多的是把这幅书法佳作当作一种来自朋友的真挚感情。张爱萍将军的题词从书法艺术上来讲极具价值，但黄纬禄没有挂出来，也没有给外人看过，他将这幅字当成朋友的礼物珍藏着。

张爱萍将军给黄纬禄的题词

黄纬禄非常敬重这样一位曾经为缔造新中国浴血奋战的高级将领。在张爱萍将军去世一周年的时候，黄纬禄还写了《怀念张爱萍同志》一文，表达他对这位颇具文韬武略的儒将的缅怀之情。

黄纬禄写道：“昔人已乘黄鹤去，此地空余黄鹤楼”。转眼间，张爱萍同志已经离开我们一年了。一年来，我时常想起爱萍同志，想起那些在他的领导下，我们所经过的难关，取得的胜利，想起那些我和他一起度过的日子。他的音容笑貌，他的精神，他的功勋和业绩，还宛然呈现在我的眼前，活在我的心里，像从前一样使我感到温暖并深受鼓舞。黄纬禄认为“张爱萍将军是一位善于掌控大局的好领导、既敢于负责又善于发扬民主，平易近人，多才多艺……”

黄纬禄总结的张爱萍既敢于负责又善于发扬民主等优点，其实也正是黄纬禄在日常工作中的一贯作风，真所谓志同道合者相交。

7 君子之交

人生最悲伤的事莫过于最亲爱的人离去，对黄纬禄来讲更是如此。在刘汉菊离去后，因为照顾老伴时的过度劳累，加上失去爱妻的悲痛，黄纬禄的血压值升至190，身体极度虚弱。

在妻子遗体告别仪式那天，尽管黄纬禄一再坚持去参加，但三个子女还是极力劝说他不要去。拗不过大家的黄纬禄最终还是没能去参加老伴的告别仪式。大家在家里为他布置了一个寄托哀思的地方，他坐在沙发上，不时望着墙上微笑的妻子，独自追忆过去的时光。

“咚咚咚……”一阵轻轻的敲门声打断了他的思绪，三位80多岁的老者走了进来。他们是任新民、屠守锷、梁守槃。三人饱经风霜的脸上布满了关切和安慰，眼神里透着鼓励和遗憾。

“老黄，我们来看看你!”他们几乎异口同声地说。

“老任、老屠、老梁。”黄纬禄激动得站起身，与三位老友握手。

“你快坐下吧，我们刚刚从医院的告别室回来。”屠守锷扶着黄纬禄的胳膊说。

当得知黄纬禄的老伴刘汉菊去世的消息后，任新民、屠守锷、梁守槃三位老人都要求参加告别仪式。最初得到的回答是，告别仪式比较简单，只有少数亲朋好友参加。其实，黄纬禄身边的工作人员是担心这三位老人的身体，他们都已至耄耋高龄了。但屠守锷却很执拗：“谁说我们不能参加！我们就是他的亲朋好友!”

没有谁能挡得住坚定的老人。三位老人参加了黄纬禄老伴刘汉菊的告别仪式后，来到了黄纬禄的家里。看着憔悴的老同事、老朋友听到他们的安慰后，愁苦、悲伤的情绪微微舒缓了一些，他们不约而同地松了一口气，这个时候来家里看望老朋友真是来对了。

黄纬禄的这三位“亲朋好友”个个都有了不起的身世和如雷贯耳的神话：

任、屠、黄、梁（任新民、屠守锷、黄纬禄、梁守槃）在中国航天界被亲切地称为“航天四老”。他们在解放前都曾留学海外，学有所成。作为才华横溢的知识分子，他们满怀着“科学救国”、“工业救国”的理想，毅然放弃了国外物质丰厚的待遇回到了当时多灾多难的祖国。当1956年新中国为了发展导弹和航天事业成立国防部第五研究院的时候，他们又听从祖国的召唤，义无反顾地投身于这项振兴中华、强国强军的伟大事业，并成为新中国第一代航天专家。1956年中国航天创建初期，曾经设立过10个研究室，任新民是总设计师室主任，屠守锷是结构强度研究室主任，梁守槃是发动机研究室主任，1957年黄纬禄从通信兵部电信技术研究所调入国防部第五研究院二分院后，也担任了导弹控制系统的负责人，他们四人在不同的专业技术领域发挥了奠基性的作用。在航天重大工程中，他们承担了技术领导人的重任，因而赢得了航天人的尊称。如今，尽管他们年事已高，退出了领导岗位，但他们一直被航天系统聘为高级技术顾问。

钱学森与“航天四老”
（左起：黄纬禄、屠守锷、钱学森、梁守槃、任新民）

在黄纬禄心目中，任新民是一位严谨、认真的老领导和老朋友。他从1960年当上导弹发动机总设计师后，就一直是技术上的“大干部”：第一枚长征火箭总设计师、通信卫星工程总设计师、气象卫星工程总设计师、发射外星工程总设计师……大家都习惯地称他为任老总。当年，在靶场作导弹试验，任老总经常担任试验队队长，对遇到的各种问题都会亲临现场，严格把关，两人曾是要好的老搭档。在质量问题上，黄纬禄觉得自己眼里容不得沙子的秉性和任新民很“合拍”。

黄纬禄（右）与任新民一同参加新春茶话会

在一次火箭发射前的总检查中，突然遥测信号发生了“过压报警”，技术人员查了半天也没有找到原因，这时距预定发射时间只有两天了。大家想反正火箭上有保护装置，这点儿小毛病可以抗过去，就不再往下查了。任新民知道了这事，忽地一下变了脸。他急匆匆地赶到测试间，大声吼道：“是谁不想查下去了?”没人敢吱声。任新民又说：“保护装置是火箭的第二道防线，是发生万一时采取的紧急措施，你们明明知道第一道防线出了问题却不去追查，难道想让火箭带着隐患上天吗?”大家被震住了，任新民脸涨得通红，斩钉截铁地丢下一句话拂袖而去：“不查清楚，我让全线停工等着你们!”“全线”是什么概念?是火箭、卫星、发射场、测控船、地面用户一大串几十万人参与的整个工程啊！大伙谁也不敢怠慢了，从查图纸开始，一点点细抠，一点点核算，经过一天一夜，终于查清是一根导线接错了，原因是对图纸做了修改，可是导线却是按照老图纸接的。问题解决了，发射成功了，任新民的“火力”也着实让大家领教了。

老友见面分外高兴

说出那句情义无价的“我们就是他的亲朋好友!”的老者叫屠守锷。国防部第五研究院成立时，他和黄纬禄先后来到这里，屠守锷做的是导弹结构的研究工作，黄纬禄研究的是控制系统的工作，从那时候起，他们俩经常在一起讨论研制工作中的难题。

黄纬禄（左）与屠守锷在讨论问题

1968 年，屠守锷主持了潜地导弹的方案汇报会；两年后，黄纬禄就负责了该导弹的技术抓总工作，他们曾在一个战壕里共同工作过。当然，他们也有意见不一致的时候，比如 50 多年前，当时的一分院提出要把二分院的总体设计室归并到一分院，形成一个完整的总体设计部。但是二分院的同志反对这个提议，他们认为如果把控制系统的总体设计室划走，整个二分院在技术上将会显得十分薄弱，而且如果总体室归属一分院，各分系统的工作很难开展，技术协调就会变成跨单位的事情，这样的结果使得工作流程非但简化不了，反而增加了沟通的复杂和协调的烦琐。这时，黄纬禄代表着二分院的意见与屠守锷代表着一分院的想法南辕北辙，而且两个人都觉得自己的想法有道理。于是总体室的去留问题就留给钱学森来定夺了。

黄纬禄（左）与屠守锷（中）、孙家栋（右）开心地交谈

黄纬禄（右二）与屠守锷（左二）、刘纪原（右一）等在试验基地

钱学森在对有关协调问题的处理上有自己的一套独特做法，为了能更好地解决问题，常常把“对峙”的双方请到一个气氛相对舒缓的地方，把协调工作从单位“转移”到自己家里。每个周六的晚上，钱学森常常会把两边的负责人屠守锷和黄纬禄召集到自己家里，共同商讨对工作问题的解决之策。对于总体室去留的问题，钱学森是在详细听取二分院多位同志的意见后，最后决定还是把总体室留在二分院，采用了黄纬禄他们的建议。黄纬禄回忆起和老友的那次意见分歧，笑眯眯很风趣地说：“当时也没有问屠守锷之后的想法。尽管当时屠守锷认为自己的想法也很有道理，不过他还是接受了我的意见。以后我还经常给他提建议，他都接受了……”一个分歧就这样平稳地解决了。两人仍是好同事，此后，屠守锷还经常地采纳黄纬禄的建议，两个人一直在为导弹武器系统研制水平的提高竭尽全力，有益于技术提高的争论也还在两人中继续着。

喜欢下象棋的梁守槃曾是美国麻省理工学院航空工程的研究生。1956 年当哈尔滨军事工程学院院长陈赓大将得知中国要搞导弹时，毫无保留地说：“学院的科技专家我都舍得给，调哪个给哪个。”不久，担任哈尔滨军事工程学院教授会主任的梁守槃就到北京国防部第五研究院报到了。

1960 年，苏联专家全部撤走，黄纬禄和梁守槃都面对巨大的困难。他们看着研制了一半的导弹，默念着聂帅紧握拳头说出的那句话：“自己干吧！靠别人是靠不住的!”在确定导弹发射使用何种燃料时，苏联专家曾固执地认为，中国的液氧含杂质太多，不合格，使用时有爆炸的危险，可苏方的燃料又迟迟不供应。梁守槃不言不语地关上了办公室的门，在一遍遍地计算和查找资料分析对比后，十分自信地提出了自己的意见：“说中国的液氧不行，是有人对原资料理解有误，把杂质的气态容积当作了液态容积，因而出现了1000倍的差别。国产液氧完全可以使用!”梁守槃的意见被采纳后，使用国产液氧为推进剂的P－2仿制导弹发射成功。聂荣臻元帅在庆祝酒会上兴奋地说，这枚导弹的研制成功是我国军事装备史上的一个重要的转折点。

黄纬禄（左）与梁守槃合影

黄纬禄（右）与梁守槃（左）和梁思礼（中）一同散步

梁守槃和黄纬禄同在1916年出生，都以会“算计”出名，后来，但凡说到这位同岁的老友，黄纬禄总是先露出一脸的笑，然后悄声而又有些幽默地说：“我们几个老朋友在开会休息时常常会杀盘棋，对手经常是梁守槃，有时任老总也参与其中，在和别人下棋时我还是很有优势的，但遇到梁守槃我就要小心了。”

到了晚年，“航天四老”经常会应邀参加一些会议，就一些决策和把关的问题相互探讨，各抒己见，而在会议闲暇时则常常在一起开心地聊天、畅谈。

在黄纬禄初识三个人的时代，没有手机、MSN，更没有经常的聚会。他们之间的交往算得上是君子之交。虽然平时接触不多，就像很普通的朋友，但却有着最长久的情谊，有着“亲朋好友”般的关爱和支持。

提起与这三位老友的交情，黄纬禄感概道：“我们四个人有时一起出去开会，闲暇时大家一起说说笑笑，关系很融洽。大家多年在一起，既是老同事，也是老朋友。”

很多人都说，君子之交淡如水，但内在的热量是在时间的流逝中积累的。他们之间的友谊更像醇香的乌龙茶，用小杯细细品才有滋味。从20世纪50年代进入国防部第五研究院工作时相识至今，他们在成就中国航天走向辉煌的征程中，从来没有一起抱头欢笑、痛哭或彻夜同诉人生大悲大喜的特别经历，但因为心灵相通，平淡中总有些特别的感应，甚至能嗅得到对方的气息。年轻之时，四位老人曾用工作的方式感受着对方的理想和追求；耄耋之年，他们依然能用深深的情感理解着彼此的心灵，感悟着人生的价值和意义。

黄纬禄与老友下棋

“航天四老”在接受“杰出科学家奖”前合影
（左起：黄纬禄、屠守锷、梁守槃、任新民）

黄纬禄（前排左二）和任新民（前排左三）、屠守锷（前排右三）、
梁守槃（前排右二）与李鹏总理（前排左四）等领导在总装厂合影

2006年10月8日，在纪念中国航天事业创建50周年之际，为了表达对创建航天的老一辈航天人的感激和崇敬之情，树立学习的楷模，弘扬航天精神、“两弹一星”精神和载人航天精神，中国航天科工集团公司党组决定，授予钱学森和“航天四老”中国航天事业50年最高荣誉奖。

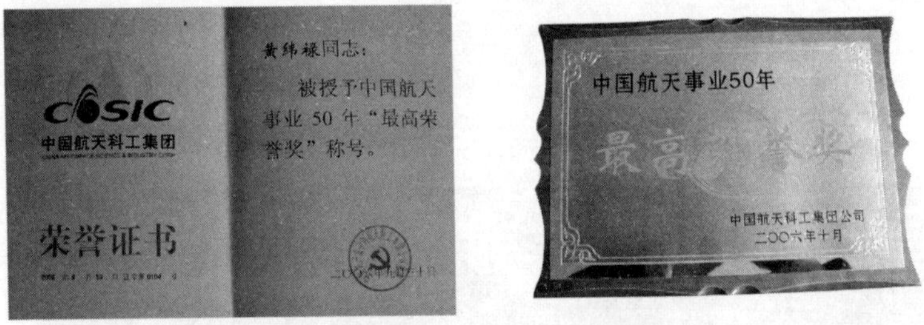

黄纬禄获得的“中国航天事业50年最高荣誉奖”的证书和奖牌

当人们为中国航天史上一次次成功而欢呼喝彩的时候，不能忘记中国第一代航天人为之付出的艰辛和努力，他们的人生经历感动着人们，激励着人们为中国航天乃至中华民族的腾飞去发愤图强，奋斗终生。

附录　黄纬禄文选

同青年同志谈谈学习、工作和为人问题

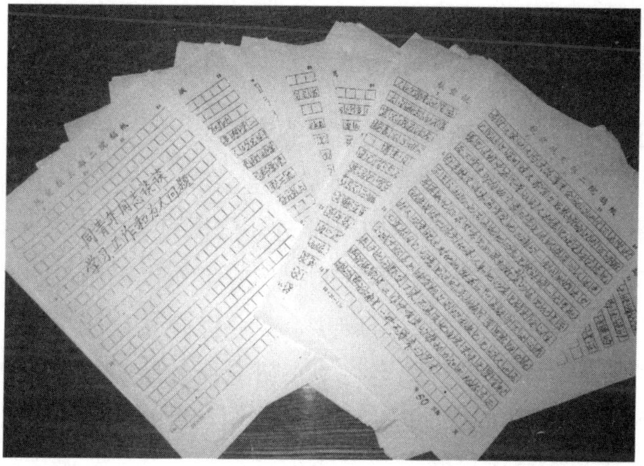

黄纬禄撰写的《同青年同志谈谈学习、工作和为人问题》手稿

一、谈谈学习问题

（一）我们怎样看待学习问题

1. 先谈一下新旧社会学习情况的对比

在旧社会知识分子看待学习，有的人是想学一些本领解决谋生的问题，有的人是为了个人的名利，有的人是希望通过自己掌握一点知识来救国。学理工科的人往往幻想通过发展工业和自然科学来救中国。在旧社会有钱的人

才能读得起书，工农家庭的子女根本就读不起书，即使有些人能读上书也是极其个别的。

旧社会教育很不发达，学校办得很少，读书的机会就少，有些私立学校以办学来做生意。国民党政府根本就不重视对青年的教育问题，他们只考虑自己升官发财，连人民的生命财产都置之度外，更谈不上教育问题了。

旧社会研究机构少得可怜，不仅设备非常简陋而且人才也很缺乏，通常是把研究机构作为装饰品，有了研究成果谁也不来过问，因之有了成果也很难用上。

解放后情况有了翻天覆地的变化。广大工农子弟都有受教育的机会，学员人数大增，人多人才必然也多，学生素质也随之提高。作为学生只要很好地去学习，努力地去工作就一定能为祖国的建设做出贡献。现在大家都认识到学习的目的就是充实科技知识，提高技术水平、工作能力和工作效率以加速社会主义建设速度。

2. “老五院”建院初期和现在情况的对比

“老五院”建院初期可算是白手起家，差不多什么也没有，办公住房是借医院的几间屋子支撑一个门面，图书资料，仪器设备，生产条件都不具备。人才没有对口的专业，只是从各单位抽调一些工作年限稍长、有一定经验的同志聚集在一起作为骨干队伍，组成几个专业组勉强开展工作。当时技术人员总数仅有几十人，其规模只相当一个小研究所，而现在我们已有好几个研究设计院，数十个生产工厂以及数以万计的图书资料，精密的仪器、仪表以及生产用的机床，在国内研制部门来说也是名列前茅，各类专业人员应有尽有，总人数达数十万之众。如此庞大的机构应该在航天领域中做出巨大的贡献，才能对得起国家对我们的扶植与培养。作为科技人员，我们应当努力学习，提高素质，为航天事业做出更多的成绩来。

3. 我们应该把学习放在什么位置

我们应该把学习看成是自己的责任，是完成任务的必要手段，因此必须学好。没有学好就是没有完成任务，没有尽到责任，以此来鞭策我们自己。

我们不要认为大学毕业生、大专毕业生或中技毕业生在学校已经读了不少书，对工作已可应付，究竟要不要再学关系不大。这种看法就不够正确，这样的同志是个别的。大多数同志一定认识到我们的知识还远远满足不了工作的需要，因此还需继续努力学习，刻苦钻研，否则我们的技术水平提不高，研制队伍就得不到很好的补充，我们事业的发展就会受到影响，祖国的国防建设也会受到损失。要想把国防建设好必须靠集体力量，而集体力量的强弱又是建筑在每一个个人素质之上。

（二）学习的态度

1. 必须有刻苦钻研的精神

首先就是刻苦钻研。世界上没有不劳而获的果实，只希望通过上上课，听听讲，自己不去复习，不付出劳动就想学到手是不可能的。正如俄国的民主主义者赫尔岑所说的，“科学决不能不劳而获，除了汗流满面而没有其他获得的方法，热情幻想以整个身心去渴望都不能代替劳动。”

2. 不要不懂装懂

学习必须老老实实，知之为知之，不知为不知，是知也，切不可不懂装懂；否则不懂的东西又不去请教别人，自己也不去学，将永远懂不了。

3. 打好基础

学习必须踏踏实实，不要好高骛远，要一步一个脚印，学一点就要弄懂一点，尽量做到彻底弄懂才放手。这样看来进度要慢些，但总的效果会更好。只有把基础打好，基本功练好，基本道理弄懂，才有可能深入一步。学习的面在一定时期要窄一点，不要学了这样又想学那样，造成精力分散，效率降低。

4. 建立学习兴趣

要把学习看成是提高自己技术水平，完成好自己所承担的工作任务，也就是自己应尽的责任。把这些关系联系在一起，就感到学习的必要性；使学习的内容与自己的工作密切结合起来，既学到了东西，又解决了问题，就感到学习有意义，有兴趣了。要把学习变成自己的爱好，如有的人爱看小说，一看就放不下手，甚至不愿去吃饭，不想去睡觉。如果我们学习技术业务也能达到这样爱好的程度，必然会学得非常好。相反，如果没有兴趣勉强去学，必然是事倍功半，学习时思想不能集中，学习效果必然很差。有的同志以学习的时间多少作为衡量完成学习计划的指标，这是很不恰当的。如果你对学习不感兴趣，就是在消磨时间，并且希望时间过得快些，可时间的快慢感觉往往是与人的愿望相矛盾的，你希望它快，却有度日如年之感；相反，如果你对学习很有兴趣，就感到时间过得太快，不够使用。

5. 学习必须有虚心的态度，防止骄傲自满的情绪

虚心使人进步，骄傲使人落后，这是千真万确的道理。研究学问、讨论问题，必须倾听别人的意见。别人的意见是正确的，就可以纠正自己的错误从而得到提高；即使别人的意见是错误的，研究其错误的原因对自己也能起到警惕和启发作用。

有一种不虚心的人，认为自己有较好的基础，就目空一切，看不起别人。他们往往认为自己的意见是百分之百的正确，考虑的问题是面面俱到，毫无漏洞，因此对别人的意见首先采取否定的态度，不去很好地听别人的意见。俗语说得好，“智者千虑必有一失，愚者千虑必有一得”。我们应该好好体会这句话。

另一种不虚心的人，认为自己职位、级别、资历比别人高，认为自己是大学生，是留学生，是研究生，是博士生，就看不起别人，自己的意见不应该被认为不如自己的人所否定。这是一种特权思想，研究学问，讨论问题不应该有特权思想，谁是谁非要有科学的论断，不能信口开河，不可以权力来压服人。自己的意见错了，虚心听取别人的意见，及时改正自己的看法并不丢面子，这样既可提高自己，又可使同志们更敢于提意见，这对发扬技术民主和改进工作都大有好处；相反，明知自己意见有错，为了顾全面子进行狡辩，以势压人，坚持不改，这样做必然威信扫地，丢大面子，既妨碍自己的提高，又影响工作的开展。

6. 学习必须有恒心和毅力

学习必须持之以恒，要有坚持到底的决心，要有把铁杵磨成针和愚公移山的精神。学习不是短期可以突击出来的，有些突击性学习只是解决短期提高学习效率的一种方法，但最后还是要靠经常的复习和运用，才能巩固，才能在脑子里扎根，否则是学得快忘得快。学习不能一日暴之十日寒之，不能三天打鱼两天晒网，否则将是一无所成。有些人往往订一个计划，开始劲头很大，头几天猛地干一下超计划完成了任务，接着就放松下来，有时一松就松垮了，这样做是没有好处的。我们应该以力所能及可以长期坚持的指标来订计划，热一阵冷一阵对学习很不利。俗话说“学习如逆水行舟，不进则退”，学习也和行路一样，不怕慢就怕站。龟兔赛跑虽然是个寓言，其意义是值得深思的。学习必须有克服一切困难的精神。学习中有时遇到复杂式子懒得去推导，较难的问题不愿去思考，稍有不懂的地方也不想去探讨，也不愿去请教别人；读书时看一段跳一段，走马观花，似懂非懂；有时这本书读不下去，又换上一本；这一门学不下去，又换一门，结果将一无所成。做学问不是看小说，只领会精神起不了作用，必须努力拼搏，才能攀登技术高峰。一项科研工作有时经过若干次，甚至上百次、千次的失败才能取得成功，这就需要有毅力；学习也是一样，不要怕困难，不懂的东西只要有决心，终究会弄懂的。

7. 学习必须抓紧时间分秒必争

学习要细水长流，每天争取点滴时间掌握一点知识，长期积累起来就是很可观的。俗语说“聚细沙成塔，积滴水成川”，就是这个道理。例如学外语，一天学 5 个生字，一年就是 1800 多个；日历一天翻一张，一年累积起来就是厚厚一本；每天多挤出 10 分钟来学习，一年就是 60 个小时。

8. 要抱着学习态度去干工作

俗语说“行行出状元”，意思就是说任何行当、任何工作都有学问在里面，只要抱着学习态度，在工作过程中细心琢磨，认真研究，就既能很好地完成任务，又能增长知识，提高技术水平。否则，做完一项工作没有从中取得经验是很可惜的。

9. 学习应从工作出发

前面已经谈过，学习的目的是为了搞好工作，最重要的是搞好当前工作，当然也要适当地照顾长远的方向。因此，我们的学习要结合当前工作。首先把工作任务完成好，如果每一项任务都能通过学习把它完成好，我们的技术水平也会随之提高，学习效率也会提高。

有些人轻视当前工作，认为结合当前工作没有什么好学的，要学就必须是深奥的理论，以便将来成名成家。这种愿望和抱负是应该有的，但是怎样才能达到目的呢？这是值得研究的问题。如果各方面没有踏踏实实的基础，单靠学几本理论书，脱离实际工作的，其结果必然是学也学不好，记也记不牢，用也用不上，讲也讲不清，将会大失所望，自己失望，别人也将对你失望。

10. 要做到老，学到老

学习是无止境的，没有一个人敢说我已经学够了。至于科学技术工作更是日新月异，不学新东西，知识就会老化。而我们所担负的任务，涉及面很广，往往又是新的技术，不努力学习，就很难跟上形势，也很难完成好任务。

（三）学习的方法

1. 自学为主

我们在学校里都学了一些基础课，掌握了学习的工具，具备了一定的学习能力。在学校读书，虽然有老师教，但是复习功课也主要靠自己。我们这里专业繁多，即使在一个工程组里，也是各干一项课题，涉及的技术面也不尽相同。在这种情况下，要结合每一个人的工作来学习，主要就得靠自己。自学当然比在学校里学习艰苦些，但只要不怕困难，坚持不懈，就能学好。华罗庚同志是我们很好的老师和榜样，他曾经这样说过："养成自学习惯，真是终身享受不尽。"他认为："少读几年书关系不大，养成自学习惯是至关重要的"。他自己就是靠自学成才的。据说他没有读过中学，却能通过自学成为在世界上有一定地位的数学家。

2. 学习要订一个学习计划

计划的内容应包括学习科目、预期的目的、进度以及时间安排。计划要根据自己的实际情况，不能贪多图快，不能急于求成，否则将欲速则不达。要掌握自己的底，不怕起点低一点，就怕把自己估计过高，变成高空作业。有了计划以后就有一个奋斗目标，就有一个依据来检查自己的学习情况，它对学习将起着督促和推动作用。计划要订得实事求是，力所能及，太高了无法完成，就等于没有计划，太低了就起不到促进作用。计划可以有一个稍长的轮廓计划，再把近期的短计划订得具体一些。订计划不要花太多的时间，学习要讲求实效，不要讲求形式，只要计划能说明问题就行，关键问题还是在于执行计划的好坏。花很多时间订一个看来很完美的计划，却没能按计划执行，也就等于一张废纸，不起任何作用。执行计划必须在保证质量基础上来完成进度指标，执行计划时应该踏踏实实搞懂第一步，再进行第二步。

3. 要集中精力先突破一门

我们这里不像学校，在学校里整天就是学习，时间比较充裕，同时学很多门功课是必要的；而我们现在是以工作为主，学习是为了解决工作中的问题，不能拿出很多时间来学习，主要是利用业余时间，必要时当然也可利用部分工作时间。总的来说，学习时间没有像学校里那样多，所以有必要集中精力专攻一门（最多两门）比较有效。如果从愿望出发，要学的东西很多，今天学这样，明天学那样，后天又换一样，势必精力分散，表面上好像学得样数很多，实际上效率不高。因为学一样新东西，必须经常复习，否则，就连贯不上，容易忘记。在学校因为时间充裕，可轮流复习；而在工作岗位上，时间上的矛盾就难于解决。

4. 应结合工作安排学习内容

我们要学的东西很多，如果什么都想学，就是学一辈子也学不完，何况学习的时间并不很多，就更难满足我们的愿望。因此，需要学什么，应该先学什么，要很好地考虑和安排。既然学是为了工作，就应该结合工作来安排学习，工作需要什么就去学什么，急需什么就先学什么。这样做不仅对工作有利，对学习也有利。因为工作中遇到的难题对你印象最深，工作是你亲身经历过的问题，是你亲手摸过的现象，是你亲眼看过的。当你早晚都在思考解决的问题还未得到解决之前，你将会如饥似渴地查找资料。一旦你找到一篇文献正谈到你所需要的内容，这时必然欢欣鼓舞，如获至宝，恨不得一下子把这篇文章一口吞下去。在你学习这篇文献时，一定会聚精会神，一口气把它读完，尤其谈到与你问题有关的部分，必然会逐句推敲，重要公式必然会细致推导。这样的学习必然深入，印象必然深刻。如果问题得到彻底解决，则印象会更加深刻，理解会更深透，效率必然很高。因此，理论联系实际的学习是非常可取的方法。

5. 加强基本功的锻炼

基本功就是进行我们这行工作的基本手段，也就是基础。这些基础既包括理论基础，也包括工作的手段和工作方法。前者需要读书，后者需要实践。干不同的工作需要不同的基础，如搞电子线路工作的就要学会焊接线路，搞结构设计的就要绘制机械图，搞理论计算的就要会运用计算机。有些同志对这些基本功看不起，认为这些工作是应该别人帮他做的，不需自己亲自动手。这种看法当然是不正确的。如果缺乏这些基本功，实际上你就缺乏独立工作能力，因为你不让别人替你接线、画图、上计算机，你就完不成任务。应该具备这些基本功（上面讲的基本功仅是简单的举几个例子，其他的基本功还很多，如怎样使用各类仪器、怎样做各种不同的试验等），在你掌握这些基本功以后，如果你工作很忙时，也可请别人帮你做些辅助工作，共同完成任务当然是允许的。

在我们学习一项新的课程、阅读一篇文献时也要有基本功，那就是要花一定的功夫对书本或文献中的基本原理、假设的条件、重要公式的来源等，进行研究、消化；否则，读过了还不能全面掌握，或理解不深，也就不易运用。

6. 在工作中或学习中不放过一个细小问题

在细小的问题中往往存在着重要的内容。例如，正是由于在进行空气定量分析时重视了细节，才发现了空气中含有稀有气体（氩、氖、氪等惰性气体）。如果当时轻易放过把主要成分氮、氧和其他（如二氧化碳、水汽等）分离出后剩下极其微量的气体，认为这只是分析误差，就发现不了这些稀有气体了。

不放过一个细小的问题，对读书来讲可学得更加深入，理解得更加彻底，对作试验来讲，得出的结果更加精确。对每个人来讲，不放一个细小的问题，也是培养一个人严密、严格、严肃的“三严作风”。

对一种现象、一个问题多问几个为什么，也是深入钻研的一种方法。学习要有一股钻劲儿，一股傻劲儿。吃饭也想，走路也想，甚至想到废寝忘食的地步，要有不解决问题誓不罢休的精神，对待任何细小问题都应该这样。

7. 学习要培养独立思考的能力

解决任何问题，分析任何问题，要有独立思考的精神。在学习和研究工作时，应不受书本和前人经验的束缚，这样才会找出新的方法，发现新的理论。当然这绝不是否定书本知识和前人的经验，只是对这些不作绝对的肯定。独立思考是“三严作风”与实践经验的结合，而不是脱离实际，想入非非。凡事要肯动脑筋，多提些问题，并求得解决。这样做将来干起工作来方法就可多一些，速度就可快一些。有些事儿看来好像不值得思考，有时其中还包含一些巧妙的办法等着人们去发现。简单举一个算术的例子：“一家有 9 口人，每人每天吃半两（16 两 =1 斤）油，某月为 31 天，问这家人该月共吃油多少?”这个问题直接的算法就是 $9 \times 0.5 \times 31 = 139.5$ 两，再换算成几斤几两。可是另外有一个巧妙的算法，就是假定这个月是 32 天，则每人刚好吃 1 斤油，一家人共吃 9 斤油，由于少了一天，刚好少吃 4.5 两油，很快就可得出结果。就是 9 斤减去 4.5 两等于 8 斤 11.5 两。类似的题目还很多，如果平时多做一些数学游戏题，也是训练独立思考的好方法。

8. 学习要注意及时复习和回忆

我们学习一本书或阅读一篇文献，都要一段、一节、一章地读，有的人记忆力较好，读后印象很深，不易忘记；有的人记忆力稍差，读时还比较清楚，读后印象不深，易于忘记；有时读了后面，就忘了前面，结果得不到系统的概念，掌握不住重点。这样，我们读完一段、一节或一章后，回忆一下，复习一下（根据个人的记忆力强弱不同，回忆或复习的章节间隔可长一些或短一些），抓住主要内容使前后得以连贯，虽然时间花得多一些还是值得的。

9. 学习外语

外语是收集资料的必要工具，在进行研究设计工作中，应该充分利用国内外的成果，并在其基础上加以改进和提高。因为别人花了很多时间取得的东西，我们就不必要再从头搞起；别人走过的弯路，我们无须再走一遍。这样，可节省人力、物力、财力和时间，加快我们事业的发展。但是，要搜集资料，尤其是国外的资料，就需要外文工具，因此就必须学外文。由于国内目前翻译外文资料的力量还远不能满足需要，而且世界上英文资料较多，一般情况下以先学英文为好。

关于学外文的重点，首先可放在阅读上。至于听、写、说，可放后一些；学习语法可先学些简单的词条，以结合专业内容为好。可通过速成的方式，初步达到借助字典可阅读一些内容浅显的书的水平，使之逐步巩固后再开始运用。这时必须通过运用继续加以巩固，这是至关重要的，切不可中断，否则会前功尽弃。开始阅读外文技术书时，可作为学习外文来看待，不但要读文章的内容，还要记生字以积累词条（记生字可采用写生字条，随身携带，有空就拿出来复习，这是一种很好的学习方法）。再重复一句，这时一定要不间断地学，直到能顺利阅读，还应坚持下去。就是要趁热打铁一气呵成，免得中断后又得从头来，反复一两次就会失去信心。

10. 搜集资料

前面刚介绍过搜集资料的重要意义，当进行一项课题研究时，在选择技术途径、确定技术方案之前，需要先了解别人在这方面做了哪些工作，有哪些成果我们可以应用，以便列出几个方案，写出各个方案中需解决的关键问题；然后对所列方案进行比较，如可靠性、工艺性、维修性、经济性等，通过比较或经过某些试验决定取舍。

对搜集的资料要批判地接受，有些作者所发表的试验数据，有时为了拼凑其理论分析结果，不惜造假骗人。因此对别人的成果，必要时要加以验证。如果文献上怎么说就怎么信，有时可能上当。因此要发挥自己的主观能动性，当然也不能不着边际地猜疑。

搜集资料、阅读文献，不一定就能直接得到所需要的东西，有时应通过自己的思考和加工，灵活运用来解决自己的问题，这样也就变成了自己的东西。

11. 写好技术报告或技术总结是提高技术水平的重要环节

当工作告一段落以后，应该把这项工作的整个过程，如从接受任务书、搜集资料、拟订方案、进行分析计算、试验论证、确定方案，到设计生产、调试试验，最后满足任务书的要求制成初样试样，把每一环节所遇到的问题、解决的办法及其理论依据、最后的结果、实验记录计算数据等详细列举出来，写成总结报告。这样做就是把自己的工作系统化一下，再经过一次详细的回忆与思考，对技术水平的提高是大有帮助的。

12. 工作就是最好的学习

不能把学习简单地看成是读书。当然，读书是必要的，它是增加理论知识、提高理论水平的有效途径。但是需要提高的不仅是理论，还有实际经验。因为在整个工作过程中，既需要有理论的指导，也要有实际经验来使之实现。既然如此，完成一项科研任务的同时也是一个学习提高的过程。在完成每一阶段的工作之后，都能积累不少实践经验。因为在每一阶段的工作中都有不少事情要做，对众多的事都要很好地处理和安排。怎样处理才适宜，怎样安排才妥当，通过一次实践就会牢牢地记在脑子里，这些就是实践的经验。它是通过工作体验出来的，这些经验可以指导下一次类似的工作。工作完成得越多，积累的经验就越丰富，处理问题就更有效、更准确。因此，每完成一项任务，总要进行一次系统的总结，特别是把一些重要的经验提炼出来，它不仅可以指导自己的工作，还可以帮助别人的工作。

关于经验可以说有两种：一种是成功的经验即正面的经验；一种是失败的经验即反面的经验，也就是失败的教训。正反两方面的经验都是有指导意义的，往往一次失败的教训给人们的收获比一次成功的经验还大。因为遭受一次失败，印象极为深刻，永远难忘，以后类似的错误就很少再犯。俗话说失败即成功之母就是这个道理。在我们事业发展进程中，不知经历过多少次胜利的喜悦和多少次失败的痛苦，但只要胜不骄，败不馁，很好地总结经验，就会一步一步地向前迈进。因此可以说，工作是最好的学习。

二、谈谈工作问题

（一）首先要锻炼自己有独立工作的能力

任何一个人都要工作，并且要把工作做好。要做好工作就必须要有独立的工作能力。如何才能培养这种能力呢？首先在工作时就要树立信心，自己一定能够把工作承担起来，尽量少依赖或不依赖别人。但在开始工作时，难免会遇到这样或那样的困难，遇到困难怎么办，首先应该独立思考，千方百计想办法自己来解决。想出的办法不一定对，有可能把事情做错，造成损失，可以把自己的想法讲出来，向有经验的老同志请教，请他们纠正自己的错误，并指出错误的原因所在；然后回来再仔细研究，考虑，提出新的办法，再去请教，直到他们表示认可，最后动手去做；做完后检查一下结果，看是否还存在问题。这样就容易发现你原来的想法哪些是正确的，还有哪些不足之处，发扬成绩，纠正错误，工作能力就可提高一步。照这样干下去，做一项工作提高一步，就能锻炼成为一个有独立工作能力的人。因此，切忌干事儿时一遇到困难就依赖别人指点，而自己不动脑筋，这样做事情即使办成了，甚至办得很好，对自己帮助也不大，工作能力提高得也不多，更不会快。

（二）要有勇挑重担的精神

有志之人在工作中要到最艰苦的地方去，以锻炼自己成为坚强的战士，为社会做出更多的贡献；有识之士在接受任务时，应勇挑重担，以培养自己成为一名优秀的技术人员，能在科研工作中做出更大的成绩。这里所说的重担，是指你的能力可以承担的，即通过努力能够完成的任务，既不是轻而易举能完成的，也不是用了九牛二虎之力也完不成的。轻而易举就能完成，压力不大，水平提高也不会多；拼了命也完不成，既损伤了积极性，水平也不会得到提高。如何才是恰如其分的重担，这就需要你和你的导师共同研究。一般情况下，你对自己的水平了解得更清楚，你的导师对你也会有一定的了解。因此在分配任务的时候，导师先将各项任务的内容和承担该项任务所需的技术基础加以说明，你可根据情况挑选那些通过努力可以完成的项目，并征得导师的同意。在开展工作时，一定要发扬自主精神，进行独立思考，必要时才向导师请教。导师也应不时地主动来检查，指导时只点其要害，而不作详细的论述，以便发挥学生的主观能动性；在紧急关头时导师也可亲自出马以渡难关，不致使任务延期。总之，学生要勇于挑重担，导师要敢于放手。

（三）工作时要不畏难，敢于向困难挑战

在工作过程中总不免会遇到这样或那样的问题，有的甚至是很困难的问题。遇到这种情况怎么办，是向困难低头去求救于别人，还是向困难挑战勇克困难，当然应该采取后一种积极的态度。因为每克服一个困难，每解决一个问题，技术上就能前进一步，经验上就可多积累一点，不断地鞭策自己，充实自己；而且每克服一个困难，就能更加树立对自己的信心，再遇到困难时就更有克服困难的勇气，构成一个良性循环。俗语说得好，世上无难事，只怕有心人。当然有时由于技术水平不够、经验不足所限，对遇到的难题确实无能为力，但这也不要紧，可以去请教别人帮助解决。在自己动了脑子后，再得到别人的指点，就能体会其奥妙所在，加深印象可得益非浅。总之，不畏难是提高技术水平和积累经验的动力。

（四）在处理超差代料工作中要当“医生”不当“法官”

在研制生产工作中，常常会遇到由于生产者的疏忽造成产品尺寸超差；有时由于用料不当，不符合图纸要求。这时设计者就面临一个超差代料的处理问题。当然造成这些因素的责任者，是生产者而不是设计者。设计者处理这类问题有两种方式，一种方式是责任反正不在我，一律报废；另一种方式则是珍惜生产者的劳动和国家的财产，尽量挽救。前者是法官式的判处死刑，这是不负责任的态度；后者是医生式的救死扶伤，这是主人翁的态度。当然要当医生，也要能对症下药，既能挽救产品，同时也不影响整体的性能指标，这还需要下一番功夫。这里还想附带讲一下某些当“法官”的设计者，当他发现产品超差是自己图纸的问题，他就会千方百计地加以挽救，有这样作风的同志应该深深地挖一挖自己的思想根源。

（五）在研制过程中要始终把质量放在第一位

质量是航天产品的生命线。既然叫做航天产品，意思就是在产品（航天器）飞行到空间后能保证正常工作；万一出现故障难于维修复原，换句话说就是，一旦出现故障则整个航天器即将失效，造成这次航天任务的失败；每次航天任务投资额都比较大，因此经济损失也是很可观的；如果是载人航天，其后果将更为严重。质量既然如此重要，怎样才能保证产品质量呢？产品的质量好坏主要是靠设计和生产工艺优劣来决定的。设计和生产都是靠人来操作的，因此人是决定的因素。参加设计和生产的人员必须从思想上重视质量，只有思想上重视才能在行动上把握住质量。

对设计人员来说，就是要设计出高可靠的产品。可靠性是质量的重要组成部分，可靠性愈高，其质量也必然是高的。以产品电路设计为例，为提高可靠性，则要采取冗余设计，如双点双线、双插件、双继电器等，降额设计，采用高可靠的元器件，并保证产品能适应恶劣环境的要求（如温度、湿度、压力、振动、冲击、油雾、盐雾等），特别要考虑空中飞行的环境要求。对这些要求能否适应，应逐项进行考核。考核时应略加余量，即比实际要求更严格一些。

对生产人员来说，首先应严格按设计要求去做，制定必要的工艺，有时需制造所需的工艺装备，应尽量做到设计要求靠工艺来保证，而不是仅仅靠工人的技术水平来保证。这样就可保证产品的一致性和合格率。产品制成后，应经过严格的检查和必要的考核试验（如例行试验、老化试验、应力筛选试验等）。产品的检验也是保证产品质量的一个必要步骤，可以防止在生产过程中出现疏忽大意，可使造成产品超差或混料的情况被及时发现，以便进行补救。

设计时采用标准电路和标准件，也是提高可靠性的一种方法。因为标准电路和标准件都是经过考验证明是没有问题的。此外在选用元器件时，尽量按优选品种选取，使品种越少越好，这样在提高元器件可靠性时投资会更少。

当进度与质量发生矛盾时，进度要绝对服从质量，否则抢了进度忽视质量，其后果必然会出现问题，还得从头做起，反而使进度大大推后。关于数量与质量的问题，决不能以数量来补救质量。因为从质量不高的数量中挑选合格的产品，其质量也难以得到保证；而且那些被挑选出的合格品的性能往往处在合格的边缘，有时经过时效或恶劣环境的考验容易产生失效现象。因此只有在确保质量的产品中，其质量指标都会有一定的余量，必能经得起时效或恶劣环境的考核。总之，确保质量是航天产品的首要任务。

（六）工作中要遵循周总理提出的 16 字方针

周总理提出的“严肃认真，周到细致，稳妥可靠，万无一失”的 16 字教导已经深入人心。人们每做一件事，每处理一个问题，都要从思想上采取严肃、认真的态度。例如，在进行运载火箭飞行试验过程中，遇到一件仪器出现不正常的现象，就应从思想上严肃认真地考虑，如果这个不正常现象处理不当，会影响飞行，造成试验失败。这样就需要周到细致地检查，找出产品不正常现象的确定原因，并针对这一原因采取必要的措施。为验证措施是否稳妥、可靠，必须在采取措施后反复进行考核，充分证明措施的确有效。如此进行工作，将会万无一失。

（七）产品设计过程中应考虑哪些主要问题

一个好的设计方案，在保证产品性能的同时，还要考虑生产的工艺性、使用的维修性、制造的经济性。

1. 生产的工艺性

生产的工艺性应放在重要位置来考虑，不应该把产品性能的保证寄托在复杂和困难的工艺上，甚至必须要依赖于某位技术熟练的老工人的手艺；否则该产品的生产周期一定会很长，成品率也必然会降低。当然，一个工艺性好、维修方便、成本低廉、保证产品性能的设计是不易做到的，这就需要设计人员平时能深入生产实际，多与工人接触，多掌握一些生产知识，并且在设计过程中多征求老工人的意见，工艺性的问题就比较容易得到解决了。

2. 使用的维修性

在设计时应考虑产品任何一部分出现故障，在结构上如何设计才能方便修理；只有在设计时就把维修问题研究在先，才不会发生产品完成后发现维修困难的情况。

3. 制造的经济性

设计人员在设计过程中，对每一部分设计都应仔细研究采用何种方案价格最低；当然，方案的采用应以保证产品性能为前提。换句话说，就是在保证产品性能的基础上采用最经济的方案。

（八）健康的身体是完成任务的重要基础

任何人要想在事业上做出较好的成就，为国家做出较大的贡献，首先就必须有一个健康的身体。没有这个基础，即使有很好的才华，也难以发挥作用。这里所提的健康身体当然不是用运动员的标准来衡量，只要能抵抗一般疾病的感染，能承担一定的工作量而不至于感到疲惫不堪即可。要做到这一点只要每天能坚持一定时间的锻炼，贵在每日，贵在坚持。此外日常生活要正规，要养成卫生习惯，最好不抽烟，要少饮酒，跳舞也要适当控制。现在青少年中抽烟的人数有逐年增加的趋势，抽烟有百害而无一利。抽烟能致肺癌，在使小环境遭到污染的同时也浪费金钱，特别是有些年轻人讲派头，比阔气，要抽昂贵的烟。有个顺口溜描写一些人对烟的评价，即“一云二贵三中华，黄果树旁阿诗玛，红塔山下红山茶，石林双喜请进家，礼花友谊抽支吧，前门恒大不要拿”，这些都是虚荣心在作怪。至于饮酒问题，一般以少饮为是，对饮酒程度不同所表现的状态也有一个顺口溜，即“饮酒前文质彬彬像孔雀，喝下几杯活跃起来像猴子，再饮几杯言谈鲁莽像狮子，最后晕倒在地像条猪”，看来喝到像猴子的程度就可以了。关于跳舞也不宜过度，对跳舞不同阶段的表现也有一个顺口溜，即“不会跳旁边站，有人教试试看，学会了一身汗，上了瘾拼命干，着了迷死了算”，看来跳到一身汗也就够了。有了健康的身体，并具备较好的技术水平，就应在本职岗位上努力工作，做一个好干部，不要像人家描写的某些不称职的干部那样，“饮酒半斤不醉，跳舞中外都会，打牌几夜不睡，工作啥也不会，汇报件件都对”。

三、谈谈为人方面的问题

关于为人之道涉及的面太广，一时很难说清。因此，这里只着重谈谈在处理技术工作中涉及的一些为人方面应注意的问题。

（一）不要不懂装懂

干技术工作来不得一点儿虚假，懂就是懂，不懂就是不懂。有时不懂装懂，既欺骗了别人也害了自己。为了顾全面子，觉得在众人面前对某些技术问题不懂得，有点儿下不来台，于是就装出一种很懂的样子，信口开河乱说一通。不懂行的人听了信以为真，受了你的欺骗；如果按照你的错误意见去办，会给工作带来很大的损失，追究其责任来也必会受到牵连。懂行的人听了，知道你是在胡说八道，对你的评价也就可想而知了，岂不是为了顾全面子反而大丢其人，这不是害了自己吗？相反如果你不懂就虚心地去请教别人，当你弄懂以后，不是又增加一部分知识，下次再遇到类似的问题就变外行为内行了吗。《论语》里有句话说得好，“知之为知之，不知为不知，是知也”就是这个道理。

（二）正确对待成绩和失误

在集体工作的过程中，必然有时成功，有时失败。在成功（即是有成绩的时候）的面前应该多考虑别人的贡献，决不要把别人的成就戴在自己的头上去请功，尤其是技术负责的同志更不应如此。在失败（由于决策失误带来的后果）的面前应多考虑自己的责任，作为技术负责同志更应如此。即使错误的意见不是自己提出来的，但是你作为技术负责人采纳了这个错误的意见，也应该对此负责。如果你能正确对待成绩和失误，跟你一道工作的同志就会评价你是一位正直、明智的领导，都会尽心尽力地和你一块儿工作，大家同心协力团结一致，一定能把工作做好。相反，如果你采取成绩是自己的、错误是别人的做法，甚至剽窃别人的成果为己有，必然在群众中失去威信；大家也会心存疑虑，不能以诚相处，工作起来离心离德，很难团结在一起，工作也肯定做不好。

（三）虚心使人进步，骄傲使人落后

一位虚心的人常常把自己的不足之处牢记在心，时刻都想充实自己，以提高自己才智和能力，不断取得进步。相反有些人自以为了不起，拿自己的优点比别人的缺点；一些年轻的同志看不起老同志，认为年轻的人充满活力，易于接受新事物，思想上没有什么框框限制，敢于冒一定的风险去干一切工作；而一些老同志又认为自己比年轻同志的经验多，知识面广，能应付一切复杂的事物。老同志常有一种口语“我过的桥比你走的路还要长”，对年轻人采取一种藐视的态度。这样互相看不起，谁也不想争取上进，结果大家都落

后了。因此只有拿自己的缺点比别人的优点，时刻感到自己不如别人，承认落后而又不甘心落后，这就是争取进步的动力，有了这样的动力，就会推动着你向前迈进。“虚心使人进步，骄傲使人落后”就是这个道理。

（四）要想尊重自己首先应尊重别人

世界上很少有不尊重别人的人能得到别人的尊重。自己尊重自己，同时都希望受到别人的尊重。一个人要想得到别人的尊重，应该是他的外表行为和内心思想可作为人们的表率，其中很重要的一点就是要谦虚，并能尊重别人。因为尊重是相互的，仅从礼貌角度来说也是如此。现在提倡说一些礼貌语言，也就是这个道理。

尊重自己决不能以打击别人为手段来抬高自己，有些人见功就抢，见错就推，甚至剽窃别人成果为已有，或加罪于人以显示自己，这些都是不光明、不正派的做法。相反，在成绩面前多考虑别人的贡献，在错误面前多考虑自己的责任，作为一个领导干部更应严格要求自己，这样做才是真正尊重自己。有不少干部能先别人之忧而忧，后别人之乐而乐，这是关心群众、尊重群众的表现，因而他们也受到群众的爱戴和尊重。言行一致，表里一致就是这些同志的特点。另有少数干部说的是一套，干的是另一套；对人要求严，对己要求宽；见利就钻，房子要好的，奖金拿多的；以权谋私，损公利己；遇错就躲，推卸责任，甚至通过在旁说风凉话，表示与己无关，这样的干部必然遭到群众的唾弃，又怎么能得到别人的尊重呢！

再谈一下如何对自己评价的问题。要评价一件事的好坏，总要有一个标准作比较。评价一个人的好坏也要有个标准，那就是人与人相比。在自己评价自己的时候，应该以自己的缺点比别人的优点。俗话说“三人行必有我师”，就是说任何人都有他的优点，值得我们去学习。这样比较就感到自己有差距，要努力去追赶，这就是前进的动力。如果以自己的优点比别人的缺点，越比越认为自己了不起，这种人终究是要落伍的，也不会得到别人的尊重。

（五）搞好团结协作

航天事业是一项技术复杂、协作面广的工作，它的技术部门的组成是：由总体部制定总体方案，由若干研究所分管各项分系统，如控制系统、动力系统、安全系统、遥测系统、外测系统等以及地面设备；而各分系统又由很多单项仪器所组成，各件仪器的生产又需由很多工厂来参加；工厂所用的元器件、原材料又将由各有关工业部门来提供。总之，要完成一项航天任务，必须有一个庞大的协作网作基础，否则将一事无成。

技术指挥系统设有总设计师、副总设计师、主任设计师、主管设计师等，各人均专职分管有关工作。协作网也好，技术指挥线也好，缺一环节均无法全面运转。因此，必须团结一致，大力协作。从协作网来说，几乎涉及全国各个地区，他们不仅要参与这项工作，还应保质保量按期完成所承担的任务，否则总的任务也无法很好地完成。当然技术指挥线也是如此，每位设计师都要把自己的设计工作做好，对上级设计师所提的要求应充分满足，自己的设计质量应得到保证，对下级设计师提的指标要合情合理。各级设计师各尽其责，组成一个坚强的集体，设计工作必然能顺利地完成。怎样才能使协作网和技术指挥线都能团结一致、齐心协力地搞好工作呢？这就要求提出指标的单位和接受指标的单位互相谅解，平等相待。提出指标的单位决不能以上级自居，指手划脚地下命令，而应该与接受指标单位进行充分协商，使所提出的指标是通过努力可以完成的，决不能好高骛远，强人所难。接受指标的单位，应充分理解指标的必要性，应该千方百计地去满足指标。大家这样做，共同语言就增多，矛盾就可大大减少，各方面都感到心情愉快，也是对工作的促进。

既然工作是大家做的，出了成绩也是大家的贡献，作为总设计师或总体部决不能把成绩放在自己头上。没有整个的技术指挥线，或没有其他分系统以及所有研制单位的共同努力，要想完成这一复杂的任务是不可能的，因此搞好团结协作是至关重要的。

（六）养成勤俭节约艰苦奋斗的精神

勤俭节约艰苦奋斗是我党的优良传统，凡中华人民共和国公民均有责任按此精神进行各方面的工作。我们的航天事业，当然也不例外。在 1956 年制定国家 12 年科技规划时，老一辈无产阶级革命家高瞻远瞩，将原子弹、导弹均列为 12 年规划的项目。根据当时国家的人力、物力、财力，开展“两弹”研制任务是有相当困难的。毛主席认为，如果我们没有这些东西，在国际上说话就不能算数。果然在“两弹”有了一定成果以后，突破了霸权主义者的核垄断，打击了他们的核讹诈。在建国初期人力、物力、财力十分困难的情况下，能干出这些成绩来，除了上级英明领导外，也是工作人员勤俭节约、艰苦奋斗的结果。那时各方面虽然很困难，领导上还是尽量满足同志们的要求，要人给人，要钱给钱，即是如此，同志们了解国家的困难，谁也不愿浪费国家的财物。那时条件很艰苦，大家还是顶着困难上。国防部第五研究院建立初期，住房很紧张，八个人住一间十几平方米的宿舍，除四套单人上下床、两只长条桌、几把凳子外，什么也没有，剩下的一点空间只够人走路。这种情况还算是优待的，大部分同志住的是帐篷。冬天，北风吹来，寒气袭人；夏天，炎日照射，汗如雨淋；晚上蚊虫叮咬，夜难成眠；吃饭没有食堂，多在露天野餐。在这种情况下，生活上没有人叫苦，只感到能在“老五院”工作，是党和人民的信任，自己的光荣。拿现在和以前比，真有天地之别，可是还有不少人感到不满意。当然，随着生活条件的改善，人的欲望提高是一个重要因素，往往是这山看着那山高，总觉得自己的条件不如别人，但眼睛里就没有看到还有很多条件不如自己的人们，享乐思想在脑子里逐步占主导位置，这种好逸恶劳的思想侵蚀了我们不少干部。社会主义的四个现代化建设是需要大批优秀干部去做、去拼搏的，因此干部的素质是至关重要的因素。

为了发展航天事业，培养一支勤俭节约、能吃苦耐劳、艰苦奋斗的队伍也是当务之急。改革开放以来国家经济蓬勃发展，西方有益的东西引进了不少，但一些腐朽的东西也不可避免地随之而来。随着市场经济的发展，一切向钱看的思想也随之而来。因此，在一些设计人员中，为了能申请到经费对某些不需要立项的课题也去申请立项，对立项的课题往往在经费预算上是宽打窄用，多余的款项就留给小集体作为奖励金。不言而喻，这就是化公为私，没有勤俭节约的主人翁精神。现在国家的经济条件比建国初期优裕得多，对航天事业的投资也比以前多得多，我们事业的规模也比以前大得多。当前在改革开放形势下，国家各方面的建设，尤其是基础设施需要大量的投资，每年的经费预算都有赤字，并且赤字的数额还在逐年上升，因此上级不断号召要勤俭节约，艰苦奋斗。不管国家的经济条件如何富裕，这个优良传统不能忘，况且我们这项尖端事业需用资金相当多。只要我们每个同志都能精打细算来考虑问题，上亿元的开支都有可能节省下来。这确实是一个不小的数目，希望每位同志都能牢记心中。

（七）一切从实际出发

实事求是，一切从实际出发，是我们党的优良传统之一，因此我们在处理任何问题时都要本着这一原则。

制定计划时既不要冒进，也不要保守。过去“大跃进”期间，喊出“10年赶美、15 年超英”的不切实际的口号，其结果当然是落空的。改革开放以后，提出在 2000 年的国民生产总值比 1980 年的国民生产总值翻两番，就是一个实事求是的奋斗目标。因而这不仅能实现，并且提前完成了任务。冒进的指标不但完成不了，还挫伤了群众的积极性。过去我们在工作中也曾制定过一些不切实际的指标，在仿制近程导弹还没有眉目之际，就想搞中远程导弹，当时聂帅发现了这个问题，就及时加以制止，并提出一定把仿制型号学到手作为上台阶的基础。这是一个非常英明的决定，在仿制任务完成后，培养出一支研制导弹的配套队伍，为后来研制液体地地系列导弹奠定了牢固的基础。当然，制定计划应留有余地。这个余地应是努力奋斗而产生出的，绝不是松松垮垮地干工作才留出的余地。如果是后者就说明计划定得太保守，保守的计划将使人们养成闲散怠惰的情绪，而不能提起奋发迈进的精神，这样也是非常不利的。

对一个人的评价也需要实事求是。对一位工作人员来说，首先应该看他的工作成绩和道德品质。工作能否出成绩关键有两个因素：一个是知识水平；另一个是工作的积极性。知识水平的高低当然与教育程度有关，同时也与自己勤奋学习有着密切联系。一位大学毕业生，甚至研究生，如果到了工作岗位上不努力学习，也就难以应付新的工作。相反，一位没有读过大学的同志能够自学成才，在工作岗位上又能结合专业，努力钻研，往往会做出好的成绩来。因此绝不能以文凭作为衡量知识水平的标准，而应以能否解决工作中的困难和问题为依据。至于工作积极性问题，就要看这位同志的责任心如何。责任心强的同志虽然在条件很差的情况下，也能千方百计地克服困难去完成任务；责任心差的同志往往强调条件不足无法进行工作。当然干科研工作不能不要条件，但从对待条件的态度就可评价这位同志的工作积极性。道德品质也是评价一位同志优劣的重要内容，道德品质好的同志能实事求是地处理一切问题：在成绩面前哪些贡献是别人的，决不占为己有，更不能剽窃别人的成果；在错误面前哪些责任是自己的，决不推卸于他人，决不以打击别人的手段来抬高自己。反映情况应该实事求是，不要在领导面前打不真实的“小报告”，以讨领导的欢心。作为领导来说，也不应该偏听偏信，不进行调查证实，甚至对被冤屈的人给予打击报复。凡此种种均属道德品质恶劣的人。

在制定一个新型号的战术技术指标时，也要实事求是。从使用部队来说，总希望战术性能好一些，战术指标高一些，以便装备一种得心应手的武器；而从研制部门来说，总希望技术上把握性大一些，投资的经费少一些，要求把指标定得低一些。两者之间开始时总是有一个较大的差距，最后常将指标定一个上下限，其上限接近甲方（使用方）的要求，其下限接近乙方（研制方）的希望，以此来弥合双方的分歧。事实上，各方都了解对方的底细。甲方认为乙方通过努力，可以达到甲方的要求；而乙方认为，甲方降低一些指标也可满足使用要求。如果双方都能互相加深了解，实事求是地进行协商，问题是不难得到解决的。只要甲方能体谅乙方技术上的实际困难，把指标略微降一点儿，同时乙方能理解甲方的实际需要，通过各方面的努力把指标略提高一些，就可达成一致意见。没有必要往返协商，花费很多宝贵时间，最后还基本是那个指标。

以上仅举几个例子说明遵循实事求是的必要性，其他事例当然还很多，这里就不一一列举了。

点点滴滴*

黄纬禄撰写的《点点滴滴》手稿

我从事航天事业科研工作，虽有近30年的历史，但由于是一个半路出家的“和尚”，法力不高，腹中墨水不多，没有什么像样的经验体会，写不出大块文章，因此想了《点点滴滴》这样一个题目，把工作中一些初步认识和粗浅体会零星地罗列一下，想到一个问题写一个问题，内容可长可短，可取可舍。

一、民主与集中

民主集中制是我党重要的组织原则之一，在技术问题上也必须遵循这一原则，才能把工作做好。无论制定一个技术方案或解决一个技术问题，必须

* 此文系黄纬禄在庆祝二院建院30周年时根据自己的工作经验和体会撰写的文章。

发扬技术民主，就是要让技术人员、行政干部、技术工人，总之与讨论该问题有关的同志，从各自不同的角度，充分发表自己的意见和看法。这样就可集思广益，以便从各种不同的意见中取其所长，避其所短，把方案定得比较正确，问题解决得比较合理。这样做肯定比一个人关在屋子里冥思苦想所得的效果好得多。即使你对某一方案或某一问题已“胸有成竹”，也还是先听听别人的意见，对自己的想法加以修改补充，使之更加完善；即使别人的意见无一可取之处，也无损于你原来的构思。因此，发扬技术民主对制定方案或解决问题是有百利而无一弊的。有人会顾虑，发扬技术民主以后，意见有分歧怎么办？其实要发扬技术民主就是要倾听不同的意见，才能取长避短，一边倒的意见是不常见的，真的出现了，问题也就迎刃而解了。现在关键的问题就是怎样把技术民主发扬起来，有了不同的意见又如何处理。在听取意见时，先不要有倾向性，也就是事先不要有框框，否则，会出现符合自己的想法就接受，不符合自己的想法就排斥；再一点就是不要因人而异，就是对一些人的意见容易听得进，而对另一些人的意见则格格不入。不以客观的事实来对待群众的意见，必然会造成群众的反感，直至有意见也放在肚皮里，不需几次，就会失去群众的信任。技术领导听不到群众的声音，得不到群众的支持，那是很危险的，也是很可悲的。因此在发扬技术民主时，就应本着诚心诚意把工作搞好而不是走过场的精神，这样就具备了发扬技术民主的思想基础。为了在发扬技术民主时，大家能积极发言，作为技术指挥员不宜先拿出自己的看法，否则，别人有不同的意见就不便发表。一旦指挥员提出自己的看法以后，当听到别人有更好意见时，要勇于修正自己的看法，这不仅不会丢失自己的面子，相反还会在群众中树立更好的榜样。因为坚持己见的领导，正说明其水平不高；改正错误的领导，更说明其有远见卓识。群众将拥护正确的领导者，并愿积极提供好的建议，这对发扬技术民主起着无形的推动作用。下面再谈谈如何在民主的基础上进行集中。

首先应根据问题的性质，找出主要矛盾所在。哪些意见能解决这个主要矛盾就应该采纳哪些意见。例如进行飞行试验时出现了某些故障影响发射窗口，在此情况下，只要故障能基本解决，不影响飞行试验的成败，应该采纳排除故障快的意见。如果经费开支是一个重要的因素，就应考虑在能解决问题的前提下采纳花钱最少的意见。若要制定一个总体方案，则问题是多方面的，这就要进行各方面的比较，权衡利弊，综合研究，选择较优的方案，如比较方案指标的先进性、技术途径的可行性以及完成任务的快慢、经费开支的多少等。当然对于这类比较复杂的问题，进行集中是比较困难的，这时就不能依靠某一个人来处理，而应该组织各方面有经验的同志共同讨论和研究，形成一个较好的意见，必要时还要来一个几上几下的多次征求意见和分析、研究，以力求完善。

其次，在进行集中时，既不能草率从事，也不能优柔寡断。如果对大家的意见不加详细分析和研究，就轻易做出决定，其结果就容易出现差错，给工作带来不必要的损失；相反，对待不同意见不知取舍，或者碍于情面不敢决断，其结果使工作长期拖延无法开展，这样做有时比决断错误更为不利(当然要尽量避免错误的决断)，因为决断错了，在工作过程中还可及时暴露、及时纠正，使工作得以开展。如果对大家的意见能经过认真分析比较后进行集中，其结果虽不能保证每次决定都是正确的，但错误的比例总不会过大，否则，这位技术指挥员将是一个不称职的指挥员。因此要求一个指挥员在做出决策时必须大胆心细。大胆就是敢于及时决断问题，不要做不必要的拖延，并且对所决断的问题要敢于负责；心细就是决定问题之前要深思熟虑，善于分析、研究，使所做出的决定少出差错或不出差错。

再者，我们处理的虽是技术问题，其中往往夹杂着大量的思想问题，因为有些意见的提出是与其本身利益或与其小集体的利益密切相关的，以致思想问题的比重更大些。故处理技术问题时，对思想问题决不能有丝毫的忽视。在思想问题未解决好以前不宜很快做出决定，因为即使你的决定是正确的，在执行过程中也会遇到重重困难。这是因为一部分同志从思想上不同意你的决定，在进行工作时就不愿积极参加，使进度得不到保证；或在执行任务过程中，无论你的决定如何正确，总会或多或少出现这样或那样的问题，一旦问题发生，原来持不同意见者就要重提争论，批评你的决定是错误的，极力要求改变，甚至进行上告，使你进退两难。究竟怎样来做好思想工作呢？在会议开始时就应着重声明一下：这次会议请大家充分发表意见，虽然意见不可能完全一致，出于工作的需要，必须很快把问题确定下来。可能一部分同志的意见会被采纳，另一部分同志意见也许不被接受，希望大家能从大局出发，尊重会议的决定，不要坚持自己的意见，但保留意见是允许的。有了这个事先的说明，使大家有一个思想准备，当自己的意见未被采纳时不至感到突然。此外，在听取意见的过程中，会议的主持者应尽量让别人把意见说完，最好不要中途插话，更不要中止别人的发言甚至给予批评，否则，容易引起对方反感，使之更坚持自己的意见。听完意见后，有时不宜立即拍板定案，对那些意见未被接受的人，应先单独进行交谈，需要肯定他意见的正确一面，同时指出他意见的不足之处（切忌把某些意见批评得一无是处），并真诚地征求他的意见，如采纳别人的意见他是否能接受，在这样个别商谈的情况下，使他感受到会议主持人的确很尊重他本人，也很重视他的看法，这时他就有可能客观地对待那些不同的意见，也容易认识到自己意见的不足之处。最后他如能表示“只要领导下决心，我不坚持自己的意见”，再拍板定案，思想阻力就会减少很多。当然有时也会遇到固执己见的人，不肯让步，不过这样的人毕竟是少数，与会者不会表示赞同。因此对这种人确实做不通思想工作，也要敢于把问题定下来，决不要惧怕个别不讲理的人而束手无策。有时舆论制裁是工作中有益的推动力，但如何树立正确的舆论，确是一件不寻常的艺术。

二、设计与工艺

一个好的产品，一方面要有好的设计使产品各项技术指标能满足任务书的要求，另一方面也要有好的工艺来实现设计的意图，二者之间必须密切配合，互相体谅，互相支持。因此一个好的设计不仅要考虑产品性能的好坏，还要考虑工艺性的难易，否则设计得再好而工艺无法实现，那也是水中月、镜中花，没有任何实际价值。设计者必须了解工艺，知道什么样的要求在生产时容易办到或通过努力可以办到，什么样的要求在生产时难于办到或根本办不到。这样的设计者就有条件在设计时能处处为工艺着想。如果一个设计完全依靠难于实现的工艺来保证产品的性能，这绝不是一个理想的设计。还有一些设计人员为了自己留有余量却对加工工艺提出不必要的高要求，给工艺增加极大的困难，这样做是完全不合理的。当然，作为工艺人员来说，应该千方百计地来保证设计意图的实现。一位好的工艺人员能在较差的设备和条件下制定出较好的工艺，生产出高质量的产品。

为了使设计与工艺取得协调，在设计图纸未下厂前应先进行工艺审查，对工艺性较差的部分提出修改意见，避免生产时发生困难。为了更好地解决这一问题，当设计人员开始设计时，就邀请工艺人员参加商讨，由设计人员交待设计意图，共同制定一个较好的方案，使设计和工艺都满意，这会大量减少工艺审查和修改设计的时间。一个设计往往有多种方案可供选择，一般来说，工艺人员参加制定的方案比较现实可行，就是因为设计与工艺取得了密切的配合，得到互相体谅、互相支持的结果。工艺与设计相结合是最好的组织形式，实践证明这样做是非常有效的。当然，也有通过工艺审查或者两结合的设计不一定能完全解决设计与工艺协调的情况。因为有些认识是在实践中不断得到深化的，如果在实践中又遇到工艺难于解决的问题，或者虽然可以解决但困难很大，这时设计就要体谅工艺，及时修改设计，不要强调图纸一经工艺审查签字就不同意修改。当然在另一种情况下，工艺虽然有一定困难，但在如果修改了设计就满足不了产品性能的要求时，工艺人员则要想方设法克服困难来解决这个问题，以满足设计者的意图。这些道理虽是简单明了的，可是做起来却并不那样容易，往往会因各自强调自己的困难和理由而互不相让。要解决好这个问题还是要从思想入手，要教育双方能识大体，顾大局，有勇挑重担的精神，发扬把困难留给自己、把方便让给别人的高尚风格，一切从国家的事业出发，把党和人民的利益置于个人利益之上，思想认识一致了，一切问题就可迎刃而解了。

三、继承与创新

进行任何一项研制工作，总是一方面要吸取过去好的经验，另一方面也要有所创新，才能不断前进。只继承不创新必将导致因循守旧，停步不前；只创新不继承必将丢掉过去好的经验而一切又重新从头开始，也不可能加快研制的进度。因此继承与创新必须很好地结合，方能在原有的基础上逐步提高。现在有些设计人员的指导思想是创新有余继承不足。在他们的脑海里认为只有创新才能显出自己的水平，才能一鸣惊人，如果继承别人的经验就认为是吃别人的剩饭没有出息。这种“勇于进取”的精神有其可取之处，但其创新的目的在于谋取个人的名利，不是从工作出发，也不一定对工作有利，这样就失去了可取的意义。如果我们每个人对事业都有一个崇高的理想和远大的目标，要毕一生之精力把自己所担负的工作完成好，把导弹和航天事业搞上去，从这一点出发，处理继承和创新的关系就会很容易得到解决。无论是继承也好，还是创新也好，怎样做对工作有好处、对事业发展有利就怎样去做。继承有利就继承，不会感到这是吃别人的剩饭，显得自己水平不高；

创新有利就创新，要不怕克服困难，不怕冒风险完成创新的任务。

回顾我部导弹事业发展的过程，就是在不断继承和不断创新中向前迈进的。就液体战略型号来说，第一个自行设计的近程型号，其中一部分就是继承仿制型号的研制成果，如动力系统的推进剂就是延用原来的，但发动机的推力提高了就是创新；控制系统的横偏校正系统开始就延用了无线电方案，最后为了“割尾巴”，采用了自己研制的全惯性方案。在研制中程型号时，推力矢量控制仍延用仿制型号的方案，但动力系统的推进剂就采用了可贮存的氧化剂和新的燃料，由于射程不算太远，继续采用单级火箭，但发动机的推力又比前一型号提高了一步。下一个中远程型号，第一级火箭基本上采用中程型号的基础，但由于射程较远必须采用两级火箭较为合理，这就为更远射程开创了道路；制导系统采用了新的补偿方案，使精度有较大的提高（当然其中也包括惯性器件本身精度的提高）。在洲际型号研制中就采用中远程型号的两级火箭技术（两级分离和空中点火的技术），但推力矢量控制采用了新型发动机，有效地提高了发动机的比冲。以上只是简略地举一些继承和创新的例子，事实上在其他分系统中（如弹头、安全、遥测，外测、地面测试系统等），在使用的原材料、元器件上，在生产工艺上，都有大量的继承和不少的创新，使我国的战略导弹事业从无到有、从小到大地发展着，技术水平也在不断提高。战术导弹和航天技术也是如此。

上面讲的继承和创新都是对国内的基础而言，即凡是延用国内已成熟的成果就是继承，凡是创建国内尚未取得的技术就是创新。但从世界范围而言，有些技术在国内虽属创新，而在国际上已为别人所采用，初看起来延用别国已有的成果，只能说是继承，但国内过去并无这一成果的出现，也没有成熟的资料可供借鉴，完全通过自己的努力取得的新成就，这应该属于创新范畴。别的国家已研制成功的技术不予转让，只有通过自己的创新才能掌握和应用，才能缩小与别国的差距，因此这样的创新仍然是很有价值的，是值得提倡的。事实上我们在导弹方面有很多创新是属于这类性质的，为了赶上国际先进水平就必须进行更多的这类创新。如果要想超过世界先进水平，就要创建国外尚未取得的新技术，这类创新当然是更有价值的。为了赶上和超过世界先进水平，这两类创新都是需要的。但根据我国的国情，不可能样样都赶，应有选择地去赶，因此创新的项目也应有选择地去做。

四、预研与型号

预研是型号的基础，有了好的预先研究成果，型号的技术指标就能提高，型号的研制进度就可加快，这是众所周知的。过去有这方面成功的经验，也有不成功的教训。因此，预先研究工作应很好地开展起来。长期以来我部的预研工作进展不大，效果不好。其原因是多方面的，例如有人认为型号任务是硬指标，计划进度必须有保证，否则，到时交不了卷，将会受到批评，还要承担责任，因而型号所需的人力、物力、财力都能得到优先解决；而预研工作则是软指标，完成与否关系不大，虽也进行考核，但不够严肃认真，因此在条件保证上很难得到重视，其后果也就可想而知了。又如根据当前经济收益效果来看，民品高于军品，而军品任务中型号研制高于预先研究，而且一项预研任务往往需要较长的时间才能完成，有的课题甚至劳而无功，最后得出否定的结果，使人感到浪费了经费、精力和时间，而还要冒着拿不出成果、得不到收益的风险。这又给开展预研工作增加了一层障碍。

预研工作是型号研制过程中极为重要的一步，不可有任何的忽视，可是当前开展预研工作又是难关重重。如要下决心把预研工作开展起来，建议采取以下措施：

1）领导对预研工作应予以重视。任何一项工作没有领导的关心，没有领导亲自去抓是很难取得成效的，预研工作当然也不例外。因此，部、院、所各级领导应有专人主管预研工作，各级科技委员会应协助各级行政领导把预研工作组织好，管理好。预研工作开展的好坏，他们应负有直接的责任，同时他们也应有权（在他们的职权范围之内）处理有关预研工作中的问题。

2）预研经费应得到保证。应从部内每年科研费的开支中拨出一部分（固定一个百分数，例如30%）作为预研经费，该款不得移作它用，应由主管预研工作的领导和部门直接掌握和支配并保证其合理使用。一定要改变过去那种不挂上型号的预研就拿不到经费的不正常的现象。

3）应制定预研工作的规划。预研工作是为型号打基础的，因此在制定预研规划之前，应有一个型号发展规划，根据型号规划就可制定型号配套预研课题（是针对某一型号制定的）。为了解决好技术途径问题，应开展对各型号带有共同性的和技术发展方向性的预研课题，这些规划制定好以后，就可以有目标、有步骤地把预研工作开展下去。

4）应明确预研工作是型号研制程序中一个重要组成部分，没有预研工作的成果就不能开展型号的研制。有了这一规定，预研工作就非开展不可，否则，型号就不能上马。当然配套预研课题都取得圆满成果后，再开展型号研制，无疑对开展该型号的工作是非常有利的。但是要等到所有配套预研课题都取得圆满结果是需要很长时间的，这必然要延长型号的研制周期，因此采取适当交叉是必须的，即在配套预研课题取得一定的成果，并且预计要达到圆满结果只是工作量的问题，而不是有多少难关需要去探索，在此情况下，型号就可以上马。在型号开展的过程中，预研课题也会相继圆满完成，若预研课题尚无眉目时型号就仓促上马，其结果必然因等待预研课题的完成，使整个型号拖延时间，使人力、物力、财力得不到充分利用，这一点必须给予应有的重视。

5）对预研课题应建立严格的管理制度。例如，预研课题的立题必须经过充分论证，说明课题成立的必要性，然后经过一定的审批手续才算正式成立。当课题进行到一定的阶段，应写出阶段性的报告并进行审查考核，课题结束时应写出正式的成果报告进行评审鉴定，并将鉴定结论记入个人技术档案，作为个人技术考核的一项内容。

6）应制定必要的预研政策，使参加预研工作的同志能充分发挥其积极性。首先在工作条件上（如经费、材料、元器件、生产加工、测试设备等）应给予充分保证，有成绩的记入档案作为调资和调级的参考，有突出贡献的应给予精神和物质的奖励，有创造发明的应享受专利权，有较高理论水平的，在不影响保密的条件下可允许公开发表论文，有使用价值的可推广使用。总之，预研工作者的待遇应与参加型号研制和民品开发的工作人员的待遇相当，甚至可略高一些。

五、质量与进度

质量与进度在工作安排上常常表现为一对矛盾，有时为了保证质量而会推迟进度，而有时为了保证进度就可能降低质量，这好像是一对难解决的矛盾。但仔细分析一下，解决这对矛盾并不困难。我们经常提到“军工产品质量第一”，事实上民用产品也应当质量第一。既然说质量第一，就应该把质量放在第一位，在质量与进度发生矛盾时，进度应该服从于质量。一件产品如果质量得不到保证，生产出来的都有毛病，将无法使用，生产愈多，浪费愈大，更谈不上进度。所以说，没有质量就没有数量，也没有进度，这是显而易见的。过去郑天翔老部长曾说过，质量问题是我部生死攸关的大问题，实践说明，这是千真万确的。在型号研制过程中，有时一台仪器甚至一个元器件的质量不好，就会使计划安排受到严重的影响或者使一次飞行试验遭到惨痛的失败。

下面就着重谈谈质量问题。一个产品质量的好坏是贯穿在产品的整个研制过程之中的。从设计到生产，从原材料、元器件的供应到一道道工序的加工，从调试到检验出厂，任何一个过程发生质量问题都会造成废品而无法满足使用要求。因此要保证一件产品的质量，需要参加这项工作的全体人员在各自的工作岗位上认真细致地完成自己的工作，一丝不苟，确保质量可靠。为此必须进行质量的宣传教育，使确保质量的重要意义深入人心。只有从思想上重视质量的提高，产品的质量才有保证。

现在强调用经济杠杆来管理企业，因此处处应重视经济效益。保证质量正是提高经济效益最有力的手段。就民品来说，高质量的产品就容易扩大市场，成为畅销产品和信得过的产品，成为名牌。就军品来说更是如此，作为外贸军品，有了质量就可充分发挥武器效能，取得胜利，产品就容易推销出去；作为国防装备，质量问题就更为重要。它绝不单纯是一个经济效益问题，而是能否有效地打击敌人决定战争胜败的大问题，是能否有效保卫祖国国防的大问题。

为了不断提高产品质量应建立质量控制（QC）小组，在生产过程中对产品进行严格的质量管理，这是提高产品质量行之有效的好制度。在发生质量问题时要及时进行质量反馈，有关单位对所产生的质量问题要认真分析原因，落实解决措施，杜绝类似问题重复发生，质量就可前进一步。

提高产品质量是非常重要的，但在某些情况下对质量的要求并不是愈高愈好，不必要的提高反而会带来经济上的损失和时间上的浪费，而对产品的有效性能并无补益。例如某一零件的加工光洁度▽ 9 已经足够，却要提高到▽ 10，这是完全没有必要的，徒然浪费人力和时间。

产品的质量虽主要是靠设计和生产出来的，但检验也是不可缺少的项目，有人认为只要设计水平高、生产质量好、产品件件合格，检验就是多余的。但是，不经过检验又如何证明产品是合格的呢？检验正是为了防止某些偶然事故的发生造成产品质量下降，因此检验在生产过程中完全是必需的。类似情况是，导弹在出厂之前进行质量复查以及导弹飞行试验前进行“两想”活动（即事故预想和回想活动）也都是为了防止漏洞，保证质量。这些都是行之有效的措施，应该继续坚持下去。

最后再谈一点质量与进度的关系问题。前面已经指出，在进度与质量有矛盾时进度要服从质量。但进度也不能长期拖延下去，有时拖得太长就会失去时机，到那时质量虽好也无实际意义，因此还要在保证质量的基础上赶进度。根据这一原则就可对某些规定作灵活处理，减少质量与进度的矛盾。例如交付总装厂的产品必须先通过例行试验，这一点是应该遵循的。可是在进度十分紧迫的情况下，往往采取边交付总装、边进行例行试验，这样做是不符合规定的，但提前总装测试可早暴露问题，也可争取一定的时间，当例行试验通过后质量也得到了保证。如果例行试验通不过，找出原因采取措施最后总会通过的，然后将修改后合格的产品换到弹上去，质量还是得到了保证。这些灵活的处理办法虽不符合要求，却也能解决不少问题，实践证明是可行的。它既保证了质量也争取了进度，当然这些不符合规定的做法非不得已时尽量不要采用。

六、自力更生与力争外援

在国防部第五研究院成立时，中央军委把“自力更生为主，力争外援为辅，利用资本主义国家已有的科研成果”作为五院的建院方针，这是非常正确的。导弹和航天技术 30 年来的发展正是依照了这一方针。

自力更生绝不是闭关锁国，一切都由自己从头干起，如果有条件争取外援来加速我们事业的发展而不去争取那是不对的。应该看到，即使是在技术领先的资本主义国家，也不是一切都是自己干的。不争取外援必然要花去更多的经费和时间；但如果一切都依靠外援，离开洋拐棍就不能走路，认为什么东西都是洋人的好，不顾国情，不把精力放在自己力量的基点上，只能照抄照搬，不敢越雷池一步，也是错误的。这样做我们将永远赶不上世界先进水平。

自力更生与力争外援虽然有主有次，但两者又是相辅相成的。我院在建院初期仿制某些战略和战术型号就是为后来的自行设计型号起到了打基础的作用，如果一直停留在仿制阶段上就不会有新的突破。因此在争取外援时

（首先就以引进为例）应考虑以下几条原则：

1）引进项目要少而精。要先选择当前急需而又有条件引进的，这样做既可很快发挥作用，又不致花费太多的外汇，特别在国家经济条件不很富裕的今天，更不宜全面开花，什么都引进。过去曾有某些项目由于考虑不周花了大量外汇，等建成投产后却找不到“英雄用武之地”而闲置在一边，这些事情实在令人愤慨。

2）引进的目的不能单纯是为了仿制，而应深入研究和分析，掌握其设计原理、新材料的性能和应用（必要时对该材料进行研制）、特殊要求的新工艺。

3）在研究和分析的基础上，对某些技术进行推广应用，对某些技术进一步改进提高，以便生产出性能更好的产品，既能解决国内市场的需要，节约外汇，也可打入国际市场赚取外汇。

当然争取外援也不只限于引进，其他途径还很多，例如到国外参观、参加国际学术会议、与外进行技术交流、派技术人员出国进修、请专家到国内讲学等，都可学习到先进技术。至于效果如何，就要在组织管理上狠下功夫。

七、留有余量与层层加码

研制一个型号，为了保证其性能指标得以实现，应该对各分系统及其部（组）件提出相应的指标要求。这些指标要求应比保证总指标对各分系统指标要求略高些，但不要过分提高，否则将对时间、人力造成不必要的浪费。

以产品为例，设计一件产品应有技术指标作为依据，通常以技术任务书的形式出现。设计者为了满足任务书的要求，在性能指标上总要留有一定的余量，这是完全必要的。

例如在使用环境上，要求振动加速度为10g，则可按12g来考虑；低温要求为－30℃，则可按－35℃来考虑。一件产品的技术指标的提出往往要经过很多次转手，现以变换放大器为例，它是属于控制系统的，而控制系统又是导弹总体的一个分系统。在总体对分系统提技术指标时，在考虑环境条件上有时就比实际情况略提高一些，为的是留有余量便于保证使用要求；可是控制系统对变换放大器提要求时，把总体的技术指标又提高一些；当变换放大器设计图纸下厂时再把控制系统指标向上提一些；工厂有时为了产品能通过设计所提要求，再一次提高指标作为检验的标准。如此层层加码使技术指标不断升级，这样做实无必要。概括地说留有余量对提高可靠性有利，表面上看余量留得愈大，适应使用范围就愈宽，可靠性也就愈高，但如果在实际使用中根本就遇不到这样的高的条件，过多地提高技术指标并无实际价值。例如在弹体结构设计中，其强度要求是按实际使用载荷略加余量提出的，为了考虑材料强度和加工工艺的不一致性等因素再乘上一个安全系数（目前常采用1.5，当然一致性好一些安全系数就可小一些）作为设计载荷。结构设计者为了能通过动静力的强度考核试验，又在设计载荷上加一点码，称之谓剩余系数（简单地说就是破坏强度与考核强度的比值），当然剩余系数愈大，通过强度考核也就愈有把握。显然，安全系数是必需的，而剩余系数就不宜过大（只要略大于1即可），太大了虽然可进一步提高结构强度的可靠性，但并无实际意义，因为实际使用载荷不可能达到那么高。剩余系数加大的结果，徒然增加了弹体结构重量，降低了导弹射程指标，这就是层层加码的不良后果。因此建议，将来考核一项结构设计的水平，不仅要看能否满足设计载荷要求，而更要看剩余系数能小到什么程度。

上面举的结构设计的例子说明，加大剩余系数是有害而无利的，对加大剩余系数这一点还是容易办得到的；而另一些指标由于层层加码就很难办到甚至根本办不到，例如在振动加速度和冲击加速度上，往往在过高的要求和现实的可能之间产生较大的差距，不得已也就进行了飞行试验，结果成功了。这样就有两种可能，一是指标提得合理，但由于飞行次数太少，最恶劣的环境还未出现；另一是指标提得过高，实际环境并非如此。因此，搞清实际环境将是一个重要课题。目前我们对飞行中振动和冲击参数测量和处理还是一个薄弱环节，特别在提高精度上要狠下功夫。

梁守槃同志曾举一个例子说明搞清实际飞行环境的重要性。飞机在高空中，其低温环境为 -55℃，使用单位提出机载导弹也应满足 -55℃的要求，看来是很合理的，可是机载导弹上某一部件只能满足 -40℃的要求，但经过分析验证飞机在空中高速飞行时，在气动加热情况下，导弹表面温度最低只是 -37℃，因此导弹能在这一环境下正常工作。如果按 -55℃的要求将是一个难解决的大问题。可见，搞清实际使用环境和条件，既可明确必保的技术指标，又可避免层层加码的弊端。

层层加码的思想主要是由于对指标要求没有底，分系统对总体部门所提指标不知是否留有余量，为了有把握起见，认为总体并未留余量，如果分系统对部（组）件提出比需要略高的指标，同样部（组）件对生产图纸又提出略高的要求，工厂为了提高产品的合格率，在验收条件上又加上一点码，这样层层加码，则会使产品的指标越来越高，有时甚至出现生产车间难于达到的水平。事实上没有必要提出这样高的指标，如果把需要的指标和留有余量的指标彻底公开出来，让分系统以及部（组）件单位和工厂车间都有一个全面的了解，只要有一个环节把指标的余量留足，其他环节就不要层层加码，这样做将大大缩短研制周期，并可节约人力、物力。

为了解决好合理地留有余量和防止层层加码问题，我们曾采取“会诊”的办法，即在产品某一技术指标难于达到时，就邀请有关单位（包括总体、分系统、产品设计单位，生产工厂等）共同研究解决这一问题。在“会诊”过程中曾发现有些指标过高属于层层加码提上去的，我们就规定只能留有一定的余量由大家来掌握，加码的部分全部取消，万一有什么风险也由大家来承担（事实上问题摆清了也不会有什么风险）。如果这样做还不能完全解决问题，就进一步采取分散难点的办法，让其他设备多承担一点困难来解决这一问题。为此我们曾总结了四句话，即“有问题共同研究，有困难共同克服，有余量共同掌握，有风险共同承担”。应用这四句话曾解决了不少问题。

以上是我在平时工作中的一些点点滴滴的经验和体会，既不成熟又很肤浅，不妥之处恳请读者多加指正。

谈谈产品的质量问题*

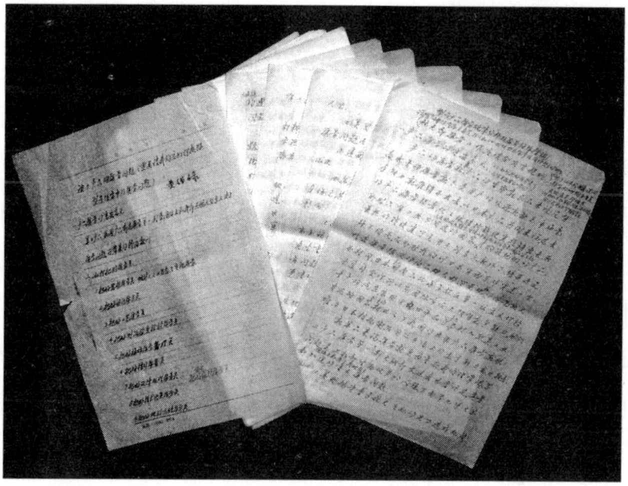

黄纬禄撰写的《谈谈产品的质量问题》的手稿

这篇文章的重点是谈我们应该如何抓好型号任务中的质量问题，由于篇幅所限，这里只能简单叙述。

一、产品质量的重要意义

产品的质量就是产品的生命，就民品来说，产品没有高水平的质量，就推销不出去，就失去市场上的竞争能力，更谈不上打入国际市场。就军品来说，质量就更为重要，我们经常说“军工产品质量第一”。下面举几个国外产品质量事故所带来严重危害的例子：美国挑战者号航天飞机的失事，造成机

* 此文系黄纬禄在庆祝二院建院30周年时根据自己的工作经验和体会撰写的文章。

毁人亡；美国发射卫星多次由于运载火箭失灵而遭失败；法国的阿里安火箭也有多次失败的教训；苏联切尔诺贝利核电站的爆炸，不仅造成人身伤亡，其污染还波及到国外，对全世界造成很坏的影响。这些科学技术发达的国家，稍有不慎仍然会发生重大的质量事故，造成巨大的损失。再回顾一下我国的航天事业也有不少惨痛的教训，例如飞行试验，有的是由于电池的单体之间的连接片仅用单螺帽固定，飞行中受振松动而断电，造成飞行试验失败；有的是因陀螺上弧形片的电刷压力调节不够，接触不良，造成姿态失常而使飞行试验失败；有的是因一根速率陀螺电缆的导线断开，使稳定系统不能正常工作而使飞行试验失败；有的是因陀螺帽盖更换较厚的结构，在地面未进行全面检查，飞行中程序转弯时陀螺被卡死，使姿态控制失去基准而使飞行试验失败；有的是因分离插头座提前分离，使控制电路中断，造成失控而使飞行试验失败；有的是因一块适配器的销钉未到位，造成适配器在筒内滑动破坏电缆罩，切断遥测电缆而失去全部遥测数据；有的是因平台控制线路中有一块组件瞬时失灵，而使飞行试验失败等。以上这些事例都是由于很小的质量问题引起的，而每一次事故都造成数以百万元的巨大损失，因此保证产品质量是一件非常重要的任务，必须人人、事事、时时、处处都要认真，都要重视，下面简要地谈一谈如何把好质量关的问题。

二、如何把好质量关

（一）把好思想质量关

保证产品质量，绝不是一句空洞的口号，而是要靠广大的人员认认真真做出来的。一个产品研制的全过程，即设计、生产、产品出厂、靶场试验、定型、装备部队、使用维护，没有一项工作不是靠人去完成的。因此人如果没有好的思想质量，就很难完成好的任务质量。作为设计人员，首先要保证设计质量，使自己所设计的产品能满足设计任务书的要求，并且工艺性好，用料节省，维护使用方便。有了思想上的重视就能指导正确的设计工作。作为工艺人员就应该为完成设计的要求、为生产出优质的产品而努力奋斗；见困难就退，就要求更改设计、简化工艺以图自己方便，这当然不是一个好工艺员，这是因为他缺乏好的思想质量。作为操作人员必须有严格按操作规程去操作的思想，否则就可能因误操作损坏产品；造成这种不良的后果是屡见不鲜的。有的检验人员由于思想不集中，造成误检漏检，甚至使漏焊的产品出厂，这种隐患如带上天，其后果是不堪设想的。以上只是为了简单说明思想质量的好坏与产品质量的高低是密切相关的，因此应对广大人员进行重视质量的思想教育，以提高每个人的思想质量。

（二）把好设计质量关

产品质量好和可信度高的重要基础是设计。我们已经研制了不少型号，其中有很多的成功经验，也有不少的失败教训。通过总结这些经验教训，就可拟定出一些设计要求。下面简要地提几个方面：

1）采取冗余技术，以提高可靠性。在使用元器件时应降低其额定功率、电压以减少损坏，尽量多采用标准器件和电路，因这些都经过长期使用考核，质量有一定的保证。

2）使用紧固件时必须有加固措施，以防松动造成故障。

3）在保证技术要求条件下简单就是可靠，应尽量压缩所选元器件的品种，这对供货和提高质量均有利。

4）在线路设计中应允许元器件有较大的偏差范围，设计应有较好的工艺性和使用维护性。

5）为减少继电器释放时产生电火花干扰，应采用灭火花电路。

6）对长电缆干扰应采取屏蔽和滤波措施。

7）应认真安排线路的接地方式，以防产生不必要的干扰。

8）对元器件的选用不要从粗中挑精，劣中挑优，否则将带来供货困难，同时也很难保证质量。

当然，还有其他一些应注意的问题，这里就不一一列举了。

（三）把好工艺质量关

好的设计应有好的生产工艺来保证才能生产出好的产品来，因此把好工艺质量关非常重要。下面根据过去型号中出现的故障，列举一些应注意的问题：

1）要保证没有虚焊点，零件加工必须符合公差要求，如某型号点火保险闩因零件尺寸超差未能正常工作，延误了发射时机。

2）要严格按工作要求操作，如某型号产品电位器的电刷压力调节方法错误，造成接触不良导致飞行试验失败。

3）部件制成后不应产生多余物，如某型号的电池，因有多余物而爆破，使整个尾段报废，损失数十万元。

4）组件和元器件安装在印制电路板上时应防止有悬臂梁的情况，否则经过振动会导致断腿。

型号产品中发生这类问题不止一次，生产技术应靠工艺规范来保证，而不要只靠某位老师傅的经验来保证，否则换了工人就不能保证质量。

（四）把好测试检查、检验质量关

一件产品的好坏，主要靠设计和生产来保证。测试检查、检验虽然并不能直接提高产品质量，但它却是为了查缺陷补漏洞的一项不可省略的手段。因此，把好这一关也是非常重要的。下面谈一些应注意的问题：

1）对测试检查中出现不正常现象，一定要找出确切原因加以排除。例如一次一个横法向放大器中一个继电器发现不吸合现象，后来经过数十次试验不再复现，为了找出确切原因，继续作试验，终于发现衔铁中有一块小铁屑，它平坦时就能吸合，竖立时就不能吸合，这一故障不排除是非常危险的。

2）仪器出厂前必须检查有无多余物，对仪器焊点必须逐一检查，不能有一点虚焊或漏焊。例如一次平台线路因一个虚焊点而引发故障，为了查找故障，排除故障，使试验任务延误了一周。

3）元器件、原材料入库前应进行质量检查；元器件在进入装配线之前，应按规定品种、项目进行筛选；电子仪器装配测试后应经过必要时间的老化，以便发现早期故障的元器件；对产品应采取应力筛选，剔除受振后失效的元器件，并考核工艺的装配质量。例如某型号的平台电子线路和计算机经应力筛选后，发现悬臂梁式装配的元器件有断腿的现象，立即采取了加固措施，免除了后患。

4）严格验收性试验和例行试验，发现有批次性故障问题，要彻底排除，才能通过。

5）系统的检查测试必须做到与实际使用情况一致。例如前面所举的平台帽盖改厚的例子，因为在地面试验时未盖帽盖，直到上天后才发现有卡陀螺的现象，导致了产品毁损。测试方法要正确，选用仪器要恰当，否则测试结果不准确，甚至会损坏被测设备，这方面的教训是不少的。

（五）把好操作质量关

操作正确与否对能否保持产品质量有密切的关系，一个误操作甚至可能破坏一个产品。下面举几个操作错误的事例：

一次在检查发动机密封性能时，要对发动机进行充气，需用一个三通接头，一端接高压气瓶，一端接发动机，一端接压力表（用来测发动机的充气压力）。结果用了一个两通接头，压力表这一端不通，造成发动机充压过高，破坏了点火器，延误了转场时间。

某型号在靶场试验时，由于适配器销钉未到位，在发射时适配器滑动，破坏了电缆罩，切断了遥测电缆，使试验失去了全部遥测数据。

有一次飞行试验时，将分离插头的保险铜丝打反了，使分离插头不能正常分离，幸而二岗及时发现，纠正过来，才避免了一次严重事故。

曾有过因插错插头烧毁设备的例子。

一次发射水下模型弹，用三用表低阻挡测电爆管通路，造成发射筒灌水，结果模型弹泡汤，不能发射。

有人用电流挡测电压，烧坏了三用表。

一次用装填筒装弹时，在装填快到位前应改慢速，操作手未改，二岗及时纠正，才避免一次较大的冲击。

还有不少误操作的例子就不一一列举了，操作人员应熟悉操作规程，严格执行操作规程。二岗、三岗人员应严守岗位，保证不出操作事故，保证产品质量完好。

（六）把好质量管理关

为了生产出高质量的产品，搞好质量管理是关键的一环。下面列出一些措施和要求：

1）对设计，必须在前一批评审的基础上改进了图纸，才能投入生产。

2）对元器件、原材料，要经过逐项检查，确保质量才能使用。

3）全弹出厂时，必须将质量审定结论报上级批准方可出厂。

4）整机出厂后，遇有故障，必须查清原因，采取针对性措施，以防同样或类似故障再次发生。

5）对试验成功的技术状态，要相对稳定进行冻结，必须更改时要作充分试验，证明有效，进行报批。

6）为使生产厂对整机质量全面负责，出厂产品的证明书，要由厂长和总工程师签字盖章。

7）实行目标管理制，要明确指标，如一次交验合格率，整机返修率、更换率、故障出现率等。

8）质量管理要充分发挥设计师的作用，使质量控制与解决技术问题密切结合起来。

9）质量管理要制度化，要贯彻始终。例如严格落实岗位责任制，计量管理、元器件使用年限的划线，开展设计评审，建立生产流程、登记卡，开展群众性质量复查和两想（即回想和预想）活动，地面专用设备要统一计量管理，坚持质量技术反馈制等。

（七）把好故障处理质量关

系统或整机出现了故障就得处理，如何处理效果最好，是一个故障处理的质量问题。下面分别叙述找寻故障的方法和处理故障的方法。

1. 找寻故障的方法

可以根据故障现象，设想故障所有的可能性。每一个可能性，有其不同的故障原因，先把这些故障关系用线条表达出来，应成为一个“故障树”；然后根据故障树认真甄别，从树根到树梢，逐步判别，甄别一个，排除一片。

甄别的方法是根据故障现象进行分析判断，可用试验验证，也可用理论分析，对怀疑对象要逐一处理。对故障的确定，要有充分旁证，不要轻易定案。有时故障已知，需寻找哪些产品含有这种故障，就要根据故障特征进行判别。

2. 处理故障的方法

首先要找准故障位置，然后要查清故障原因。处理措施要对路，既要排除故障又要尽量挽救产品，不要只当法官判产品死刑，应有医生救死扶伤的精神，当然确保产品质量是重要原则。如果故障原因确实一时难以查清，则可采取综合治理的方法，即对可能的故障因素都采取预防性措施。

（八）把好技术决策质量关

一项技术决策的正确与否，关系到产品质量的好坏、投资的多少、进度的快慢和试验的成败，因此技术决策的质量是至关重要的。下面举几个例子说明这一问题。

例如两级热分离试验问题。一次利用二级发动机试车机会，对某型号进行两级热分离试验，当时有人主张先进行冷分离，以防热分离技术不成熟影响二级发动机试车的成败；而另有人认为热分离技术没有大问题，只是分离前级间压力和温度升高，不一定会对发动机造成破坏。问题总是要弄清楚的，若第一次出了问题，就可采取改进措施；若第一次试验成功，就可以节省经费和时间。经分析认为后一种论点有利，并采纳了，而且一次成功。

又如水下点火问题。在某型号研制中为了克服其海中出水姿态问题，采取了发动机水下点火方案，但由于对水下环境条件认识不足，造成试验失败，这是决策不当带来的后果。

从以上例子可以看到技术决策质量非常重要。为了做好技术决策，应采取民主化、科学化的决策步骤。首先发动群众提意见，发扬技术民主；然后决策人集中大家的意见进行科学分析，权衡利弊做出比较正确的决策。决策时不能有个人偏见，不能事先带有框框。

（九）把好总结经验质量关

总结经验不是履行手续，不是走过场，而是为了更好地指导今后的工作，也可为从事类似工作的同志所借鉴。因此，总结经验质量的好坏和水平的高低，可以用后者的效果来衡量。经验有成功的正面经验，也有失败的反面经验，因此我们要善于总结正反两方面的经验。有时从一次失败的经验中所取得的收获，比从一次成功的经验中所取得的收获更多。记得我们在自行设计第一个型号时，由于未考虑弹性振动而失败，这一教训深深地印在每个设计人员的脑海里，在以后的型号设计中再也没有重犯这一错误。我们前面所说的把好各种质量关的大部分内容，都是过去成功和失败经验的总结。

（十）把好维护、保养和使用的质量关

产品装备部队以后，一定要根据要求进行维护、保养，要定期检查使产

品经常处于良好状态，一旦发现有问题就要及时妥善处理。因为有些故障不及时处理其故障程度会加速恶化。部队使用产品时，一定要严格执行使用要求，不能超负荷使用，不能超环境条件使用，更不允许有误操作事故发生，以免破坏产品质量。

综上所述，要保证产品质量，就得人人、事事、时时、处处重视质量！

建议编写《导弹设计守则》*

黄纬禄撰写的《建议编写〈导弹设计守则〉》的手稿

在我国的航天事业开创30周年之际，广泛发动航天战线上的所有同志认真总结经验是非常必要的，也是非常及时的。30年来，有很多同志在从事导弹研制中，做出了不少贡献，使我国的导弹和航天技术在国际上达到了较高的水平，同时在工作中也取得了不少的经验和教训。这些经验和教训都来之不易，是多少人用艰苦的劳动换来的，是多少人用汗，甚至用血的代价换来的，有的甚至是用价值几百万、上千万元的导弹飞行失败换来的。目前这些经验分散掌握在各个人的手中，它只能指导一个人或少数人的工作。若大家都来总结经验，把个人的分散的经验汇集起来，经过加工，实现从感性到理

* 此文系黄纬禄在庆祝二院建院30周年时根据自己的工作经验和体会撰写的文章。

性的飞跃，指导我们更多人今后的工作该是多么有意义的事。

从我部的实际情况来看，这个广泛总结经验的活动也是非常必要的和及时的。国防部第五研究院成立的初期，有一大批技术骨干，他们都领导或指导着一个专业方面的工作，他们既有渊博的理论，又有丰富的实践经验，而今他们有的已经年过半百，有的年逾花甲，甚至有的年逾古稀，部分年老体弱者已逐渐退居二线或离开工作岗位。若不及时总结，这些宝贵的财富就会失掉。20多年前一大批航天战线的新兵，也就是现在的主力军，那时风华正茂，敢冲敢闯，敢想敢干，20多年来，他们从一批刚刚走出学校大门的大专和中专学生成长为各条战线的骨干，是各行各业具有丰富经验的专家。是他们历尽了千辛万苦，亲手设计和制造了我国一枚枚导弹，闯过了一道道难关。他们曾享受了人间最大的欢乐——亲手把一枚枚导弹成功地送上了天，也曾尝到了人间最坏的苦果——经受了各种失败的考验。每次这样的成功与失败都给我国航天事业带来一大步的前进，这每一步的前进都给我们导弹设计知识的宝库增加了一页新的篇章。若把这些独立的篇章汇成一册《导弹设计守则》，用它来指导今后的设计、生产、试验工作，使它成为我国导弹设计的法规，我们就实现了从“必然王国”向“自由王国”的过渡，我们的设计水平将更上一层楼。

30年来，我非常幸运地参加了我国导弹事业发展的过程，也曾有机会参加了许多型号的研制任务，也和广大设计、生产、试验人员一样积累一些实践经验，经历不少成功和失败的过程。

在一次液体近程导弹的飞行试验中，由于弹上电池中断供电造成飞行试验的失败。经过分析和地面故障模拟试验断定中断供电是失败的主要原因，而产生中断供电又是由于固定导电耳片只用了单螺母并没有采取紧固措施，在飞行振动条件下，螺母松动而造成断电。这样一件小小的疏忽就造成了一次很大的事故。在有振动的工作条件下应当对螺母采取紧固措施。紧固的方法很多，如采用双螺母、螺母用铅丝打保险、采用各种锁紧垫片、用胶固封螺母或采取锁紧螺母，都可以保证螺母不松动。这一点不是不懂得，也不是没有合适的方法，这些措施在学校的机械零件课程中都有专门的介绍，就是没有得到足够的重视。事后广泛宣传，举一反三，要求弹上所有连接螺母等紧固件都必须采取适当锁紧措施，这一条也应当纳入《导弹设计守则》中，作为一个法律条文定下来，设计人员必须遵守，这样就不会再发生类似的事故。

在某一型号研制中，研制周期已达10年之久。第一枚遥测弹从发射台上徐徐起飞，工作一切正常，全体参试人员看到这种情景，无不兴高采烈，由于10多年来的辛勤劳动，眼看就要取得第一次重大胜利成果，谁都抑制不住内心的喜悦，正准备互相握手、互相祝贺，就在这欢乐的十几秒钟之后，导弹开始在空中翻转，飞成S形的弹道，接着就是一声巨响，导弹自毁成许多碎片，散落在发射场的附近。大家怀着沉痛的心情，查找飞行失败的原因。所幸故障原因很快就找到了，是由于弹上液浮稳定平台的盖子（大家都简称平台帽盖）在飞行到一定程序时，卡住了程序机构，使导弹在空中翻转。为了验证这一可能的原因，在地面用备份平台作试验，故障复现了。为什么会出现这样的故障呢？因为初样阶段的平台帽盖是钣金加工成形的，它在平台整机试验中是没有问题的，但是由于钣金件的刚度较差，在飞行振动环境中帽盖容易产生变形，因此在试样阶段就把平台帽盖改成铸造结构，加厚了尺寸，加强了局部刚度，但没有考虑到平台帽盖加厚以后，平台内部是否有足够的间隙允许程序机构作正常的运转，更改设计后的平台并没有在地面在加帽盖情况下进行飞行全过程的模拟运行，故帽盖卡住程序机构的故障未能在地面暴露（因为在地面测试平台时，需要打开帽盖，才能利用平台上的棱镜、测量平台的漂移参数）。就这一点疏忽大意造成了不应有的失败。若大家都能接受这一事故的教训，就应该规定一条守则："要求尽一切可能在地面试验中模拟上天飞行试验的全过程，以便在地面暴露问题并及时解决。"

此外，已经通过地面试验或飞行试验考核证明是成功的状态，不要轻易修改，如必须修改时，应在修改前考虑周到，并进行必要的地面试验，证明修改的状态是可行的；修改完成后应按飞行状态进行充分的地面模拟试验，证明一切都正常，才能进行飞行试验。

在某一型号进行第一次海上飞行试验前，已经向全世界发表了公报，这次试验的成败对国际影响很大，因此这次使用的弹上产品和地面设备都是经过严格检查的，并且由各研制单位的技术负责人亲自签字证明其质量可靠，加盖了"优"字章，希望飞行试验取得圆满成功。可是在导弹刚飞出水面，发动机点火后不到两秒钟，全弹就自毁入海。经研究和分析，其故障原因是一、二两级间控制系统用的三个分离插头座中有一个提前分离，使一级控制信号中断，造成飞行失稳而失败。分离插头座为什么会提前分离呢？可能的原因很多，如误送电分离信号、机械分离机构由于某种因素提前拉开、装配中没有插好或插头座本身有故障等。针对这些可能的原因，在第二发试验中采取了各种相应措施。第二发飞行试验虽然成功了，但前一发的失败却是一个惨痛的教训，使多少同志连续几个昼夜精神紧张，提心吊胆，唯恐第二发再遭失败，这将有损我们的国威和军威。如果我们能采取一种措施，使其一个插头座提前分离时，也不会导致飞行失败，岂不是更好吗？因此在后来修改设计中，除了在分离插头结构上采取了相应加强措施保证不会误分离外，在电路上也采取了重复保险电路，并且要求“在几个并行的插头座或电路中，采取交叉重复的方案，即每个通道采用双线，而每对双线分别各通过一个插头座，当其中一个插头座出现故障时，仍可通过另一个插头来完成任务”。

我国第一枚远程导弹试验中，有一次飞行试验失败，只是因为一根通向速率陀螺的导线断开造成的。因此可以规定“在一些影响试验成败的导线上都应采取双点和双线，若是有继电器的仪器，双点和双线应分别通过两个继电器”。这样做，线路的可靠性就可大大提高，可以从“两个九”提高到“四个九”或者从“三个九”提高到“六个九”的数量级，把这样一条纳入设计守则，我们整个导弹的可靠性就可提高一步。

对选择和应用元器件也要作一些必要的规定，如“选用元器件应注意尽量压缩品种；在型号研制前应编写出优选手册，规定元器件选用范围；在规定范围不够用时，要经过适当审批手续”。这样，可以为定货、生产、提高元器件质量、定型等环节提供很多方便。否则，设计者任意选用元器件，给物资部门定货、供货造成很大的困难，甚至有的厂家不是定点生产厂，过一段时间就停产了，货源中断会影响整个型号的研制工作。

“元器件在使用中，不许用足更不许超过额定条件（如电压、电流、功率、温度等），应留有适当的余量，这样可以保证元器件的使用寿命和可靠性”。

“使用元器件时，应在原技术条件（如绝缘阻值、放大系数等）范围内使用，而不能任意提高条件去筛选”。否则，合格率将大大下降，并会造成大量废品和积压。

有时为了满足线路设计的要求，必须从低精度的产品中选出高精度的元器件，这时最好不要任意提高对某一品种的精度要求，而应采用两个元器件并联或串联的办法，就能比较容易地获得所需的精度。

像这类的例子还可以举出很多，因为现在不是正式编写《导弹设计守则》，而只是举一些例子说明其重要性，将来正式编写时才需要广泛地收集。

在整个导弹研制过程中，每一个阶段都会出现不少问题，如果对每个问题都能找出真正的原因，采取有效的措施，将这些措施分门别类地纳入《导弹设计守则》中，那么该守则就是在各型号研制中长期积累的经验总结，时间越长、型号越多，参加的人员越广泛，其内容就越丰富，对指导下一步工作所起的作用也就越大。由此可见，编写一套完整的《导弹设计守则》绝不是靠少数人在短时间内可以完成的，而是要靠广大研制人员（包括科技人员、工人、实验人员等）的集体智慧，要长期坚持下去，不断完善，不断提高。

因此，建议我们编写的《导弹设计守则》，采用小型活页的方式，每增加一条，就增印一页，采用分类编号法，将新内容插入手册的适当位置。为了把这项工作推动起来，长期坚持下去并把它做好，现在应该尽快成立一个小组来负责这项工作，同时要求各部、所、厂、站广泛发动群众提供材料，并指定专人负责，逐级汇集。若参加型号研制工作的同志每人能提供一条经验，去掉重复条文以后，很快就可以编出上千条的规定来。有了这个《导弹设计守则》，我们的导弹设计工作也就进入了规范化、法制化了，以后的设计就可以《导弹设计守则》为准绳进行评审。如果大家都按《导弹设计守则》办事，相信我们的导弹事业将会少走弯路，并能多快好省地向前迈进。

我上面举的一些例子，都是极普通，没有任何高深的内容，但是忽略了某一点，就有可能造成很大的损失。因此在这里提出这项建议，希望能得到各级领导的重视，得到广大从事导弹研制工作同志的支持，把每个人在工作中所取得的成功经验和遭遇的失败教训都总结一下，写成条文，编成《导弹设计守则》，后人则会受益匪浅。请同志们踊跃地参加到这一工作中去吧！

寄语青年同志们*

我是一名老技术人员，对新中国成立以来，尤其在近20年来，在科技方面所取得的成就，感到无比的欢欣鼓舞，任何一位中华儿女也无不为之兴奋而自豪。可是我们与先进国家相比，在某些方面还有一定的差距，要想继续缩小这些差距并且最后赶上和超过他们，这副重担将更多地落在我们青年同志们肩上。为此我想对青年同志们在工作和处事为人方面，提出以下一些建议：

1）树立为祖国社会主义建设无私奉献的精神，把毕生精力投入到光辉事业中去。

2）干工作要奋力拼搏，不畏艰难，对同志无限热忱，尽心尽力。

3）以别人优点比自己缺点，找出差距，努力赶上，不断提高自己。

4）在胜利面前多考虑别人的贡献，在失败面前多考虑自己责任，切不可剽窃别人成果。

5）虚心听取别人意见，让别人把话说完，正确的就采纳，不对的耐心解释说明。这样做在讨论问题时，就能畅所欲言，心情舒畅。

6）首先尊重别人才能得到别人的尊重。

7）科学技术问题来不得半点虚假，切不可不懂装懂，自欺欺人，应有不耻下问的精神。

8）完成一项任务要及时总结经验，成功了，找出成功的办法加以发扬，同时找出尚有的不足之处加以改进，这样就可以打一仗，进一步。失败了，吸取失败的教训并牢记在心加以克服，还要举一反三，永不重犯，这样就能吃一堑，长一智。有时从失败中取得的收获比从成功中取得的成果还重要，这样我们就自然能做到胜不骄，败不馁。

---

* 此文系黄纬禄于20世纪90年代给航天系统青年人作报告的讲稿。

9）工作要确保质量，质量是产品的生命线也是其他工作的重要基础，没有质量就没有一切。

10）要注意大力协作，因为有大量的科技工作是由多数人或多个集体来完成的，例如我国研制“两弹”（导弹和原子弹）就是靠全国大力协作来完成的。协作单位中会有主有次，任务量有轻有重，我这里要说的就是协作中的每个成员一定要把自己的工作做得好上加好，但是向别人提要求时要实事求是，不要任意加码，要把超指标的余地留给别人，以提高他们工作的积极性，营造和谐的协作关系。

以上建议仅供青年同志们作参考。

在参加中国科学院成立 50 周年庆祝活动时回答青年的问题及给青年的赠言

一、回答青年朋友的问题

您的人生格言：严于律己，宽以待人。
您的治学格言：不畏困难，持之以恒。
您的业余爱好：智力题、围棋、笑话。
促使您走上科学之路的最大动力是什么：希望以科学救国。

二、给青年朋友的赠言

希望你们勤奋学习，将来为建设富强祖国作贡献：

1）要认真学习就要不耻下问，切勿不懂装懂自欺欺人。
2）在成功面前先突出别人的贡献，在失败面前先考虑自己的责任。
3）要勇挑重担，把困难留给自己，把方便让给别人。
4）不怕苦，不怕累，奋力拼搏，持之以恒，走向成功之路。

黄纬禄收集并整理的《趣味数学题集锦》手稿(节选)

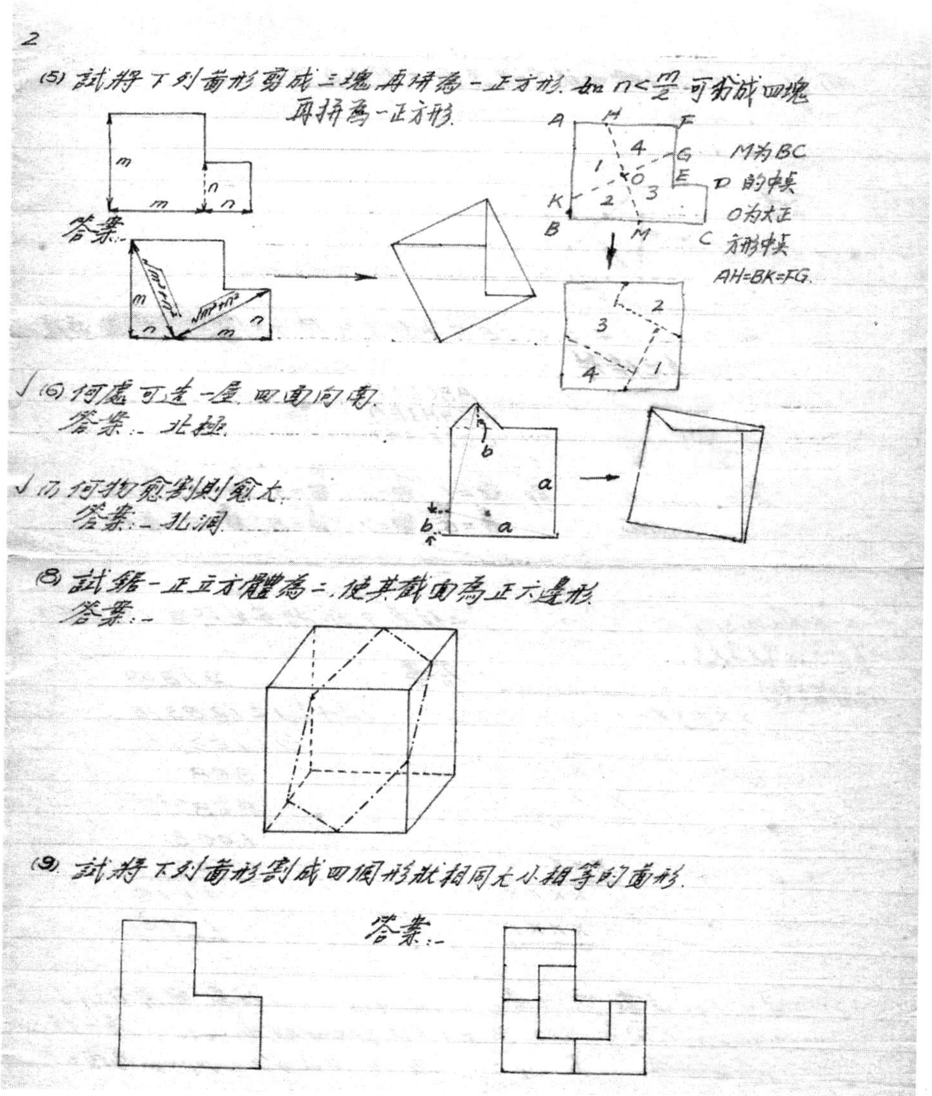

2

(5) 試將下列圖形剪成三塊再拼為一正方形. 如 $n<\frac{m}{2}$ 可分成四塊再拼為一正方形.

答案:

M為BC的中點

O為大正方形中點

AH=BK=FG.

√(6) 何處可造一屋四面向南.

答案:北極.

√(7) 何物愈割則愈大.

答案:孔洞.

(8) 試鋸一正立方體為二,使其截面為正六邊形

答案:

(9) 試將下列圖形割成四個形狀相同大小相等的圖形.

答案:

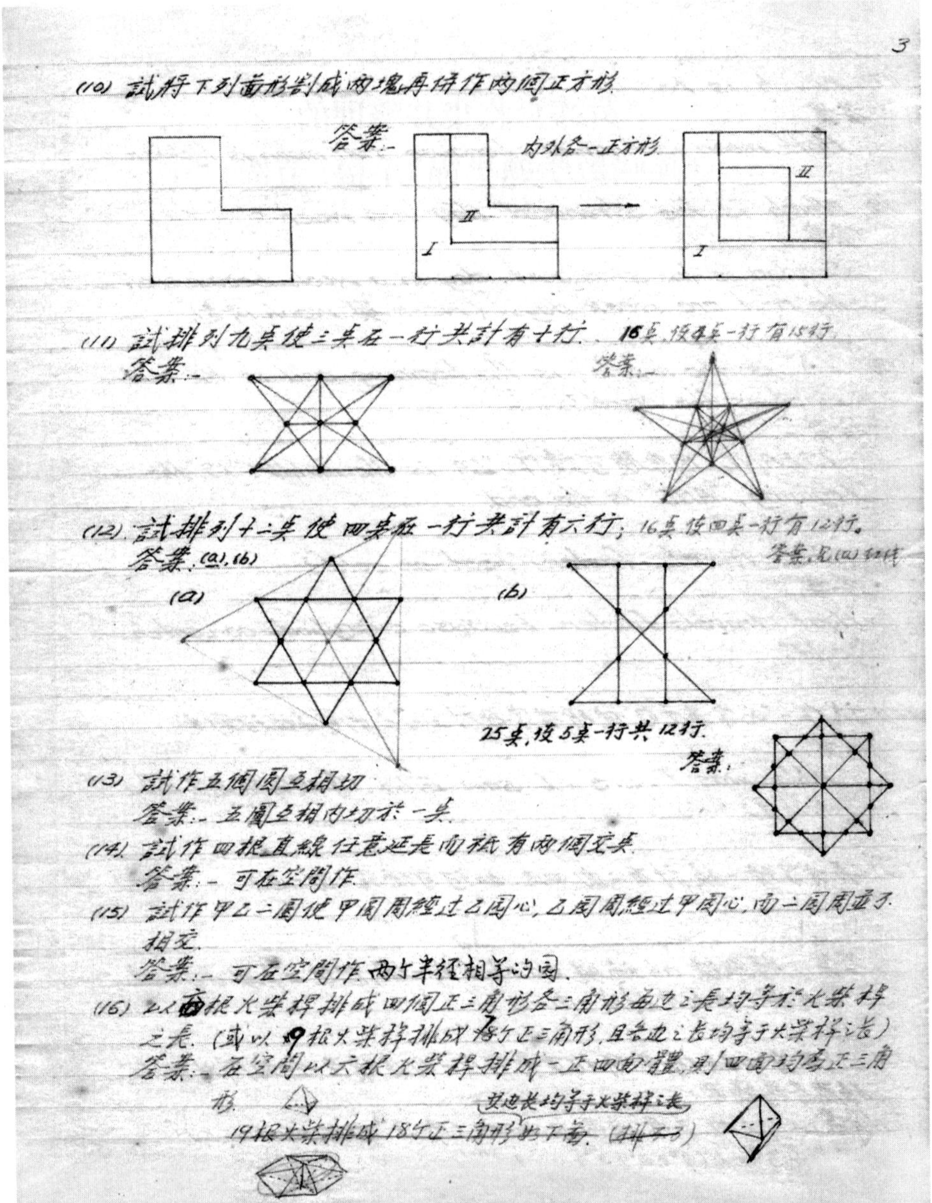

3

(10) 試将下列圖形割成兩塊再併作兩個正方形.

答案:- 内外各一正方形.

(11) 試排列九點使三點在一行共計有十行. 16點,按4點一行有15行.

答案:-

答案:-

(12). 試排列十二點使四點在一行共計有六行; 16點按四點一行有12行.

答案:(a),(b)

答案見(a)紅線

(a)

(b)

25點,按5點一行共12行.

答案:

(13) 試作五個圓互相切

答案:- 五圓互相內切於一點.

(14). 試作四根直線任意延長而祇有兩個交點.

答案:- 可在空間作.

(15) 試作甲乙二圓使甲圓周經过乙圓心,乙圓周經过甲圓心,而二圓周並不相交.

答案:- 可在空間作兩个半徑相等的圓.

(16) 以六根火柴桿排成四個正三角形各三角形每边之長均等於火柴桿之長.(或以9根火柴桿排成7个正三角形,且各边之長均等于火柴桿之長)

答案:- 在空間以六根火柴桿排成一正四面體,則四面均爲正三角形.

19根火柴排成18个正三角形如下圖.

4.

(17). Which is heavier, full moon or half moon?

答案:-

Half moon is heavier, because full moon is lighter.

(18) Which is the strongest day in a week?

答案:-

Sunday is the strongest day in a week, because all the rest are week-days. (week 與 weak 同音).

(19). "LA" is the middle, is the begining and is the end, what is the word?.

答案:-

ISLAND. 因原題可讀作 "LA" is the middle, "IS" the begining, "AND" is the end.

(20) Which travels faster, "heat" or "cold"?

答案:-

"Heat" travels faster, because everybody can catch "cold".

(21) 試作一"七字英文句"使所有字母对全句之中間字母均對稱.

答案:-

Able was I ere I saw Elba. (拿破侖被逐至Elba島所言).

(22) 長方字條一張計有二面四边, 如何可使成一面一边?

答案:- 將紙條 ab 端與 cd 端連成一環, 但使 a 点與 d 点相連 b 点與 c 点相連則成一面一边.

(23). 一天平有四法碼, 若所称重量可自一兩連續至40兩, 問此四法碼應各為幾兩?

答案:- 1兩, 3兩, 9兩及27兩 (即 3^n 兩 $n=0,1,2,3$).

因为 $3^n=2(3^0+3^1+3^2+\cdots+3^{n-1})+1$

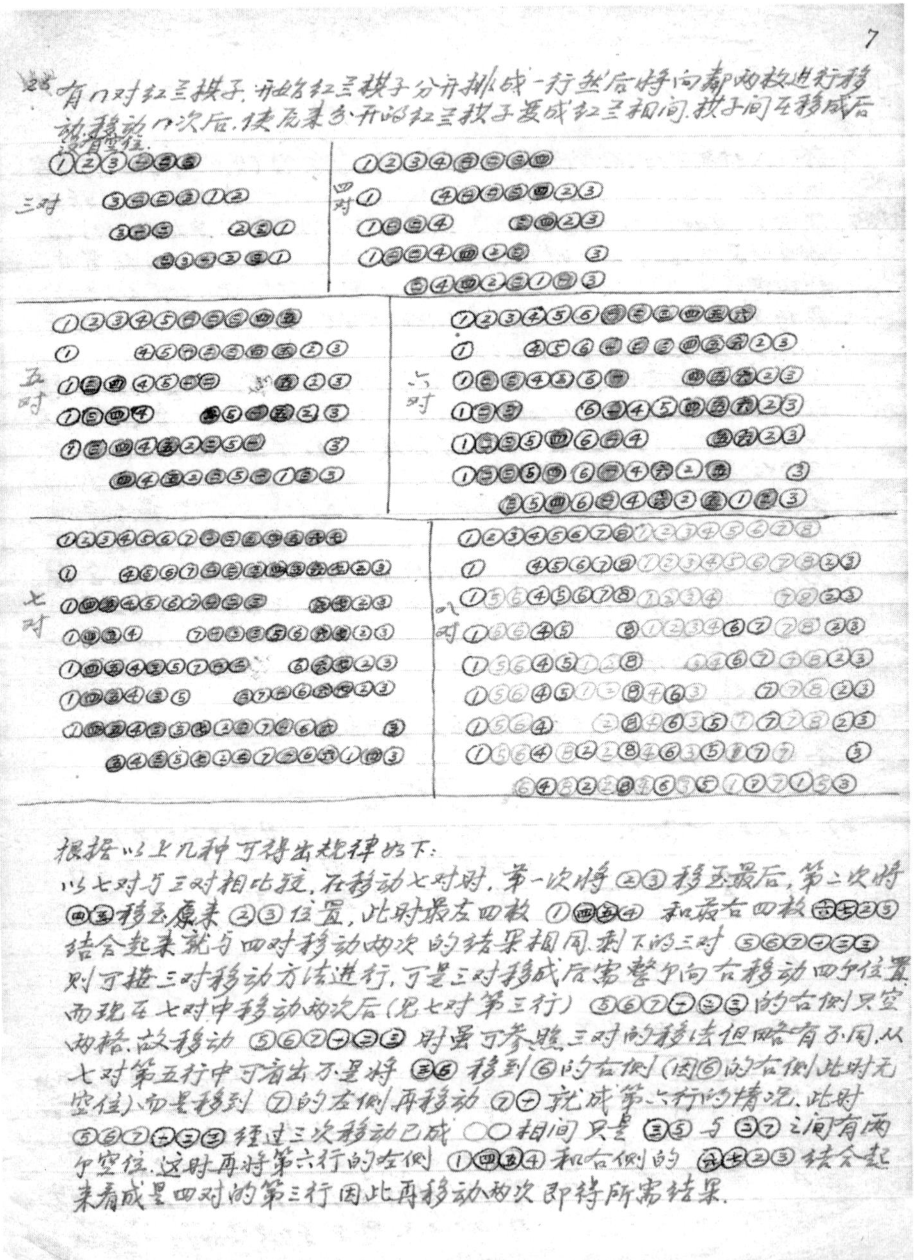
7
有n对红黑棋子，开始红黑棋子分开排成一行，然后将相邻两枚进行移动，移动n次后，使原来分开的红黑棋子变成红黑相间，棋子间在移成后没有空位。
三对
四对
五对
六对
七对
八对
根据以上几种可得出规律如下：
以七对与三对相比较，在移动七对时，第一次将②③移至最后，第二次将㊃㊄移至原来②③位置，此时最左四枚①㊃㊄④和最右四枚㊅㊆②③结合起来就与四对移动两次的结果相同。剩下的三对⑤⑥⑦㊀㊁㊂则可按三对移动方法进行，可是三对移成后需整个向右移动四个位置，而现在七对中移动两次后（见七对第三行）⑤⑥⑦㊀㊁㊂的右侧只空两格，故移动⑤⑥⑦㊀㊁㊂时虽可参照三对的移法但略有不同，从七对第五行中可看出不是将㊂⑥移到⑥的右侧（因⑥的右侧此时无空位），而是移到⑦的左侧再移动⑦㊀就成第六行的情况，此时⑤⑥⑦㊀㊁㊂经过三次移动已成〇〇相间，只是㊂⑤与㊁⑦之间有两个空位。这时再将第六行的左侧①㊃㊄④和右侧的㊅㊆②③结合起来看成是四对的第三行，因此再移动两次即得所需结果。

8.

再以八对与四对相比较在八对中移动两次后（见八对第三行）其左侧四枚①⑤⑥④与右侧四枚⑦⑧②③结合起来相当四对移动了两次这时八对中间的八枚⑤⑥⑦⑧①②③④可完全按照四对移动方法来处理。并且这时⑤⑥⑦⑧①②③④右侧空了两个位置，在移动四次后，⑤⑥⑦⑧①②③④已排成○●相间（见八对第七行）再将其左侧四枚①⑤⑥④和右侧四枚⑦⑧②③按四对最后两次移动方法即得所需结果。

再一点可注意的，除三对以外其余各种移成后，均整个向右移动两个位置。因此可以四、五、六、七对为基础大于七对者首先将左侧②③两枚移至最右侧，再将红圆倒数第四、三两枚移至原②③位置。此时可暂不考虑左侧的四枚和右侧的四枚，剩下的数目小于七对时或等于，则按七对以下移动方法处理，~~最后再将~~（此时剩下的棋子右侧空了两个位置，为它们移动完成后再向右移动两个位置准备了条件）最后再将左右各四枚的组合移动两次即得所需结果。因此有了四、五、六、七（七对可从三对导出但不直接）对的移动方法，就可得出八、九、十、十一对的移动方法，以此类推则可得出任何对的移动方法。

26.（与23题错）

一天秤有$\wedge$块砝码可称1克、2克、3克直到40克问四块砝码各重多少克？

答四块砝码分别为 1、3、9、27。即3^n $n=0,1,2,3$。

因3^n第n次项都等于 $2\sum_{m=0}^{m=n-1}3^m+1$

27 一天秤如下图所示 支点为O。有3个盘A、B、C。其臂长分别为1、1、2。被称重量只允许放在B盘，砝码可放在任一盘上。用四块砝码可称1克、2克、3克……直至85克问四块砝码各为多少克。

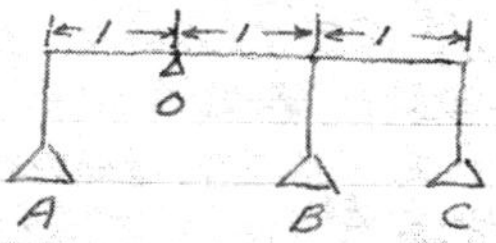

答四块砝码分别为 1、4、16、64 即4^n $n=0,1,2,3$。

因4^n第n次项都等于 $3\sum_{m=0}^{m=n-1}4^m+1$

27(b) 和上题相似，一天秤如下图所示。支点为O。有4个盘A、B、C、D。其臂长如图所示。被称重量只允许放在B盘上，砝码可放在任一盘上。用四块砝码可称1克、2克、3克……直至156克问四块砝码各为多少克。

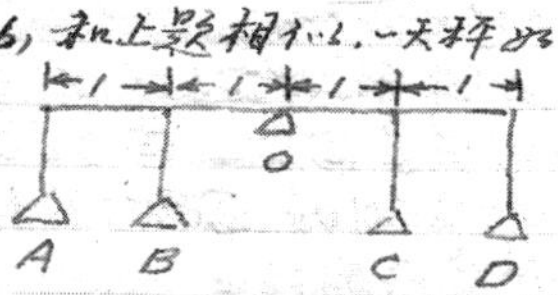

答四块砝码分别为 1、5、25、125 即5^n $n=0,1,2,3$。因5^n第n次项都等于 $4\sum_{m=0}^{m=n-1}5^m+1$

9

28. 某数加一是一个完全平方数,它的一半加一,也是个完全平方数,求某数.

答: 48; $48+1=7^2$ $48\times\frac{1}{2}+1=5^2$

1680: $1680+1=41^2$ $1680\times\frac{1}{2}+1=29^2$

57120: $57120+1=239^2$ $57120\times\frac{1}{2}+1=169^2$

1940448: $1940448+1=1393^2$ $1940448\times\frac{1}{2}+1=985^2$

29. 任意设想一个多位数,求出各位数之字的和,从原数中减去这个数字和,又在所得差数中任意涂去某一位数字,最后告诉涂去后剩下各位数字的和,就可以知道所涂去的数字.

答: 以最后所告诉的数字被9除得一余数,用9减去这一余数就是所涂去的数,如余数为0则涂去的数为0或9.(可以要求不要涂去0则所涂的数即为9).(因原数减去各位数的和,其差数必能为9所整除则差数各位数的和也能被9所整除,所以涂去一数就可用上述方法求出).

30. 在下图内连接 AA', BB', CC' 互不相交也不允许出大方块.

答: 如虚线所示连接线.

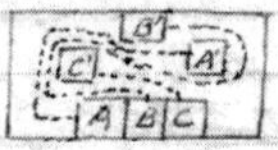

31. 在下图中用一围墙将 A,B,C,D,O 围在里面而将 E,F,G,H 留在围墙外面 问如何围法

答: 如虚线所示

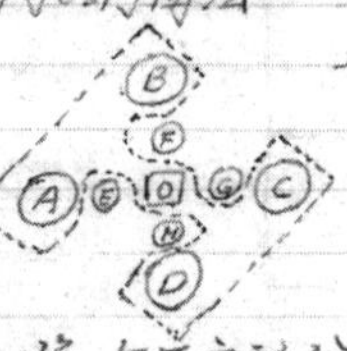

32. 将一个正方形分成全等的直角三角形20个,并要求直角的一边是另一边的二倍,问如何分法?

答: 如下图所示 E,F,G,H 为正方形 ABCD 四边的中点.

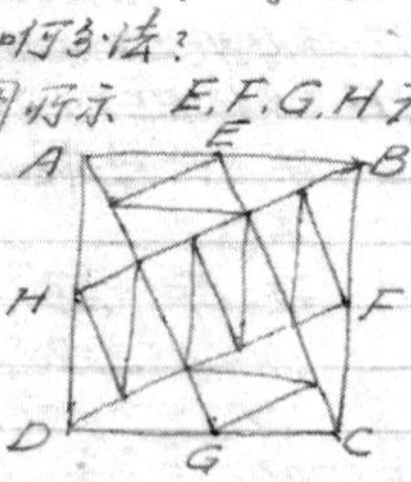

10.

33. 一个直角三角形直角的一边是直角的另一边二倍如下图所示 BC=2AC. 试将
ΔABC 分为五个相等的直角三角形,並与原三角形相似。

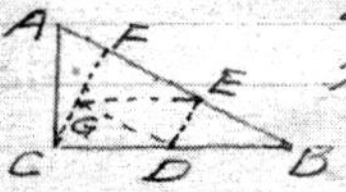

答 如虚线所示 D为BC的中点作DE, CF垂直于AB.
作DG⊥CF. 连接EG.即将所需结果.

34. 试将下图分成两块拚成一个长方形使中间空一个十字形.图形边上所注数字代表边长.所空十字形是每边为1的五个小正方形所组成.

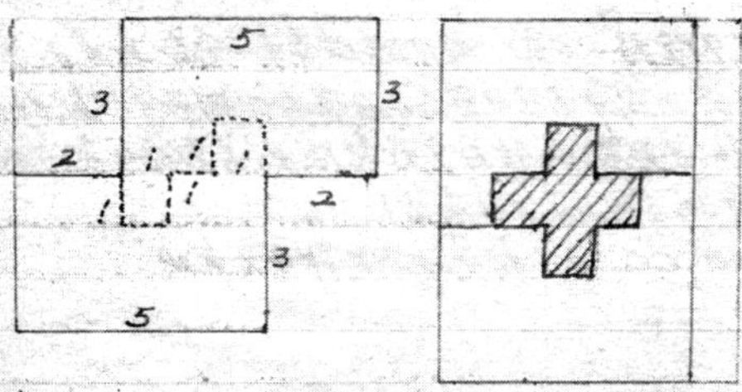

答:将左面图按虚线分成两块,并按右图拚成一长方形。

35. 试将下图分成三块,再拚成一正方形,但要保持各小方格的完整.
答:左图按三线分成三块,再拚成右图.

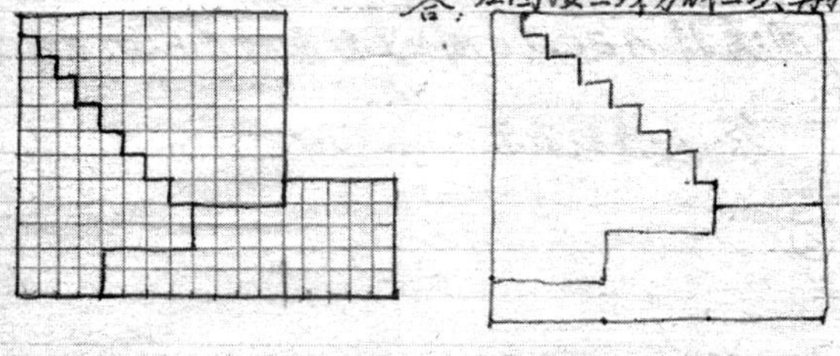

36. 将一短边大于长边一半的长方形剪成三块再拚成一正方形.
答. 以AB中点O为圆心,、以OA为半径作一半圆.取CE=CB.作EF⊥CD交半圆于F.连接AF并延长交CD于H.又连接BF则分长方形为三块.然后拚成如右图的正方形.

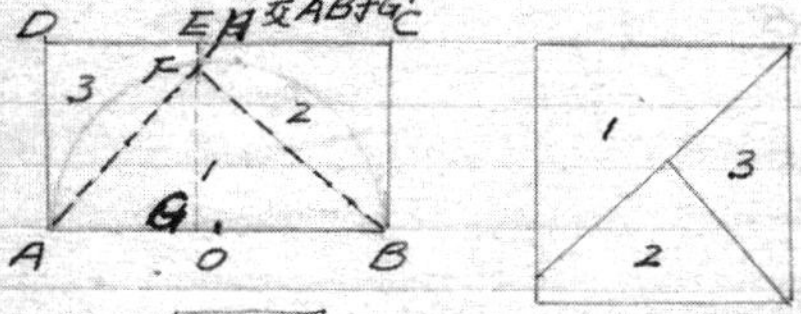

证: $\overline{BF}^2=\overline{AB}\times\overline{BG}$
($\because A\hat{F}B=90^\circ$)
$\because BG=CE=BC$.
$\therefore BF=\sqrt{AB\times BC}$　又 $\triangle ADH\cong\triangle BGF$ ($\because AD=BG$, $D\hat{A}H=G\hat{B}F$
$A\hat{D}H=B\hat{G}F=90^\circ$) $\therefore AH=BF=\sqrt{AB\times BC}$

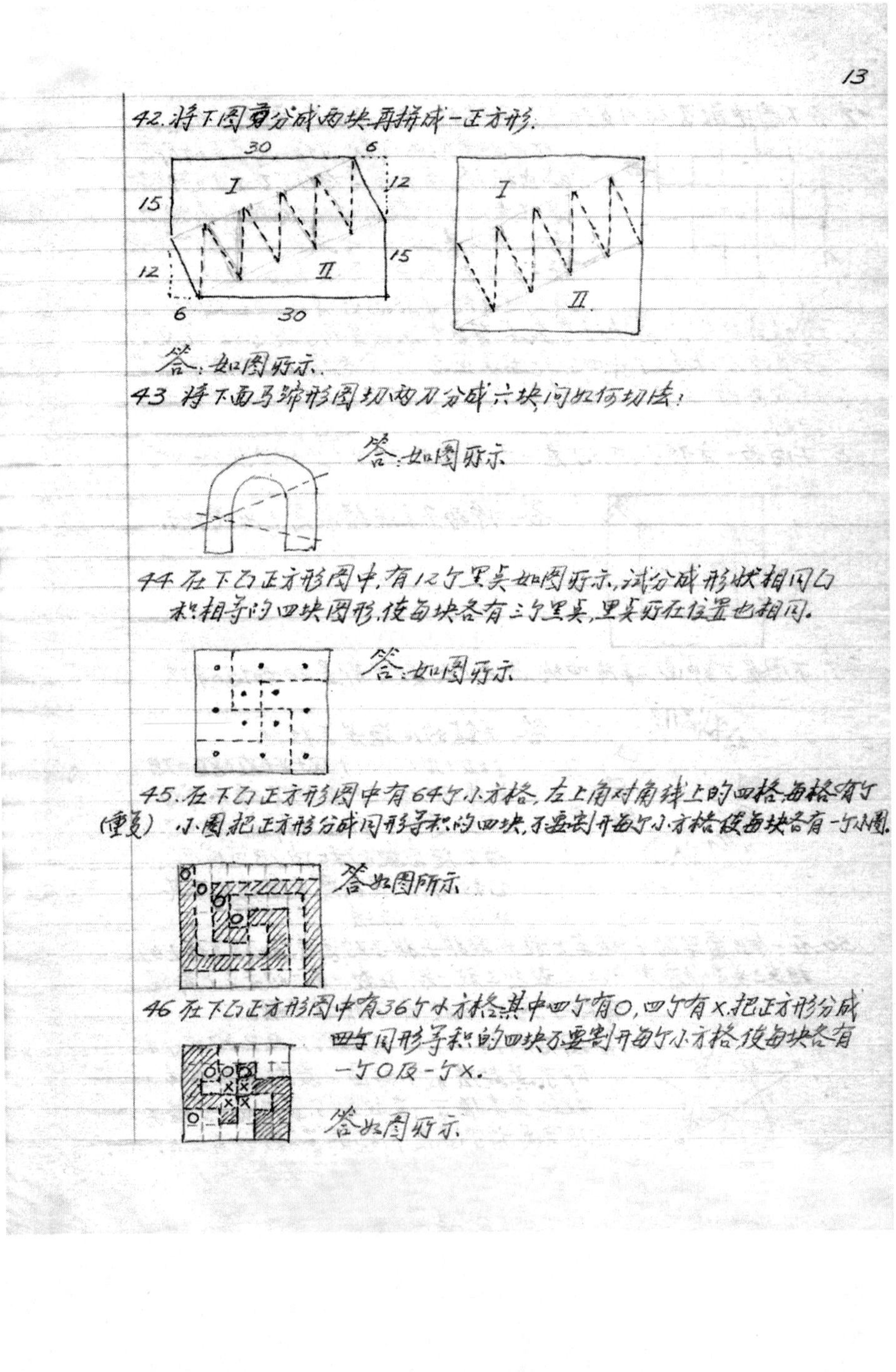

13

42. 将下图剪分成两块再拼成一正方形.

30 6 15 12 I 12 II 15 6 30 I II

答：如图所示.

43 将下面马蹄形图切两刀分成六块，问如何切法？

答：如图所示

44 在下面正方形图中，有12个黑点如图所示，试分成形状相同面积相等的四块图形，使每块各有三个黑点，黑点所在位置也相同.

答：如图所示

45. 在下面正方形图中有64个小方格，左上角对角线上的四格每格有个小圈把正方形分成同形等积的四块，不要割开每个小方格使每块各有一个小圈.
(重复)

答如图所示

46 在下面正方形图中有36个小方格其中四个有○，四个有×.把正方形分成四个同形等积的四块不要割开每个小方格使每块各有一个○及一个×.

答如图所示.

14.

47. 在下图中能否从A点起走完全路线(不允许重复)再回到A点.

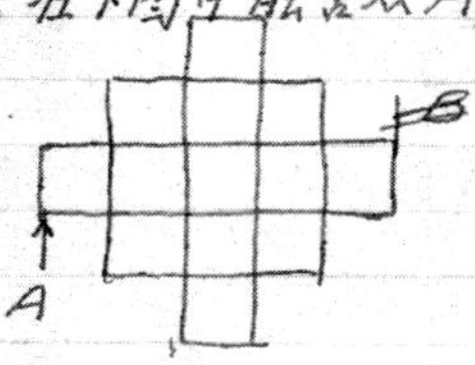

答: 对这种类型的问题,可作一简单分析即可得出结论. 主要就是看每个交点上的线数是偶数还是奇数. 如果是偶数则来两次去两次或来三次去三次最后不需要停留在这一交点上. 如果是奇数则必须从这点起或到这点终才能把所有线画完. 因此一个图形出现后,只要计算奇数点有多少. 如果是两个就可以一笔画完所有线. 如果是三个或四个就需要画两笔. 余类推. 上图的图形全是偶数点所以从A点起走完全路线(不重复)再回到A点是可行的。

48. 下图为一方形小河,河宽一丈,有两条9尺9寸长的木板问如何过河

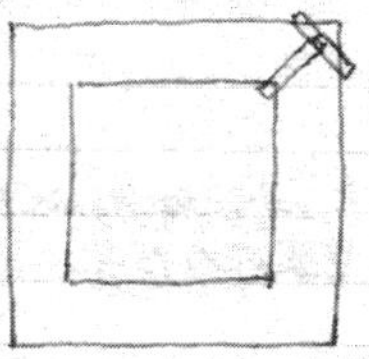

答: 将两条木板搭在角上如图所示

49 下图是个钟面,砕成四块,每块上的数目都是20如何砕法

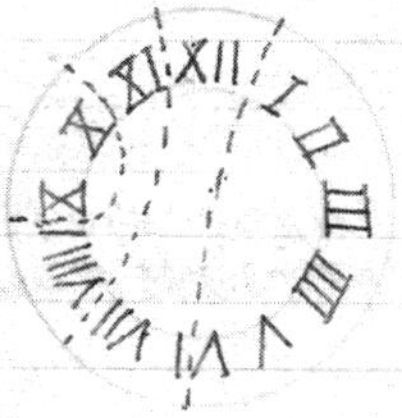

答: 关键的问题是怎样把 I+II+III+……+IX+X+XI+XII=78 变成80. 因此只要把IX砕开成两块就变成I和X这样就增加了2. 使各数的和由78变成80. 它的砕法很多, 图中虚线所示为其中的一种砕法.

50. 在一个五角星的十个交点上放九颗棋子. 棋子的方法,在一根直线上的相连三点顺序数一,二,三. 数到三放一颗. 在数一和三的交点上都没有棋子. 问如何放法才能放9颗.

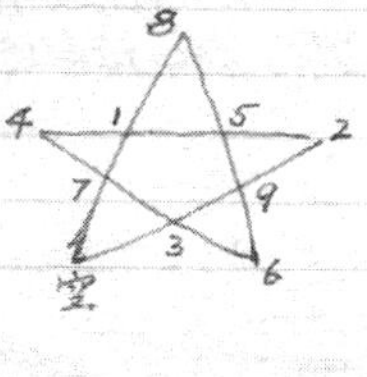

答 图所示按1,2,3,4,5,6,7,8,9的次序放即可. 其数法放1时由2数起,放2时由3数起 余类推 一直放到9. 最后留一空格点 此空点亦可留在中间(如第一颗放在2上, 第二颗放在3上 余类推直至第九颗放在空点上 最后留下1是空点. 即空点留在中间).

15

51. 十枚棋子排成一圈（如下图）今欲抽出一枚越过二枚而置于他棋子之上。如1越过2,3置于4上。再以3越过1,4（二者已相叠在一个位置以二棋子计算）置于5上等。要求叠成五叠，每叠二枚，且要求叠叠间隔相等。

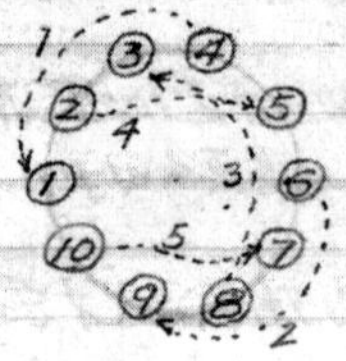

答 4经3,2置于1上；6经7,8置于9上；
8经7,5置于3上；2经3,8置于5上；
10经6,9置于7上。后1,3,5,7,9位各为两子。对此题可不必围成一圈，因没有棋子通1,10位置，即排成一条直线也可以。

52. 同上题用八枚棋子围成一圈。

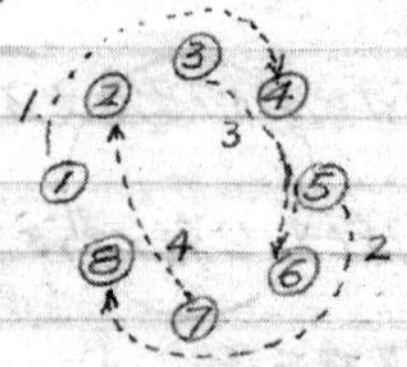

答：1经2,3置于4上；5经6,7置于8上；
3经1,4置于6上；7经5,8置于2上。
后2,4,6,8位各为两子。

53. 同上题用十二枚棋子围成一圈。

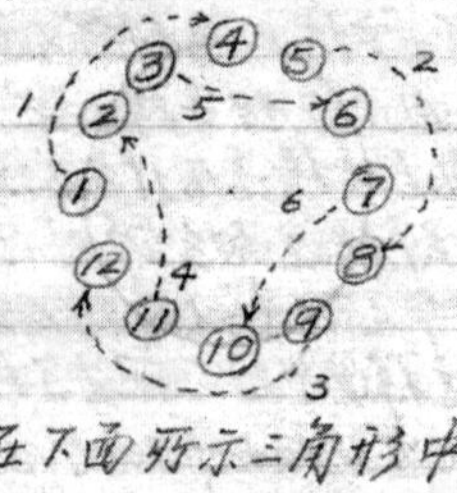

答 1经2,3置于4上；5经6,7置于8上；
9经10,11置于12上；11经9,12置于2上；
3经1,4置于6上；7经5,8置于10上；
后2,4,6,8,10,12位均为两子。

54. 在下面所示三角形中有九个小圈分别填以1,2,3,4,5,6,7,8,9使各边四个数的和相等同时四个数的平方和也相等。

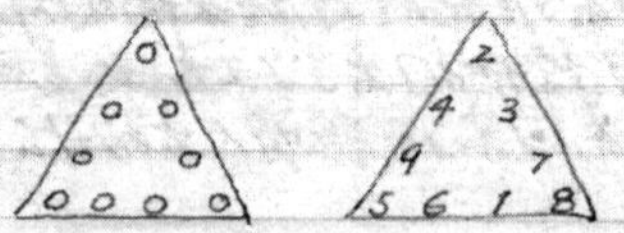

答：如右图所示。四个数的和均为20。
四个数的平方和均为126.

55. 下图六个三角形每边三个数的和均为23.

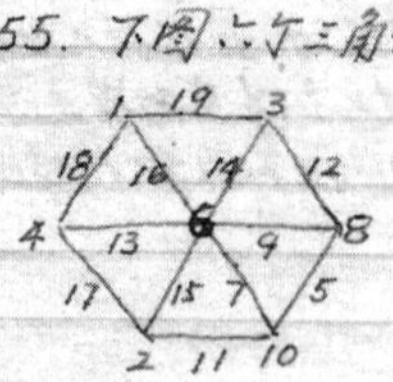

46

0	0	30	30	30	0
12	18	12	18	18	12
24	24	6	6	24	6
6	6	24	24	6	24
18	12	18	12	12	18
30	30	0	0	0	30

图 2

1	2	33	34	35	6
13	23	16	21	20	18
30	29	9	10	26	7
12	8	27	28	11	25
24	17	22	15	14	19
31	32	4	3	5	36

图 3

方块对角线上(见图2)写入0,6,12,18,24,30六个数颠倒其次序,但其对称位置二数应互为补数(即相加等于30)第五步在另一对角线上对称的横列位置里写上同样的数目。第六步在对称的二横列中必需以同数或其补数列入与上面第三步相似。在第三步与第六步中要避免同格对应相加时不允许得出相同的数字。第七步将图1与图2同格的对应数字相加即得出图3所示的幻方。

奇数格幻方的做法：如做5×5.

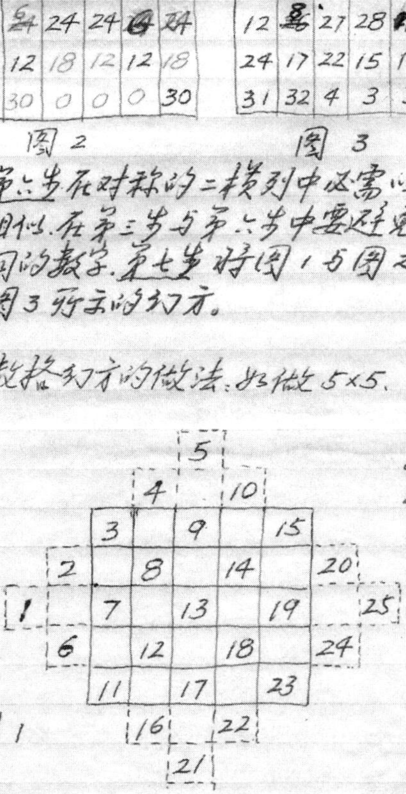

图1

第一步：按图1顺序填入1,2,3,4,5,6,7,……21,22,23,24,25

第二步将5×5方格外面的数字移入5×5方格内的空白处，移入的方法将5×5方格左侧的1,2,6向右移5格填入相应的空白，如图2所示。再将右侧的20,24,25向左移5格填入相应的空白。上方的5,4,10向下移5格，下方的16,22,21向上移5格填入相应的空白内，即得图2所示的幻方。

3	16	9	22	15
20	8	21	14	2
7	25	13	1	19
24	12	5	18	6
11	4	17	10	23

图2

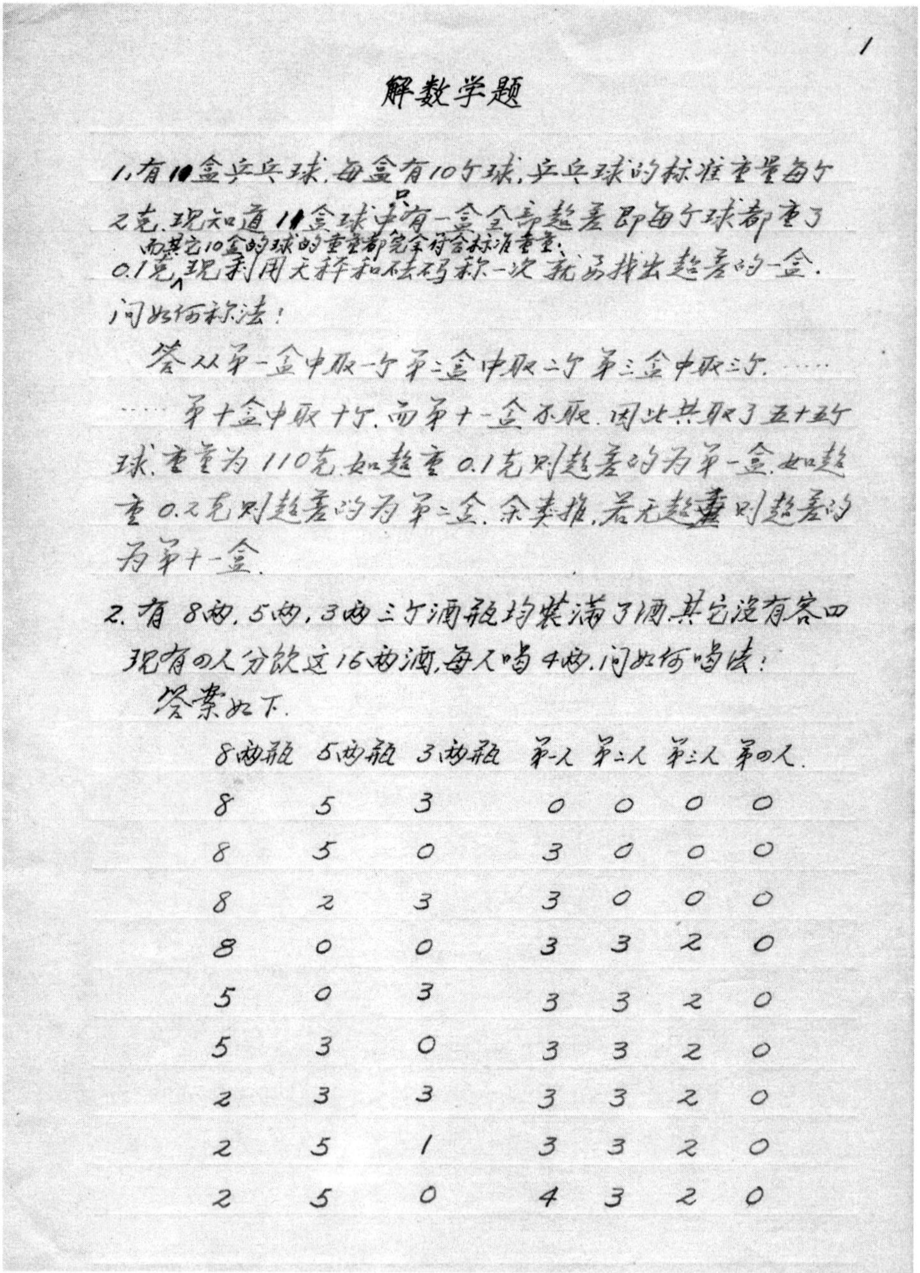

1

解数学题

1.有11盒乒乓球,每盒有10个球,乒乓球的标准重量每个2克.现知道11盒球中只有一盒全部超差即每个球都重了0.1克,而其它10盒的球的重量都完全符合标准重量.现利用天秤和砝码称一次就要找出超差的一盒.问如何称法!

答 从第一盒中取一个第二盒中取二个第三盒中取三个……

……第十盒中取十个.而第十一盒不取.因此共取了五十五个球.重量为110克.如超重0.1克则超差的为第一盒.如超重0.2克则超差的为第二盒.余类推.若无超差则超差的为第十一盒.

2.有8两,5两,3两三个酒瓶均装满了酒,其它没有容器.现有四人分饮这16两酒,每人喝4两.问如何喝法!

答案如下.

8两瓶	5两瓶	3两瓶	第一人	第二人	第三人	第四人
8	5	3	0	0	0	0
8	5	0	3	0	0	0
8	2	3	3	0	0	0
8	0	0	3	3	2	0
5	0	3	3	3	2	0
5	3	0	3	3	2	0
2	3	3	3	3	2	0
2	5	1	3	3	2	0
2	5	0	4	3	2	0

2

8两瓶	5两瓶	3两瓶	第一人	第二人	第三人	第四人
7	0	0	4	3	2	0
4	0	3	4	3	2	0
4	3	0	4	3	2	0
1	3	3	4	3	2	0
1	5	1	4	3	2	0
1	5	0	4	4	2	0
1	2	3	4	4	2	0
1	0	3	4	4	4	0
0	0	0	4	4	4	4

3. 一杯纯酒，一杯水，先取一匙酒倒水中搅和后，再从水酒混合液中取一匙相同容积倒入纯酒中，问此时酒杯中含水容量与水杯中含酒容量哪一个多？

答：相等，因为酒杯中含水容量，必然等于酒杯中所减少的酒的容量（也就是水杯中所含酒的容量），因此它与原来纯酒和水的容积无关；与水酒混合后是否搅均匀也无关。

4. 在一个长为20cm，宽为10cm，高为10cm长方体上，有A，B二点其位置如下图所示，A点在左端中线上，距底边2cm处，B点在右端中线上，距顶边2cm处，试在长方体表面画线连接A，B两点使连线总长小于30cm。

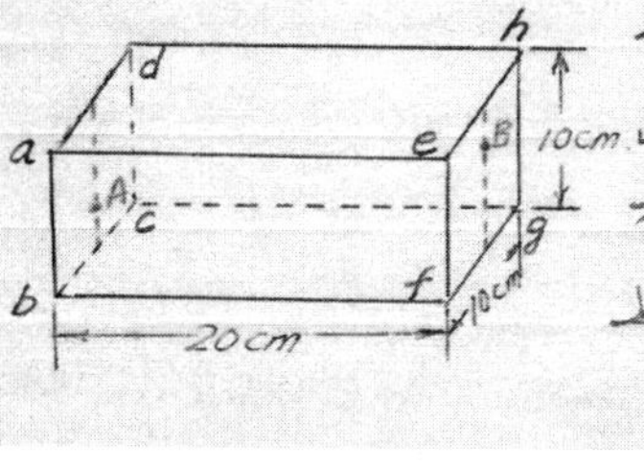

3.

答：先将长方体按下图展开.以直线连接A.B两点.此连线经过长方体的四个面.经A点画水平线AC.经B点画垂直线BC.形成直角三角形ABC.不难求出：

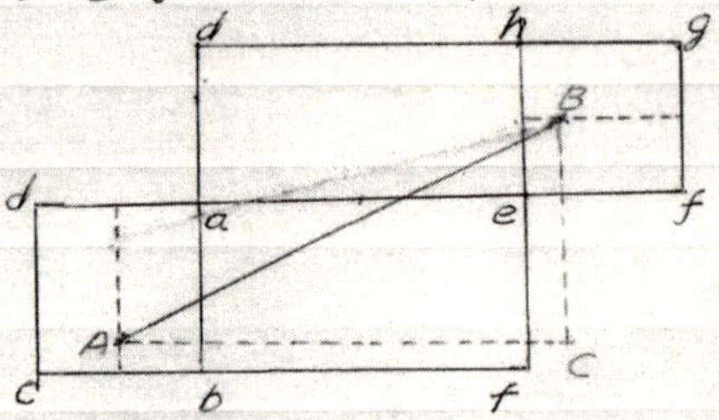

AC=27cm. BC=13cm.

因此 $AB=\sqrt{AC^2+BC^2}=\sqrt{27^2+13^2}=\sqrt{729+169}$

$=\sqrt{898}<30$

5. 有六枚棋子排成如图1形式要求移动三次(每次移动一枚)排成图2形式.应按以下要求来移动.(一)移动棋子时只能沿纸面移动.并且不允许推动其它棋子位置.(二)棋子移到新位置时,必须与其它二棋子相切使位置能够肯定。

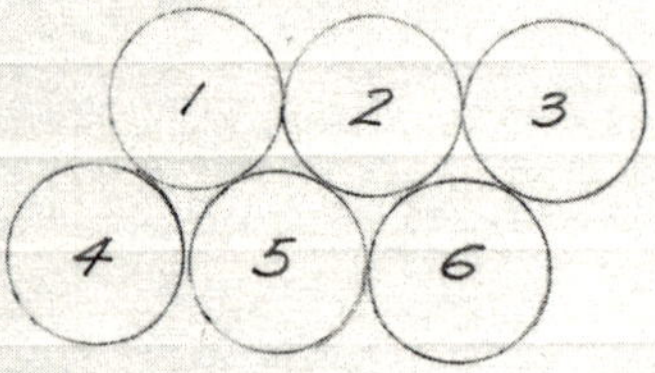

图1.

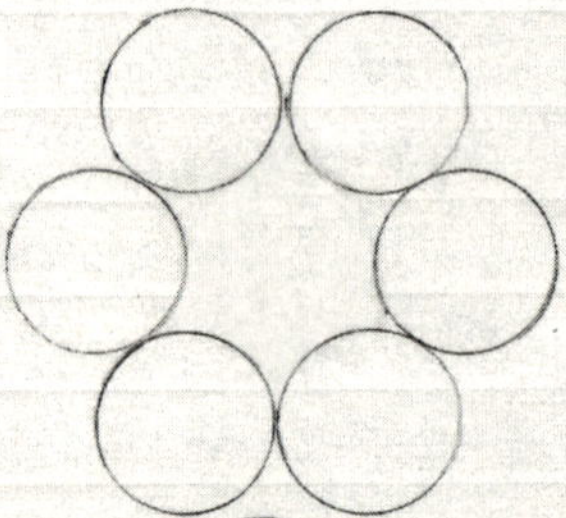

图2.

答：

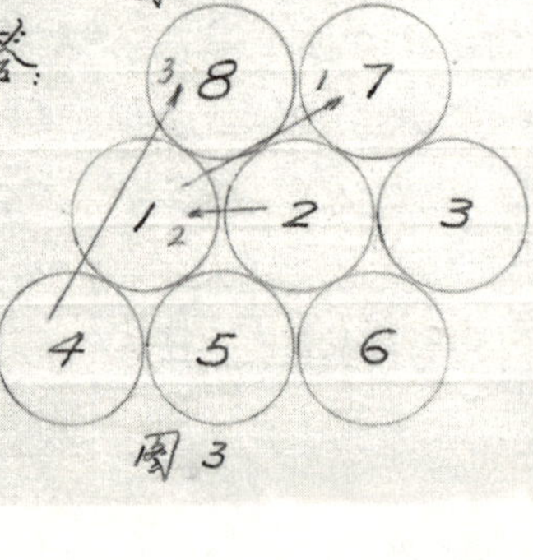

图3

按图3.开始形式同图1.即①,②,③,④,⑤,⑥.第一步将①移至⑦位；第二步将②移至①位；第三步将④移至⑧位即成图2形式。即①,⑤,⑥,③,⑦,⑧

4.

6. A,B,C三枚硬币排如下图. B和C相切. 要求将A移至B,C之间, 移动要求是: A可以手碰也可移动, B可以手碰但不可移动, C不可手碰但可以移动.

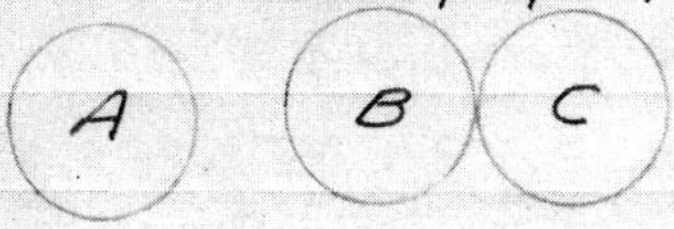

答: 以手指压紧B, 同时将A击B之左侧则C向右跳开. 然后将A放于B.C.之间.

7. 三堆棋子数分别为a.b.c. 两人轮流取棋子, 谁取最后一枚谁胜. 每次取棋子的要求如下. 可在任一堆内(但只能在一堆内)取, 至少需取一枚最多可将全堆取去. 当然也可以取任意其它数. 问按照什么规律取才能获胜.

答: 可按以下步骤取即可获胜:

(一) 先将三堆棋子数 a,b,c 分别用 $2^0=1$, $2^1=2$, $2^2=4$, $2^3=8$ …… 2^n 之和表示, 但在每一堆中不能有相同的指数存在. 如不能有两个 2^2 存在. 若有两个 2^2 存在则应合成一个 2^3. (这就是数的二进制表示法)

设 $a=9=2^3+2^0$; $b=7=2^2+2^1+2^0$ $c=5=2^2+2^0$

(用二进制表示法 9=1001, 7=111, 5=101)

(二) 将三堆中相同的指数互相配成对, 并指出不成对的各项. 如 2^2 在 7和5中各有一个可配成对, 2^0 在 9.7.5 中各有一个共有三个配对后还多一个. 其它还有 9中的 2^3, 7中的 2^1 都只有一个不能成对.

5.

(三)将不成对的列出来即 2^3，2^1，2^0. 现在取棋子就要从不成对中指数最高的那一堆(即棋子为9的那一堆，因 2^3 属于这一堆)取. 究竟取多少呢：这是一个关键.

(四)取多少的规律，就是将三堆中指数不成对的配成对(要全部配成对). 因此在9中取7留下2. 这样三堆数即成为 $2=2^1$，$7=2^2+2^1+2^0$，$5=2^2+2^0$ 也就是在3堆中 2^2，2^1，2^0 各有一对. 现在的问题就是在不成对的项目中，以指数最高的一项能否将所有的指数较低的项目都配成对呢：这是肯定可以做到的. 因为

$$2^n=2^0+2^1+2^2+\cdots+2^{n-2}+2^{n-1}+1.$$

所以 2^n 的数是足够可以将指数低于 n 的不论多少项都可配成对.

(五)现在将配对的三堆棋子轮到对方取. 因为对方只能在一堆内取棋子. 就无法使它们继续配成对.

(六)以同样道理，轮到自己取棋子时又可配成对再让对方取. 一直轮流下去就可以保证自己取最后一枚棋子而获胜.

(七)上面所讨论的是三堆棋子，事实上可推广到任意 n 堆这个规律都适用.

(八)如果一开始已经成对轮到自己拿，这个条件是不利的. 但对方如不掌握这规律，就可能会取错. 只要对方错拿一次，胜利又掌握到自己手中. 若

6.

对方也掌握了这一规律.这一游戏就毫无意义了.因为各堆棋子数一旦确定后,先拿者是胜是负早已明确.

(九)前面规定谁取最后一枚棋子谁胜.如反过来谁取最后一枚棋子谁负,其拿法完全可以按上面规律进行.只是到最后可保留 1,1,1(不成对)让对方拿.迫使对方取最后一枚.或者在剩 2,2(仍然成对)让对方拿时,如对方取 2 自己取 1.使对方取最后一枚;如对方取 1,保留 2,1,自己则取 2,仍留最后一枚给对方拿.依然自己获胜。

8. 怎样用一根绳,把一根小木棒和一个酒瓶系在一起,并能把它们悬挂在一个伸向外面的桌边上.

答:如下图.

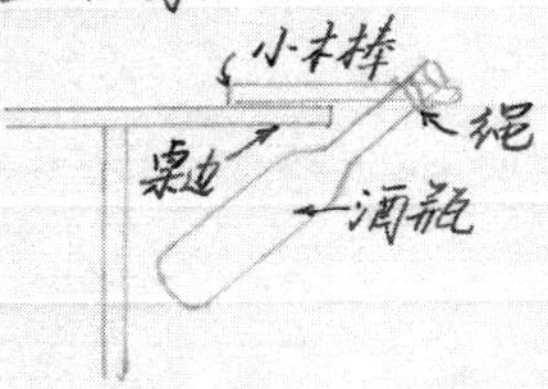

9. 下面三个英文字所组成的加法,求各个字母所代表的数字.

答.

SEND	9567
+MORE	+1085
MONEY	10652.

7.

10. 有27块小立方体叠成一个大立方体，然后用白漆将大立方体的六面涂好。再将27个小立方体从新排列仍成为一个大立方体，再在大立方体六面上涂上白漆。问至少须按此方法涂几次白漆，才能使27个小立方体每面都涂上白漆。并说明每次如何排法。

答：至少须涂三次：第一次按下图涂好后，将下面9块移至最上面（移动时9块小立方体相互位置不变，每块小立方体的方向也不变，即只是平行移动，以下移动均按此要求）再将左面九块移至最右面，最后将前面九块移至最后面。

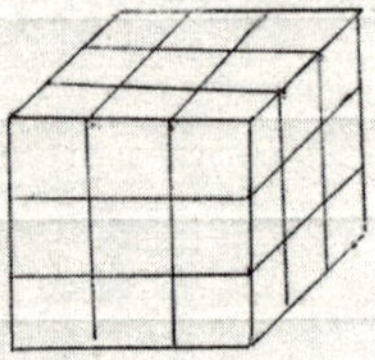

（三次移动的先后次序无关）这样排成的新立方体外面都是未涂漆的，这样涂第二次漆。按上述方法再排一次再涂漆一次，则所有小立方体的每面都涂上白漆。

这个题目可推广到 n^3 个小立方体（n 可以为大于3的任何数）通过 n 次排列和 n 次涂漆即可将每个小立方体的每一面都涂到漆。因为 n^3 个小立方体一共有 $6n^3$ 个面需涂漆，而这个大立方体外表面一共有 $6n^2$ 小立方体的面所组成，经过 n 次涂漆，共 $6n^2 \times n = 6n^3$ 小立方体的面被涂上漆，次数恰与需要涂的面数相等。

11. 一个数分成5份，多了一个，取走一份和多出的一个，将剩下的4份合在一起再分成5份还是多一个，又取走一份和多出的一个，剩下的4份还具有前面的特点，直到第5次将剩下的数分成5份仍然是多一个，问原来的那个数最小是多少？

8

答：设原数为X，据题意可列出下面的方程.

$$\{[[[(X-1)\frac{4}{5}-1]\frac{4}{5}-1]\frac{4}{5}-1]\frac{4}{5}-1\}\frac{4}{5}=y.$$ （y应为整数）

$$(\frac{4}{5})^5X-[(\frac{4}{5})^5+(\frac{4}{5})^4+(\frac{4}{5})^3+(\frac{4}{5})^2+\frac{4}{5}]=y.$$

$$(\frac{4}{5})^5X-\frac{\frac{4}{5}-(\frac{4}{5})^6}{1-\frac{4}{5}}=y$$

$$(\frac{4}{5})^5X-4[1-(\frac{4}{5})^5]=(\frac{4}{5})^5(X+4)-4=y.$$

由上式可知若要求y为整数则必须

$(\frac{4}{5})^5(X+4)$为整数.故 $X+4$最小应为5^5

∴ $X=5^5-4=3121$.

本题可以推广到其它数，如分6份多1直至分到第6次，则$X=6^6-5$. 设分n份多1直分到第n次则 $X=n^n-n+1$.

12. 一个刚刚可以装一斤酒的玻璃瓶，如果用它买半斤酒，但没有其它量具，应采取什么办法？

答：将酒装进瓶内~~的酒~~先将瓶正放，在瓶外画一条线表明酒面在瓶内的位置.然后将瓶倒放看酒面是否处在同一条线上.等到正倒放酒面均处在同一条线上为止则所买的酒则正好是半斤.因为这时酒的容积正好是瓶的容积一半.

13. 将4根火柴排成十字形（如左图），如何移动一根使成一个方形.

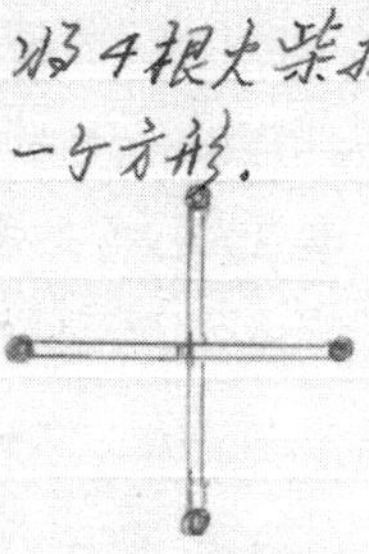

答：注意原来4根火柴的放法，只要将右面的火柴稍向右移一点，在中间成一小方形.（如右图）.

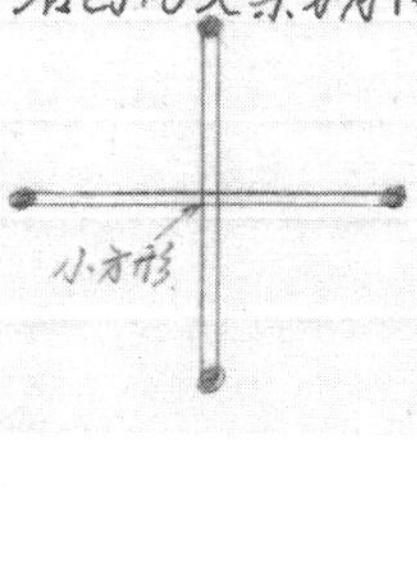

9

14. 如何用两根火柴排成一个正方形，并使正方形的每边长等于火柴的长度。

答：可利用桌子的角作为正方形的两个边。

15. 用20根火柴排成左图的7个正方形，如何移动三根火柴使成为5个正方形。

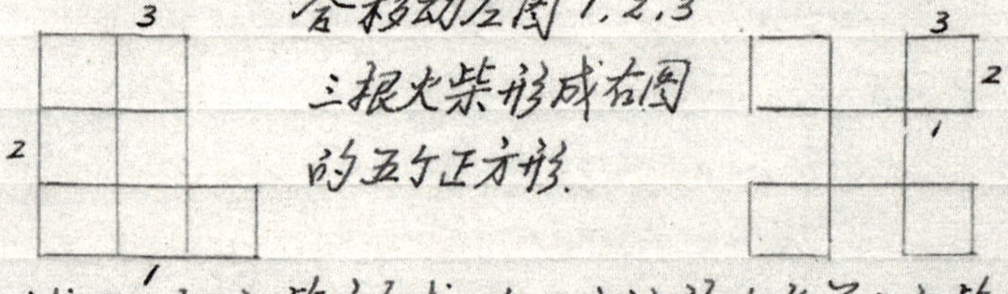

答：移动左图1,2,3三根火柴形成右图的五个正方形。

16. 试用9根火柴排成三个正方形，其边长等于火柴的长度。

答：在空间排成下图。

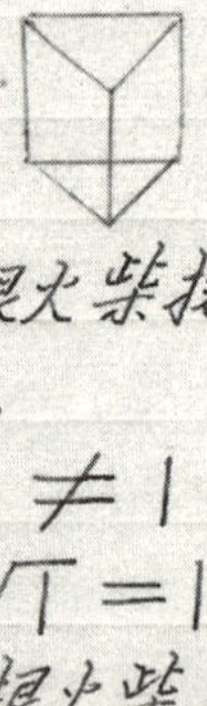

17. 用7根火柴排成下列不等式，如何移动一根使成为等式。

VI ≠ I

答：VT = I

18 用6根火柴排成下列的 $\frac{1}{7}$，如何移动一根变成 $\frac{1}{3}$。

$\frac{I}{VII}$ 答 $\frac{II}{VI}$

19. 下列十五根火柴排成的图，如何取六根后尚剩十。

答：TEN

10

20 三个战士押送三个俘虏过河，有一只船每次可乘三人，船只能由战士划，在任何情况下，河岸的一边（包括船在该岸时）俘虏人数不能多于战士人数，问如何过河。

答：以A,B,C代表三战士，a,b,c代表三俘虏。

（一）A,a过河 A划回来。

（二）A,B,C过河，B,C划回来。

（三）B,b过河，A,B划回来

（四）A,B,C过河，C划回来。

（五）C,c过河。

21. 两列火车在单线上对向行驶，到达某一车站需要错车，而该车站只有一短叉道，不够容纳任一列车。（假设可容纳列车的一半长度）问如何实现错车任务。

答：设A,B为车头各带100节车箱，叉道可容50节车厢和一个车头。

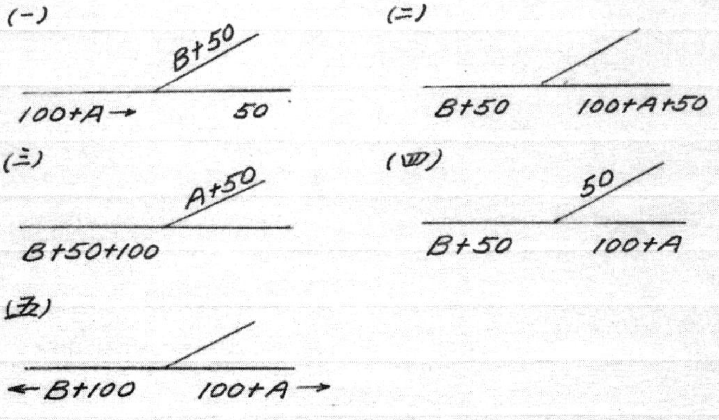

黄纬禄收集并整理的《笑话集》手稿(节选)

1a

幽默与笑话

1.德国人最讲究效率。一次一军官招集士兵讲笑话。军官说"3号"，全体士兵均大笑。原来这位军官把很多有趣的笑话进行编号并让士兵牢牢记住。这次他说"3号"指的就是第3号笑话。士兵想到第3号笑话的内容感到非常有趣，因而大家哄堂大笑。

2.一人极爱吃肉。一次其友人请他吃饭。饭后回家垂头丧气。其妻问道：是否这顿饭未请你吃肉。丈夫说：不是，因为盘子里还有一块肉我未吃到。妻问：为何不用筷子去夹。夫曰：因为筷子上已经夹有一块肉。妻问：为何不将筷子上肉放进嘴里。夫曰：因为嘴里已经有一块肉。妻问：为何不咽下去。夫曰：从肚子到食道到喉咙都装满了肉实在咽不下去。

3.一位怕妻子的丈夫因为晚上未按时回家。妻子大发雷霆，指着丈夫的鼻子说：还不给我跪下。当跪下二字尚未说出，丈夫已提前跪下，并自言自语地说：大丈夫有先见之明。妻子说：在我没有发话以前跪着不准起来。丈夫说："一定不起来，大丈夫说话算数，你放心去罢"。一小时后妻子让丈夫起来，丈夫边站起来边说："大丈夫能屈能伸"。

4.一位将军非常怕妻子，他听说他所带领的士兵也都怕妻子。为了检查一下他的士兵有没有不怕妻子的，就在操场上竖起一面红旗和一面黄旗，并命令士兵：怕妻子的站在红旗一边，不怕妻子的站到黄旗一边。结果都到红旗那边，但是有一个士兵站到黄旗这边。将军很高兴地说我的士兵竟然还有一个是不怕妻子的。后来问那个士兵你怎么敢不怕妻子呢？那个士兵回答我非常怕妻子。将军怒道那你为什么不站到红旗那边。那个士兵回答我的妻子有命令不准我到人多的地方去。

1

24.爱吃鸡的画家

一位画家酷爱吃鸡。如有人请他画画必送一只鸡，否则就被拒之门外。某次有一外乡人从远地慕名前来求画于画家，因不知画家性格，未曾送鸡，故画家告知外乡人“我很忙，一年内恐难有时间作画，请耐心等待吧”！后来外乡人从他人处得知画家爱吃鸡的习性，就烧了一只大肥鸡，又来请画家绘画。画家见到美味的肥鸡，就欣然应允。外乡人故作惊讶的问：“你上次告诉我一年之内无暇作画，而现在又为何能作画呢？”画家笑着回答说：“上次所言乃无稽（与鸡同音）之谈，这次所定乃见机（与鸡同音）而作。”外乡人听后心中暗笑，认为画家乃投机（与鸡同音）份子。

25 以画作信。

两位至交的朋友都是文盲，但都善画，并互相了解甚深。一日甲拟请乙于次日吃午饭，就画了一张画，画上画着正午的太阳高挂在天空，下面画着一桌丰盛的酒宴，某甲就立在桌旁左手伸出二指（表示第二天），右手作招待客人入席的姿态。当乙接到画后，即领会画中之意，并立即复甲一幅画，画绘了一只乌龟身在门里，两门只开了一个窄缝，龟头伸向门外，甲见画后知乙大概（与盖即“龟盖”同音）不能外出。”

26 善识生意的犹太人

希特纳是个左撇子，一日他到市面上去买茶杯，走了几个德国人开的商店，店主人拿出了茶杯，都将茶杯柄倾向顾客的右侧，顾客问

17

我姓张时，就问是弓长张还是立早章，说明她一定认识不少字，可是你却一窍不通。"其妻听到丈夫批评后很生气。当隔壁李先生来访问时，她就问李先生："是弓长李还是立早李？"李先生奇怪地说："岂有此李（与理同音）"

71 哪个更重要

一位熟读三国演义的卖鱼人，在一个炎热的夏天挑了一担鱼上街去卖，忽听到一个过路客说："曹操带领八十二万人马下江南去攻打东吴。"卖鱼人赶快跑上前纠正说："是八十三万人马，不是八十二万人马。"过路客坚持说："我记得是八十二万人马。"卖鱼人立即回到家里翻箱倒柜足足花了两个小时找出一本三国演义，查到曹操是带领八十三万人马下江南，于是他赶回去给那过路客看，证明自己说的是对的。过路客赞扬他说："你的记忆力真不错，可是你的一担鱼已被热得发臭了。"卖鱼人很安详地说："一万人马比一担鱼更重要。"

72 初诊与复诊

一位医生的门诊挂号费是初诊十元复诊五元，一位病人初次来看病为了节省五元钱就挂了一个复诊号。当看病时他故意对医生说："上次看病你给我的药服用后效果很好，所以今天再请你看一下。"医生知道他是第一次来看病的，就对他说："那么你就继续服用前次的药吧！"

73 戒烟的趣闻

一位妻子要求丈夫戒烟说："隔壁张三戒烟很坚决。"丈夫说：

参考文献

[1] 刘程. 1960 年 11 月 5 日，中国第一枚导弹发射成功. 中国青年报，2002 - 01 - 26.

[2] 北京市科学技术志编辑委员会，北京科学技术志. 北京：科学出版社，2003.

[3] 刘纪原. 爱国的情怀　光辉的业绩——纪念钱学森先生回国五十周年. 科学时报，2005 - 12 - 22.

[4] 吕贤如. 弹道导弹奠基人陈德仁逝世：为中国“杀出血路”. 光明日报，2008 - 01 - 24.

[5] 石磊. “两弹一星”秘史. 太空探索，2008（6）.

[6] 王微. 老兵讲述亲历中国第一枚核导弹试验场景. 南方都市报，2007 - 08 - 01.

[7] 王发秀. 核潜艇，一万年也要搞出来——党和国家领导人关心核潜艇研制纪实. 军事史林，2001（4）.

[8] 潜艇导弹受关注　外媒炒作中国二次核打击能力. 环球时报，2007 - 04 - 02.

[9] 撼天歌——中国航天人纪实. 北京：中国宇航出版社，2004.

[10] 宋兆法. 中国当代著名科学家丛书——黄纬禄. 贵阳：贵州人民出版社，2005.

[11] 白洁. 从国防部五院到七机部——王秉璋将军谈中国航天事业. 党史博览，2005（3）：14 ~ 19.

[12] 周仲海. 建国前后上海工人工薪与生活状况之考察. 社会科学，2006（5）：83 ~ 91.

[13] 梁从诫. 最后的湿地. 中国青年报，2002 - 06 - 12.

[14] 梁思礼. 向太空的长征. 北京：中国宇航出版社，2003.

[15] 王越. 国防科技与军事教程. 哈尔滨工程大学出版社，2002.

[16] 本书编委会. 当代中国的航天事业. 北京：中国社会科学出版社，1986.

[17] 本志编纂委员会. 上海电子仪表工业志. 上海社会科学院出版社，1999.
[18] 张仁善. 1949：旧政权知识分子的人生选择. 读书文摘，2006（8）：1.
[19] 张菊如. 在欧洲的街巷中徜徉. 北京：中华工商联合出版社，2005.
[20] 黄纬禄. 弹道导弹总体与控制入门. 北京：中国宇航出版社，2006.

后记

本书从策划到完成历经一年。在这一年中，我们编写组对黄纬禄院士进行了多次访谈。在对他的人生经历了解中以及对他所写文稿的整理中，我们受益匪浅。他的精神境界、思想理念、道德情操、人格魅力，以及对导弹事业的不懈追求和无私奉献，都深深地感动着我们，震撼着我们的心灵。我们热切希望能尽快把这份有着传奇色彩的具有教育意义的人生答卷呈现给读者，让大家与我们共同分享这些感动，共同感悟这位耄耋老人的非凡人生。

在本书的策划、写作及出版过程中，得到了中国航天科工集团第二研究院领导和科技委领导的大力支持，在此向他们表示衷心的感谢！

本书是集体智慧的结晶。我们在黄纬禄院士大量口述素材的基础上，参考了由宋兆法老师编写的《中国当代著名科学家——黄纬禄》一书以及一些网上资料和视频资料等相关素材，并请唐海清老师在史料背景等方面进行了审阅。在此向宋兆法老师、唐海清老师以及相关资料的作者表示诚挚的感谢！同时也向黄纬禄院士及其家人为编写本书提供了大量的珍贵照片和口述材料表示最真诚的感谢！

本书的第一章和第二章由吕晓媛执笔；第三章、第七章和第八章由张越月执笔；第四章由黄晓慧执笔；第五章和第六章由韩洪涛和刘佳执笔；黄道群完成了第八章第3节和第4节部分内容的编写，并提供了相关素材和大量照片资料；石磊完成了第八章第7节部分内容的编写；何立萍对第四章至第八章中的部分内容进行了整合、补充和改写，并负责全书的统稿、修改和定稿；吕慧英、严华提供了部分素材，组织了对书稿的讨论，并对其内容进行了把关，提出了修改意见；石玉峰负责全书的文字审阅和修改；孙梅负责全书的文字校对。

本书能够出版得益于中国宇航出版社石磊副社长和易新编辑的热情帮助和支持，在此深表谢意！

本书完稿之时，正值黄纬禄院士92周岁的生日，编写组全体人员汇聚在黄老家为他老人家祝寿，并和黄老合影留念。

由于我们水平有限，难达初衷，有疏漏和不足之处，恳请广大读者予以批评指正。

本书编写组全体成员与黄纬禄的合影

编写组全体成员

2009年4月